Dorothea Rieber

Der Kultur der Kinder auf der Spur
Ein Vergleich von Reggio-Pädagogik und Situationsansatz

Dorothea Rieber

Der Kultur der Kinder auf der Spur
Ein Vergleich von Reggio-Pädagogik
und Situationsansatz

Lambertus

Ganz herzlich möchte ich mich für alle Unterstützung und viele weiterführende Gespräche und Anregungen bedanken bei Prof. Dr. Ludwig Liegle und Renate Thiersch, MA (Universität Tübingen), Prof. Wolfgang Liegle und Manfred Zülch, MA.

Die Deutsche Bibliothek – CIP-Einheitsaufnahme

Ein Titeldatensatz für diese Publikation ist bei
Der Deutschen Bibliothek erhältlich

Alle Rechte vorbehalten
© 2002, Lambertus-Verlag, Freiburg im Breisgau
Umschlaggestaltung: Christa Berger, Solingen
Satz und Gestaltung: Ursi Aeschbacher, Herzogenbuchsee (Schweiz)
Herstellung: Franz X. Stückle, Druck und Verlag, Ettenheim
ISBN 3-7841-1399-0

Inhalt

1. Einleitung

Wie kam es zur Auswahl der beiden Konzeptionen Situationsansatz und Reggio-Pädagogik?

Beide sind im Moment neben den „klassischen" Konzeptionen wie Montessori- und Waldorfpädagogik in der Diskussion. Gerade durch die aktuelle Diskussion um den Bildungsaspekt in der Elementarpädagogik wird der Situationsansatz angefragt, was er hier leistet und was auch nicht. Hier lohnt es sich die Reggio-Pädagogik genauer zu betrachten, die sich in manchen Punkten nicht grundlegend vom Situationsansatz unterscheidet, sogar ähnliche Ziele nennt. In ihrer Umsetzung scheint es zu gelingen, was hierzulande häufig angefragt wird: Kinder die neugierig sind, entdecken wollen, erhalten dort viele Möglichkeiten und Anregungen dazu.

1.1 DIE REGGIO-PÄDAGOGIK

Es ist schon so: Die Fragen sind es,

aus denen das, was bleibt, entsteht.

Denkt an die Frage jenes Kindes:

„Was tut der Wind, wenn er nicht weht?"

(Erich Kästner 1979, S. 14).

In Reggio nell Emilia wird seit nach dem Krieg eine neue Konzeption der Vorschulpädagogik erprobt, die ab den 80er Jahren auch in Deutschland bekannt wurde, u.a. durch Wanderausstellungen, die die Besucherinnen faszinierten: Haben diese Bilder 5-jährige Kinder gemalt? Wahre Kunstwerke zeigten sich den Betrachtenden. Das ist der Weg, über den viele Pädagoginnen in Deutschland die Reggio-Pädagogik kennenlernten: Interessante Berichte und Bilder von einer Pädagogik, in der die Kinder selbst die Gestalter von Phantasien sind: „Kinder (wie auch Dichter, Musiker und Wissenschaftler) sind eifrige Sucher und Gestalter von Phantasien." So stand es in einem Text der Ausstellung „Hundert Sprachen hat das Kind". Ein Perspektivenwechsel in der Bewertung von Kindheit und Kindsein wurde gefordert, hin zu den Potentialen und Möglichkeiten von Kindern. Ein reiches Bild vom

Kind ist Grundlage der Reggio-Pädagogik: „In unseren ‚scuole dell'infanzia' ... haben wir versucht, Erziehungseinrichtungen zu verwirklichen, in denen Kinder Subjekte, die Protagonisten sein sollen, Personen mit Freiheit, sich selbst auszudrücken und zu verwirklichen" (Eletta Bertani in Reggio HH 1990, S. 10).

1.2 DER SITUATIONSANSATZ

„Was wir ‚Situation' nennen, ist mein Platz inmitten der Welt, ... das heißt die Entdeckung der Gefahren, denen ich begegne, der Hindernisse, auf die ich treffen kann, der Hilfen, die mir angeboten werden ..." (Jean Paul Sartre).

„Es sollen Situationen sein, in denen Sachen geklärt und Menschen gestärkt werden" (Hartmut von Hentig).

Der Situationsansatz hat eine andere Geschichte und Entwicklung wie die Reggio-Pädagogik. Sie ist eng verknüpft mit der geschichtlichen Entwicklung des Kindergartens und den gesellschaftlichen und politischen Entwicklungen zur Zeit der Bildungsreform im Deutschland der 60er und 70er Jahre. In Modellversuchen und Erprobungsprogrammen wurde versucht, Material zu entwickeln und in der Praxis einzuführen, umzusetzen. Bis heute sind die Grundlagen noch dieselben wie zur Entwicklungszeit, die Umsetzung gelingt aus unterschiedlichen Gründen weitgehend nicht. Zum Beispiel ist der Begriff der Situation weit gefasst und erfordert von Erzieherinnen ein hohes Maß an Fachkenntnissen. Sie müssen Grundkenntnisse über die Lage von Kindern besitzen usw. In dieser Veröffentlichung soll versucht werden, die kritischen Punkte aufzuzeigen und zu fragen, an welchen Stellen Weiter- oder Neuentwicklungen stattfinden müssen. Kann die Reggio-Pädagogik manche Anregungen dazu geben?

2. Die Entwicklung der Reggio-Pädagogik und des Situationsansatzes

Die beiden Konzeptionen haben eine unterschiedliche Geschichte und Entwicklung. Sie sind in anderen historischen, politischen und gesellschaftlichen Zusammenhängen entstanden, was sicherlich dazu beiträgt, dass die Grundlagen der pädagogischen Arbeit wie auch die Praxis verschieden sind: Erziehung, pädagogische Konzepte und pädagogische Institutionen sind immer auch geprägt von der Zeit, der Gesellschaft, dem sie umgebenden Kontext und sie sind wiederum auf ihn bezogen (vgl. Dreier 1993, S. 95).

2.1 DIE ENTWICKLUNG DER REGGIO-PÄDAGOGIK ODER: EINE GESCHICHTE „VON UNTEN"

„Es geht um die Neugestaltung der gesellschaftlichen Erziehung unserer Kinder – eine Aufgabe, die Veränderungen in allen Gebieten der Politik, des Rechts und der Kultur erfordert" (Reggio HH 1990, S. 7).

„Erziehung ist eine produktive Investition und kein Land kann es sich leisten, auf diese Investition zu verzichten" (Spaggiari in Dreier 1993, S. 17).

2.1.1 Der Anfang ...

Die Geschichte der Vorschulerziehung in Italien ist geprägt durch ein Zusammenwirken von Kultur, Politik und Pädagogik (vgl. Dreier 1993, S. 95). Bis 1968 waren die Vorschuleinrichtungen für 3-6-jährige Kinder in Italien nichtstaatliche, meist kirchliche Einrichtungen (vgl. Filzinger 1984, S. 114). Nur vereinzelte Initiativen versuchten vor 1968, der religiösen Ausrichtung dieser Einrichtungen neue Modelle entgegenzusetzen, wozu auch die Elterninitiative gehört, die kurz nach Kriegsende den ersten Kindergarten in Reggio gründete: „Nur wenige Tage nach Kriegsende begannen Frauen und Männer im stark zerstörten Vorort ‚Villa Cella' aus den Trümmern einen Kindergarten aufzubauen" (Krieg 1993, S. 14). Sie verkauften einen Panzer, der dort zurückblieb und beschlossen gemeinsam, was mit diesem Geld für die Zukunft der Menschen getan werden soll: Soll ein Theater gebaut oder eine Kindertagesstätte gegründet werden? Hier zeigt sich eines der Hauptmerkmale und die Stärke der Reggio-Pädagogik: Das demokratische, gemeinsame Aushandeln von Entscheidungen, das in den kommunalen Kindertageseinrichtungen bis heute einen wichtigen Stellenwert einnimmt. Erzieherinnen, Eltern und Bürgerinnen/Bürger der Stadt leiten die Einrichtungen gemeinsam. Dieses gemeinsame Engagement für die Erziehung der Kinder hat noch weitere Wurzeln: Die lange demokratische Tradition der Stadt Reggio, die schon im Mittelalter eine der ersten freien Kommunen Italiens war (vgl. Göhlich 1990, S. 135, Krieg 1993, S. 10). Auch die Tatsache, dass die meisten Betriebe dort als Genossenschaften arbeiten, zeigt dieses Verständnis von gemeinsam gestaltetem Leben. Die ersten Anfänge der Reggio-Pädagogik, die Gründung der Tageseinrichtung für Kinder (Kita) „XXV Aprile" im April 1945 in Villa Cella geschah „von unten", durch das Engagement der Menschen in Reggio: „Das Engagement von Eltern und Bürgern für die Zukunft ihrer Kinder und ihr Wunsch, den Zerstörungen des Krieges lebensbejahende und neue Erziehungsformen entgegenzusetzen, ist der Grundstein des pädagogischen Konzeptes, das im Verlauf vieler Jahre in Reggio entwickelt wurde. Der Dialog und Austausch über Formen und Inhalte der Kindererziehung begann 1945 und ist heute noch Grundlage des Projektes" (Dreier 1993, S. 18).

Loris Malaguzzi, damals Grundschullehrer, hörte von diesem erstaunlichen Projekt und nahm Kontakt auf zu den aktiven Menschen in Reggio, die die Kita aufbauten. So begann sein jahrzehntelanges Engagement für die öffentliche Kleinkindererziehung dieser Stadt (vgl. Krieg 1993, S. 18).

2.1.2 Exkurs: Ein Provokateur in Sachen Kindheit – Zur Person von Loris Malaguzzi

„Der große Kampf muss um die Respektierung des Kindes geführt werden."

„Es ist Zeit für eine andere Erziehung. … Wir wollen Kinder nicht länger als schwach und ohnmächtig ansehen. Wir wollen den Reichtum ihrer Wahrnehmungen, Empfindungen und Äußerungen begrüßen und befördern und die Kinder auf ihrer Suche nach Orientierung, Einsicht und Spaß unterstützen" (Malaguzzi in Reggio HH 1990, S. 13).

„Ein Provokateur in Sachen Kindheit": so überschreibt Dreier (1994, S. 167f) einen Nachruf zum Tod von Loris Malaguzzi am 30.1.1994.

Berufliche Laufbahn

Geboren wurde Malaguzzi 1920 in Correggio, arbeitete zunächst als Grundschullehrer, dann als Schulleiter: „... zur Zeit, als ich geboren wurde, gab es keine direkten Bezugspunkte. Es gab auch keine pädagogischen Experimente nicht-konfessioneller Natur. Für uns war in dieser Zeit eher die Antithese ein Bezugspunkt: das, was bestand, entweder zu verändern oder ein Gegenstück zu entwerfen" (Malaguzzi in Berentzen 1987, S. 13). 1970 wurde er offizieller Koordinator, 1972 dann Leiter des Koordinationsbüros für kommunale Kitas von Reggio (vgl. Göhlich 1997, S. 186f; Dreier 1994, S. 167f).

Persönliches Engagement in Sachen Kindheit

Schon 1945 schloss sich Malaguzzi den Nachkriegsinitiativen zur Kindererziehung in Reggio an. 1952 gründete er das erste Kindertheater der Stadt und 1954 einen kommunalen Theaterclub (vgl. Dreier 1994, S. 167). „In jener Zeit entwarf er eine Idee vorschulischer Erziehung, die mit dem Ziel einer umfassenden Bildung aller Kinder auch die Künste, das heißt, Theater, Schauspielerei, Malerei, Musik, einbeziehen müsse" (Dreier 1994, S. 168).

Theoretische Auseinandersetzung in Sachen Kindheit

Malaguzzi entwickelte im Laufe der 60er Jahre auch seine theoretischen Gedanken zur Kindererziehung, die Idee nahm Formen an: Er hielt sich im Rousseau-Institut und der „Ecole de Petites" (Schule für kleine Kinder) in Genf auf, wo Jean Piaget wirkte und wurde von ihm inspiriert (vgl. Malaguzzi 1993, S. 45).

Malaguzzi beschäftigte sich mit Theorien aus verschiedenen Bereichen der Wissenschaft, um sie für die Pädagogik im einen oder anderen Fall nutzbar zu machen.

Er hat zu verschiedenen Zeitpunkten Theorien u.a. der Pädagogik und Psychologie bearbeitet, auf die er sich auch bezog, zum Beispiel Theorien von Montessori, Pestalozzi, Fröbel, Makarenko, Freinet und natürlich Piaget und Wygotski. 1987 gab Malaguzzi neue geistige Väter an, deren Auswahl erstaunt: Sie kommen aus den Bereichen Physik, Astronomie und Thermodynamik, „... dort wurden eine ganze Reihe von Hypothesen formuliert, die übertragbar wären auf das menschliche Verhalten ... Man muss sich mit Komplexitätstheorien befassen" (Berentzen 1987, S.13).

11

Internationales Engagement in Sachen Kindheit und neue Entwicklungen

Malaguzzi war auch international in Sachen Kindheit aktiv, organisierte Fachtagungen und Kongresse. Er setzte sich politisch für Kinder ein, gründete 1993 die Stiftung „Reggio Children" mit dem Ziel, die Rechte von Kindern angesichts gesellschaftlicher Wandlungsprozesse weiterhin zu beachten und „ihre Kreativität zu verteidigen" (Malaguzzi in Dreier 1994, S. 168f).

Loris Malaguzzi – ein Provokateur in Sachen Kindheit, diese Zuschreibung trifft sicher zu, um einen Mann und sein Lebenswerk zu würdigen, der sich unermüdlich für die Kinder, ihre Bedürfnisse, ihre Phantasie, ihre Kreativität, ihre hundert Sprachen, die sie sprechen, einsetzte und für die Entwicklung der Reggio-Pädagogik eine entscheidende Rolle spielte.

„Seiner Durchsetzungsfähigkeit wie auch seinen großen rhetorischen Fähigkeiten haben die SCI [‚scuole dell'infanzia', D.R.] sicherlich viel zu verdanken" (Göhlich 1990, S.151).

Das, was Malaguzzi hinterlässt, ist hauptsächlich die gelebte Praxis in Reggio. Leider gibt es kaum selbständige Publikationen von Malaguzzi, meist nur Artikel, Vorträge, Thesen oder Interviews. Er war wohl eher ein Mann der Praxis, der aus dem Dialog mit den pädagogischen Mitarbeiterinnen und Eltern heraus seine Ideen ständig weiterentwickelte, im Gespräch, im Leben ..., sie jedoch weniger auf dem Papier festhielt.

2.1.3 Wie es weiterging ...

Zu dem 1945 errichteten Kindergarten, der heute noch existiert, kamen weitere Einrichtungen dazu, die alle selbstverwaltet waren und ab 1962 auf eigenen Wunsch zu kommunalen Kindergärten wurden. Diese Einrichtungen wurden nun „Scuola dell'infanzia" (SCI, Schule der Kindheit) genannt. Die Bezeichnung SCI weist auch auf eine pädagogische Neuorientierung hin, die Orientierung an den Kindern und ihren Bedürfnissen, damit Kinder tagsüber nicht mehr auf einem „Parkplatz (pareggio) abgestellt" werden, wie die Italiener es nennen, wenn Kinder in Einrichtungen „nur" betreut werden (Krieg 1993, S. 14).

Ab 1968 änderte sich die rechtliche Situation der Vorschuleinrichtungen für 3- bis 6-jährige Kinder in Italien. Ein neues Gesetz sieht die Einrichtung von staatlichen Kindergärten vor, die einen klaren Bildungsauftrag haben. Sie werden scuola dell'infanzia (Schule der Kindheit) genannt. Es kam in dieser Zeit zu einer quantitativen Ausbreitung der vorschulischen Einrichtungen und qualitativ zu einer Neukonzeption „... von der sozialen Bewahranstalt zur Bildungseinrichtung" (Filtzinger 1995, S. 419).

Im Unterschied zu Deutschland gibt es also in Italien seit 1968 zunehmend zentralstaatliche Kindergärten, deren Träger die Republik Italien ist aber auch kommunale und freie, das heißt vor allem kirchliche Träger. Die Kindertageseinrichtungen in Reggio Emilia jedoch, in denen die Reggio-Pädagogik umgesetzt wird, sind kommunale Einrichtungen.

Bezüglich der inhaltlichen Arbeit wurde schon Mitte der 60er Jahre erstmals von einer Erzieherin in Reggio ein projektorientierter Arbeitsplan erstellt und umgesetzt (vgl. Göhlich 1997, S. 186). In den 70er Jahren wurde die zentrale Koordinations- und Beratungsstelle mit Malaguzzi als Leiter eingerichtet. Es entwickelten sich die bekannten Merkmale der Reggio-Pädagogik: Die erste Kunsterzieherin wurde eingestellt, es fanden gutbesuchte Tagungen zum Thema Kleinkindpädagogik statt, die neue Impulse gaben. Ein Puppenspieler wurde für die Arbeit in allen Einrichtungen engagiert und es fanden Workshops für Erzieherinnen und Kinder statt mit dem Schriftsteller Gianni Rodari. Sein Buch „Grammatik der Phantasie: Die Kunst, Geschichten zu erfinden" (1992) gibt davon einen Eindruck.

Ende der 70er Jahre wurden die durchgeführten Projekte der kommunalen Kitas multimedial dokumentiert. Auf der Grundlage dieses vielfältigen Materials konzipierte ein Team um Malaguzzi 1981 eine Wanderausstellung, die zunächst in Reggio zu sehen war und von dort aus „um die Welt" ging, u.a. 1984 und 1991 nach Berlin (vgl. Schöneberg 1985; Berlin 1992), nach Frankfurt (vgl. FH Frankfurt 1987a und b) und 1988 nach Hamburg (vgl. Reggio HH 1990).

1991 wurden die Kitas von Reggio von der US-amerikanischen Zeitschrift Newsweek zu den besten und schönsten Einrichtungen der Welt erklärt, was die Bekanntheit der Reggio-Pädagogik international erheblich förderte (vgl. Göhlich 1997, S. 185-190).

Im Jahr 1994 wurde der Verein „Reggio Children" gegründet, mit dem Ziel, die Reggio-Pädagogik zu unterstützen und zu entwickeln. Er will die Rechte von Kindern einfordern und den Vergleich, die Analyse und die Forschung im Bereich der frühen Kindheit fördern, um eine neue Konzeption für Kinder weiterzuentwickeln, die den Kindern erlaubt, ihre Potentiale und ihre Kreativität zu entwickeln und zu vergrößern angesichts von gesellschaftlichem Wandel. Es wird neuerdings ein Forschungs- und Dokumentationszentrum in Reggio aufgebaut, der Verein veranstaltet u.a. Weiterbildungen für Erziehungspersonal und veröffentlicht Literatur zur Reggio-Pädagogik (vgl. Reggio Children 1998; Hendrick 1997, S. 7; Edwards 1998, S. 23).

Auch in Deutschland gibt es den Verein „Dialog Reggio", der das Ziel hat, die Reggio-Pädagogik in Deutschland zu fördern (Dialog Reggio 1997).

13

Ebenso gibt es in den USA eine Diskussion über die Reggio-Pädagogik und ihre Umsetzung, v.a. in Schulen, wofür die neuen Medien, hier das Internet, genützt werden. In einer Diskussionsgruppe „Reggio" werden durch eine elektronische Liste per Internet u.a. praktische Fragen zur Umsetzung der Reggio-Pädagogik, aber auch Informationen über Veranstaltungen und Fernsehsendungen zur Reggio-Pädagogik ausgetauscht, an der auch namhafte Personen, zum Beispiel Lilian Katz oder George Forman teilnehmen (Reggio-L@postoffice.cso.uiuc.edu).

2.2 DIE ENTWICKLUNG DES SITUATIONSANSATZES ODER: MEHR BILDUNG FÜR ALLE …

„Bildung und Ausbildung, Wissenschaft und Forschung stehen an der Spitze der Reformen" (Willy Brandt in seiner Regierungserklärung vom 28.10.1969, zit. nach Fuchs 1990, S. 118).

„Jeder soll jederzeit und überall seine Chance haben. Weder Herkunft noch Besitz, weder Alter noch Konfession, weder Wohnort noch Geschlecht sollen die Chancengleichheit, sollen das Bürgerrecht auf Bildung einschränken" (Willy Brandt 1970).

2.2.1 Die Anfänge …

Bis Ende der 60er Jahre blieb der Kindergarten traditionell familienergänzend und eine sozialpolitisch angebotene Nothilfeeinrichtung. An dieser sozialfürsorgerischen Ausrichtung ohne eigenen expliziten Bildungs- und Erziehungsauftrag wurde Ende der 60er Jahre Kritik laut. Anschließend, in der Zeitperiode bis ca. Mitte der 70er Jahre, stand die Bildung im Zentrum des politischen Interesses (vgl. Fuchs 1990, S. 118). Es war die Zeit der Bildungsreformen, in die auch der Kindergarten einbezogen war: „Die Entdeckung der pädagogischen und bildungspolitischen Möglichkeiten des Elementarbereichs hängt mit der gesamten bildungs- und wirtschaftspolitischen Diskussion in der zweiten Hälfte der sechziger Jahre zusammen" (Hemmer 1979, S. 9). Ausgelöst wurden die Bildungsreformen zunächst durch den sogenannten „Sputnik-Schock" 1957, als Russland den ersten Satelliten, der „Sputnik" hieß, ins All schoss, und somit seinen Vorsprung in Wissenschaft, Forschung und Technik demonstrierte. Als Reaktion wurden zunächst in den USA, ab Mitte der 60er Jahre auch in Deutschland, Förderprogramme entwickelt. Diese waren kognitiv ausgerichtet und dienten dem Training instrumenteller Fähigkeiten, zum Beispiel dem frühen Lesenlernen.

Des Weiteren fanden neue Themen Eingang in die allgemeine Diskussion, angeregt durch die Studentenbewegung: größere Freiheit und Selbstverwirklichung des Einzelnen, soziale Gerechtigkeit aber auch die Chancengleichheit (vgl. Thiel 1995, S. 39). Es wurden alternative Erziehungsvorstellungen entwickelt. „Gleichzeitig rückte mit dem Wunsch nach mehr Gleichheit von Bildungschancen für alle Kinder die Bedeutung des Kindergartens in den Vordergrund und Bildungsforschung, Bildungspolitik und Bildungsplanung widmeten sich verstärkt dieser Fragestellung" (Thiel 1995, S. 39). Im Rahmen der allgemeinen Bildungsreformen kam nun auch der Kindergarten in die Diskussion und vor allem die Frage nach dem Bildungspotential der Kindergartenkinder und dessen Förderung (Neumann 1987, S. 107). In diesem Zusammenhang erarbeitete der Deutsche Bildungsrat (1970) im Auftrag der Regierung einen Strukturplan für das Bildungswesen, der Empfehlungen für die Entwicklung und den Ausbau des Bildungssystems enthielt. Neu war hier, dass der Kindergarten als Elementarbereich Teil des künftigen Bildungssystems sein soll. Der vorschulischen Erziehung und dem frühen Lernen wird eine große Bedeutung beigemessen. Ab 1970 wurde auch die Bund-Länder-Kommission für Bildungsplanung eingerichtet. Diese regte dann die Durchführung von Modellversuchen im Elementarbereich an und begleitete sie. So gab es schon ab 1969 erste Modellversuche in Kindergärten, begleitet von einer neu gegründeten Arbeitsgruppe „Vorschulerziehung" des Deutschen Jugendinstitutes (DJI; vgl. Fuchs 1990, S. 163). Die Themen der inhaltlichen Gestaltung der Kindergartenarbeit sowie die organisatorische Frage der Zuordnung der 5-Jährigen bestimmten diese Modellversuche. Es wurden dabei unterschiedliche curriculare Materialien für den Elementarbereich entwickelt, die von Richtlinien und Planungshilfen als allgemeine Anregungen bis hin zu bereichsübergreifenden und bereichsbezogenen Materialien reichten, welche konkrete Anregungen für die Praxis boten. Ein Teil dieser Materialien wurde dann im anschließenden Erprobungsprogramm evaluiert. Im Rahmen dieser Modellversuche wurden die Materialien für den Situationsansatz entwickelt.

Die inhaltliche Vielfältigkeit der Ansätze und Konzeptionen, die in der Frühphase der Vorschulreform entwickelt, diskutiert und erprobt wurden, umfassen den funktionsorientierten Ansatz. Er geht davon aus, dass durch die isolierte Übung bestimmter Funktionen eine Verbesserung des kindlichen Leistungs- und Entwicklungsstandes erreicht werden kann. Der wissenschafts- oder disziplinorientierte Ansatz ist fachdidaktisch organisiert. Der situationsorientierte Ansatz soll dazu dienen, die Bewältigung von Lebenssituationen zu ermöglichen. Er wird in den folgenden Kapiteln genauer beschrieben. Der sozialisationsorientierte Ansatz geht von einer Orientierung an allgemeinen Aufgaben der Sozialisation aus, wie sie von der Sozialisationsforschung deutlich gemacht wurden.

2.2.2 Das Erprobungsprogramm

Im anschließenden Erprobungsprogramm sollten die für den Kindergarten entwickelten Förderprogramme und andere Materialien in einer größeren Zahl von Einrichtungen erprobt, in ihrem Verhältnis zueinander und zu den pädagogischen Arbeitsbedingungen und Arbeitsweisen in den Kindergärten untersucht und die Möglichkeiten, diese didaktischen Angebote auf Regeleinrichtungen zu übertragen, ermittelt werden. In der Zeit von 1975-1978 nahmen 210 Kindergärten mit unterschiedlichen Trägern und ca. 700 Gruppen aus neun Bundesländern teil (vgl. DJI 1981a, S. 14-20). In den beteiligten Kindergärten wurden zahlreiche Materialien eingesetzt und erprobt. Auch diese Einrichtungen wurden wissenschaftlich begleitet vom Deutschen Jugendinstitut. Der Situationsorientierte Ansatz setzte sich im Erprobungsprogramm erst nach und nach durch, v.a. die Materialien des Curriculums „Soziales Lernen". Bei diesem Curriculum wurden 28 didaktische Einheiten entwickelt auf der Grundlage des Situationsorientierten Ansatzes. Sie sollten als Beispiel dienen dafür, wie im Kindergarten situationsbezogen gearbeitet werden kann (Colberg-Schrader 1976, S. 391). Daneben wurden vor allem die „Arbeitshilfen zur Planung der Arbeit im Kindergarten" (vgl. MAGS 1983; Merker & Moskal 1976), bei Modellversuchen in Kindergärten des Landes Nordrhein-Westfalen entwickelt und eingesetzt. Diese erheben den Anspruch, einen theoretischen Rahmen für die Gesamtkonzeption der Kindergartenarbeit mit Planungshilfen anzubieten. Das dritte Material, das ebenfalls häufig eingesetzt wurde, ist das Curriculum „Elementare Sozialerziehung", das im niedersächsischen Modellversuch zur Sozialerziehung 1970-1975 entwickelt wurde (vgl. Oertel 1976). Als Ziel wird dort formuliert, die Ich-, Sach- und Sozialkompetenz der Kinder als ein Kompetenzgefüge zu entwickeln. Die Materialien zum situationsorientierten Arbeiten wurden im Erprobungsprogramm bestätigt.
Insgesamt ist festzuhalten, dass das Erprobungsprogramm als einmaliger Großversuch Vertreter von Wissenschaft, Praxis, Verwaltung, auch die verschiedenen Träger über die Grenzen von Ländern und Parteien hinweg zu einer sachbezogenen Kooperation gebracht und die inhaltliche Arbeit der Elementarpädagogik weiterentwickelt hat (vgl. Wagner 1982, S. 31). Durch das Erprobungsprogramm wurde die Position des Kindergartens als eigenständiger Erziehungs- und Bildungsbereich gestärkt (vgl. BLK 1982, S.9).

Kritisch ist anzumerken, dass der Aufbruch in eine Reform der Elementarpädagogik abgebrochen wurde, bevor die Ergebnisse dieser Reform über die beteiligten Modelleinrichtungen hinaus in den Regeleinrichtungen verbreitet werden konnte. Erklärt wurde der Abbruch der Reformen mit dem Sparkurs der Politik aufgrund der allgemeinen wirtschaftlichen Rezession und dem Abflauen des Reformaufschwungs (vgl. Krappmann 1995a, S. 41). Deshalb lief die tatsächliche Arbeit in den Einrichtungen relativ unbeeinflusst weiter. Lediglich die Materialien zum Situationsansatz, vor allem des DJI fanden weitere Verbreitung. Ohne Begleitung von außen, wie sie in Modellprojekten vorgesehen ist, fällt die Umsetzung neuer pädagogischer Konzeptionen schwer, da ihre praktische Umsetzung vor Ort ausgetauscht und reflektiert werden muss. Dazu wird eine Infrastruktur an Fachberatungen und Arbeitsgruppen benötigt, die damals in wenigen Einrichtungen vorhanden war.

In den 80er Jahren wurde es wieder ruhig um den Kindergarten. Er verlor seine bildungspolitische Priorität. Themen wie die Arbeit mit ausländischen Kindern und deren Familien und die Integration von behinderten Kindern bestimmten v.a. die Diskussion in der Elementarpädagogik. Auch die Ganztagesbetreuung der Kinder wurde in einer Projektgruppe des DJI untersucht (vgl. Projektgruppe 1984).

2.2.3 Exkurs: Ein Forschungsinstitut entwickelt den Situationsansatz – das DJI

Der Situationsansatz wurde hauptsächlich vom DJI entwickelt. Deshalb soll hier in einem Exkurs die Entwicklung, die Aufgabe und Rolle dieses Forschungsinstituts diesbezüglich dargestellt werden.

Das DJI ist ein zentrales sozialwissenschaftliches Forschungsinstitut auf Bundesebene mit verschiedenen Abteilungen, u.a. für Kinder und Kinderbetreuung, wie die heutige Bezeichnung heißt. Es führt eigene Forschungsvorhaben aber auch Auftragsforschung durch, wobei das DJI vor allem Gelder von verschiedenen Ministerien des Bundes und der Länder erhält, aber auch von Institutionen der Wissenschaftsförderung.

1969 wurde im DJI die „Arbeitsgruppe Vorschulerziehung" gegründet. Sie übernahm die wissenschaftliche Begleitung für den Modellversuch „Kindergarten". Schwerpunkt der Arbeit des DJI in dieser Zeit war die qualitative Verbesserung der vorschulischen Erziehung durch ein neues Konzept von Curriculumentwicklung, den Situationsansatz. Es wurde versucht, das Praxisfeld Kindergarten in den wissenschaftlich begleiteten Modellversuchen zu analysieren, neue Konzepte und Materialien in der Praxis zu entwickeln und die wünschenswerten Bedingungsstrukturen für eine erfolgreiche Arbeit im Kindergarten zu finden. „Schon 1973 konnte der Arbeitsbereich Vorschulerziehung die beiden ersten Bände der Arbeitsergebnisse in den Anregungen I und II veröffentlichen, die sofort eine starke Resonanz fanden" (vgl. AG Vorschulerziehung 1974 a & b). Ergebnis seiner Arbeit waren weiterhin die Auswertungsberichte des Erprobungsprogramms (vgl. DJI 1981a & b). Durch die enge Kooperation von Wissenschaft und Praxis bei der Entwicklung und Erprobung von neuen Ansätzen ist die AG Vorschulerziehung zu einer wesentlichen Infrastruktureinrichtung im Bereich der Forschung und Weiterentwicklung der Arbeit im Elementarbereich geworden (vgl. Derschau in Fuchs 1990, S. 279).

Im Anschluss an die Reformphase im Elementarbereich konzentrierten sich die Forschungsförderungen und die Arbeiten des DJI auf Modellversuche, die sich mit der Integration von besonderen Adressatengruppen, wie ausländischen, behinderten und verhaltensauffälligen Kindern beschäftigte (vgl. Fuchs 1990, S. 315). Ab den 80er Jahren stellte das DJI Forschungen zum Wandel der Lebenssituation von Kindern an, ebenso wie Modellversuche zur Ganztageserziehung (vgl. Projektgruppe 1984) und zu „Land-Kinder-Gärten" (vgl. Berger 1992). Auch neuere Literatur zum Situationsansatz wurde vom DJI veröffentlicht (vgl. Colberg-Schrader 1991; DJI 1994).

Nachdem im Modell- und Erprobungsprogramm verschiedene Varianten des Situationsansatzes entwickelt wurden, setzte sich letztendlich in der Fachöffentlichkeit vor allem das vom DJI mitentwickelte „Curriculum Soziales Lernen" durch, das hier mit seinen Weiterentwicklungen auch Grundlage der Beschreibung ist. Im Erprobungsprogramm wurde noch davon ausgegangen, dass die 28 entwickelten Curricula Grundlage der Arbeit nach dem Situationsansatz sind. Zwischenzeitlich sind diese vergriffen und die Lebenssituationen haben sich nach über 25 Jahren verändert, so dass heute davon ausgegangen wird, jede Einrichtung ermittele selbst bedeutsame Situationen und setze sie in der Planung um.

2.3 Vergleich der Entwicklungen oder welche Richtung eine Geschichte nehmen kann ...

Die Reggio-Pädagogik zeigt einen wesentlichen Unterschied zur Vorschulpädagogik in der Bundesrepublik: die ersten Anfänge der Reggio-Pädagogik, die Gründung der Tageseinrichtung für Kinder (Kita) „XXV Aprile" im April 1945 in Villa Cella geschah „von unten", durch das Engagement der Menschen in Reggio. Dies ist bis heute so geblieben. Die Menschen in Reggio, Erzieherinnen, Eltern aber auch eine engagierte Bürgerschaft setzen sich für die Belange der Kinder in ihrer Stadt ein. In der Bundesrepublik hingegen werden Entwicklungen und Neuerungen seit den 70er Jahren eher durch Forschungsvorhaben angeregt, also „von oben". Reformen im Kindergartenbereich erhalten so ihre Anregungen nicht aus dem eigenen System heraus, sondern von außen (vgl. Neumann 1987, S. 101). Hier zeigt sich der deutliche Unterschied zur Reggio-Pädagogik, die ihre Dynamik immer von innen, aus dem System erhielt und bis heute ständig erhält. Die Entwicklungen der Konzeptionen erfolgte jeweils entgegengesetzt: Die Reggio-Pädagogik wurde „von unten", an der Basis von engagierten Menschen begründet und lebt bis heute in dieser basisdemokratischen Tradition. Der Situationsansatz wurde von „oben nach unten" entwickelt, zwar im Dialog mit der Praxis, aber dennoch durch die Wissenschaftler/-innen geprägt und vor allem durch politische Instanzen initiiert. Hier entsteht ein grundlegendes Problem des Situationsansatzes, das die Reggio-Pädagogik so nicht kennt: Die Frage der Vermittlung von Ergebnissen aus den Modell- und Erprobungsprogrammen an die Basis, an die breite Masse der Einrichtungen. So hat die Reggio-Pädagogik eine andere Qualität, da sie von vielen Menschen mitgetragen und unterstützt wird, was beim Situationsansatz nicht der Fall ist.

Auch Unterschiede hinsichtlich organisatorischer und konzeptioneller Voraussetzungen spielen bei dieser Vermittlung von Theorie und Praxis eine Rolle. In der Reggio-Pädagogik nimmt hier das pädagogische Zentrum eine wichtige Rolle ein, da das Beratungspersonal dort regelmäßig u.a. neuere theoretische Kenntnisse vermittelt und zur Dokumentation sowie zur Reflexion anregt und hilft, gewonnene Erkenntnisse zu ordnen und auszuwerten. Auch die vorgesehene Vorbereitungszeit des pädagogischen Personals trägt dazu bei, dass zum Beispiel Dokumentationen erschlossen und ausgewertet werden oder eine Auseinandersetzung mit theoretischen Erkenntnissen stattfindet.

Vergleicht man die beiden Konzeptionen hinsichtlich ihrer Entwicklung, so gilt festzuhalten, dass es bei den Hintergründen, den historischen und gesellschaftlichen Aspekten aber trotz aller Unterschiede auch Gemeinsamkeiten gibt. Gemeinsam ist der historischen Entwicklung in Italien und Deutschland, dass in beiden Ländern vor allem freie, das heißt hier konfessionelle Träger die Vorschulpädagogik prägten. Unterschiedlich sind allerdings die Traditionen sowie die politischen Entscheidungen, die in Reggio vor allem regional getroffen und getragen werden, unter Einbeziehung der staatlichen

Gesetze und Vorgaben. In Deutschland finden diese Entscheidungen in der Regel überregional, das heißt auf Landes- oder Bundesebene statt. Kindertagesstättengesetze beispielsweise und Finanzierungen werden in den Ländern beschlossen. Auch die Entwicklung der Konzeptionen war von diesen politischen Entscheidungen abhängig: In Reggio durch den Einsatz der Kommunalpolitik, die sich entschied, für eine gute Kinderbetreuung entsprechend finanzielle Mittel bereitzustellen. Beim Situationsansatz und seiner Entwicklung hingegen spielten allgemeine gesellschaftliche und politische Hintergründe eine Rolle, die zur Bildungsreform der 60er und 70er Jahre führten. Die Modellprojekte und das Erprobungsprogramm wurden von Bund und Ländern finanziert. Auch die im Anschluss an das Erprobungsprogramm durchgeführten Forschungen des DJI wurden durch Entscheidungen der politischen Geldgeber geprägt, zum Beispiel welche Themen gefördert werden. Letztendlich entschieden politische Gremien, die die Auswertungen des Erprobungsprogrammes nicht unmittelbar vornahmen, dass die Strukturen der Vermittlung zwischen Theorie und Praxis, die aufgebaut waren, zerfielen, obwohl als Ergebnis des Erprobungsprogramms empfohlen wurde, sie in irgendeiner Form möglichst aufrechtzuerhalten. Problem hierbei ist unter anderem auch die deutsche Praxis der Vergabe von Forschungsgeldern für Modellprojekte im Kinderbetreuungs-bereich (vgl. Haberkorn 1998). Hier werden bestimmte Themen, je nach Trend in der Wissenschaft vergeben. Erst in neueren Modellversuchen gelang es, die Multiplikation der Ergebnisse vorzusehen, indem die Moderator(inn)en weiterbeschäftigt wurden mit der Aufgabe, die Ergebnisse zu verbreiten (vgl. Haberkorn 1998, S. 11f).

Nicht zuletzt die Tatsache, dass die Reggio-Pädagogik die Erzieherinnen aus ihrer Einsamkeit, für Vieles in der Einrichtung, vor allem die pädagogische Arbeit, alleine die Verantwortung tragen zu müssen, herausholt und diese Verantwortung auf ein breites Fundament an Beteiligten stellt, macht ihre Qualität aus. Sie stellt die Belange der Kinder in den Mittelpunkt. In der Bundesrepublik indessen hält mit der Dienstleistungsorientierung betriebswirtschaftliches Vokabular und Denken Einzug, das mit Sicherheit wichtig ist, um die Inhalte der pädagogischen Arbeit genauer zu formulieren. Dies enthält aber die Gefahr, dass die Sache der Kinder ein Faktor ist neben den Belangen von Trägern, die v.a. die finanzielle Entwicklung in den Vordergrund stellen und die der Eltern, zum Beispiel eine möglichst flexible Betreuungszeit einzurichten. Stehen die Kinder dabei im Mittelpunkt? Diese Frage sollten sich alle Beteiligten ständig stellen. Der Austausch untereinander und die Verantwortung für die Angelegenheiten der

Kinder ist hier nicht in der Form verankert wie in Reggio. Deshalb haben in Deutschland die Erzieherinnen die Aufgabe, die verschiedenen Anforderungen, die sicher auch berechtigt sind, immer wieder an den Bedürfnissen der Kinder zu prüfen und entsprechend ihre Praxis zu gestalten. Vielleicht wird es in Zukunft neue Möglichkeiten geben, die Verantwortung für Kinder in Tageseinrichtungen auf ein breiteres gesellschaftliches Fundament zu stellen? Dazu gibt die Reggio-Pädagogik Anregungen, lässt sich aber nicht einfach auf bundesrepublikanische Verhältnisse übertragen, da hier die Form der Basisdemokratie keine Tradition hat. Wir müssen hier gemeinsam neue Formen und vielleicht auch ein anderes Vokabular finden.

3. Anthropologie/Menschenbild: Der normative Aspekt in beiden Konzeptionen

Jeder Vorstellung über Erziehung liegen Annahmen über den Menschen, seine Erziehungsfähigkeit beziehungsweise der Notwendigkeit von Erziehung zugrunde. Diese Annahmen enthalten Werte und Normen und weisen auf die Frage hin: Wohin sollen Kinder erzogen werden? Es geht gemäß der Definition des Duden (S. 1895) um eine Richtschnur, um eine Norm, auf der die pädagogische Theorie und Praxis basiert.

Die Frage nach einem der Pädagogik immanenten Menschenbild wurde und wird mit unterschiedlichen Begründungen diskutiert.

Dilthey weist darauf hin, dass jeder Pädagogik eine Vorstellung vom Menschen innewohnt. Auch Roth und Bollnow (vgl. Scheuerl 1982, S. 16) sehen eine pädagogische Anthropologie als konstitutiv für pädagogische Systeme oder Systemansätze. Roth formulierte die These, man könne nachweisen, „dass alle pädagogischen Systeme oder Systemansätze auch eine pädagogische Anthropologie enthalten oder anstreben". Es ist nach Bollnow davon auszugehen, dass die Grundbegriffe der Anthropologie eines pädagogischen Systems nicht immer bewusst zu sein brauchen (vgl. Scheuerl 1982, S. 16). Pädagogische Anthropologie hat notwendig eine ethische Dimension: Aus ihr werden Ziele und pädagogisches Handeln abgeleitet und begründet. Die These über die jeder Pädagogik innewohnenden Menschenbilder geht von dem Gedanken aus, diese Leitvorstellungen der Erzieher über das, was der Mensch sei lieferten uns „den Schüssel, der die innere Einheit ihrer pädagogischen Gedanken durchsichtig macht und von dem her jeder einzelne ihrer Grundbegriffe in seiner besonderen Ausprägung verständlich wird" (Bollnow 1975, S. 116). Deshalb sollen die Menschenbilder der beiden Konzeptionen verglichen werden, um Gemeinsamkeiten oder Unterschiede in den Grundlagen und Grundbegriffen festzustellen.

Die Fragen nach dem Menschenbild und den sich daraus ergebenden Konsequenzen für die pädagogische Arbeit sind so alt wie pädagogisches Sehen und Nachdenken (vgl. Scheuerl 1982, S. 18). Auch die Geschichte der Elementarpädagogik und ihrer Konzepte ist geprägt von pädagogischen Absichten (vgl. Colberg-Schrader 1993, S. 347), denen ein Menschenbild zugrunde liegt, explizit oder implizit.

In diesem Kapitel soll es vor allem um das „Bild vom Kind" gehen. Es ist jedoch überschrieben mit „Menschenbild", da sich aus den Vorstellungen über Kindheit und Kinder auch Einstellungen und Aufgaben für Erwachsene, für die Beziehung Kinder – Erwachsene, ableiten lassen.

3.1 ANTHROPOLOGIE/MENSCHENBILD: DER NORMATIVE ASPEKT IN DER REGGIO-PÄDAGOGIK: EIN REICHES BILD VOM KIND ...

> „Unser Bild vom Kind ist ein sehr fröhliches, heiteres und optimistisches. Es ist aber auch ein Bild, das Unterstützung nötig macht und das Raum für Kinder offenhält" (Malaguzzi 1992a, S. 18).

3.1.1 Annahmen über Kindheit in der Reggio-Pädagogik oder: Kehren wir die Kindheit nicht unter den Teppich ...

„Wir müssen das Kind davor bewahren, dass an seine Stelle eine Metapher gesetzt wird, denn eine Metapher favorisiert den Kult und erschwert die Wahrnehmung des Individuums" (Malaguzzi 1992a, S. 26).

Bevor das konkrete Menschenbild der Reggio-Pädagogik beschrieben wird, sollen hier kurz die Annahmen über Kindheit beschrieben werden, die grundlegend sind. Malaguzzi (in Schöneberg 1985, S. 44) möchte, dass die Kindheit als Angelpunkt der pädagogischen Überlegungen betrachtet wird, um von dort auszugehen und wieder dorthin zurückzukehren.

Die reggianischen Pädagoginnen haben sich mit der Geschichte der Kindheit und den jeweiligen Vorstellungen von Erziehung ausführlich beschäftigt, um festzustellen, welche Vorstellungen überliefert wurden, die zum Teil unreflektiert weitergegeben werden und den Blick auf die eigentliche Persönlichkeit des Kindes verstellen: „Jede Epoche und jede Kultur hat ihre eigenen Metaphern über das Kindsein hervorgebracht, Bilder, die Vorstellungen über das Wesen des Kindes mit seiner sozialen Stellung und hieraus abgeleiteten Aufgaben verbinden. Diese Ideen von Kindheit waren zugleich mit Erziehungsabsichten verknüpft, die dem Sein und Wachsen des Kindes entsprechen, aber auch gesellschaftlichen Ansprüchen genügen sollen" (Dreier 1993, S. 70).

Kinder sind in der Geschichte der Kindheit oft Gegenstand der Kunst geworden. Malaguzzi (vgl. in FH Frankfurt 1987a, S. 25) geht davon aus, dass Dichter, Künstler und Philosophen den Kindern auch Schlechtes angetan haben: „Die erwachsene Menschheit hat die Phase der Kindheit selten gut erlebt" und gibt dies weiter. Deshalb gibt es zu viele Projektionen der Erwachsenen auf Kinder.

Bis heute haben sich verschiedene Vorstellungen über Kindheit entwickelt: Die Vorstellung vom hilflosen, schwachen, deprivierten Kind, das der Kompensation durch die Erziehung bedarf. Andererseits werden an Kinder heute hohe Erwartungen gestellt, zum Beispiel bezüglich ihrer kognitiven oder emotionalen Kapazität, die der zuerst genannten Vorstellung widersprechen (vgl. Dreier 1993, S. 70).

Daraus entwickelten sich zwei extreme Positionen, Kindheit darzustellen: zum einen stark erwachsenengesteuert, zum anderen autonom für die Kinder, bis hin zur Kontrolle der Erwachsenenwelt (vgl. Malaguzzi 1993, S. 72).

Kindheit heute ist demnach von Widersprüchen geprägt, auch bezüglich gesellschaftlicher Entwicklungen, wie zum Beispiel der zunehmenden Armut. Malaguzzi (vgl. 1990, S. 32) geht davon aus, dass es eine große Anzahl von Worten in der Pädagogik, Philosophie und Politik gibt, mit denen diese die Probleme der Kindheit auf sich nehmen. „Aber die Tatsachen, die Handlungen, die man heute für Kinder tut, sind sehr viel geringer. So ist es heute in einem Moment, in dem wir scheinbar über eine vertiefte Kenntnis der Kinder verfügen können". Demnach ist Kindheit immer noch eine Art Metapher, von der man alles sagen kann, mit der größten Zweideutigkeit, gut für alle Gewissen, persönliche wie gemeinschaftliche.

Da es bis heute keine Kultur der Kindheit gibt, hat dies Konsequenzen im Hinblick auf soziale, ökonomische und politische Entscheidungen und Investitionen (vgl. Malaguzzi 1993, S. 72).

Es ist eine Tatsache, dass die Gesellschaft sich in einer erheblichen Geschwindigkeit wandelt und damit auch Vorstellungen von Kindheit und Kindern. Auch damit muss die Pädagogik umgehen: „Es ist erforderlich, für Veränderungen offen zu sein; deshalb ist vor einem zu rigiden zu engen Rahmen für solche Bilder zu warnen" (Malaguzzi 1992a, S. 18).

Die Annahmen der Reggio-Pädagogik über Kindheit zeigen, dass überkommene Vorstellungen von Kindheit dort kritisch überprüft werden und Kinder selbst und nicht Vorstellungen von Erwachsenen über Kinder in den Mittelpunkt gestellt werden.

Ausgehend von diesen Vorstellungen über Kindheit formuliert die Reggio-Pädagogik ihr Menschenbild:

3.1.2 Das Menschenbild in der Reggio-Pädagogik

Die Rechte der Kinder

„Kinder haben das Recht, überall als eigenständige Subjekte individueller, juristischer, bürgerlicher und sozialer Rechte anerkannt zu werden. Sie sind

Träger und Schöpfer eigener Kulturen. Und damit sind sie aktiv beteiligt, ihre Identität, Autonomie und Kompetenz auszubilden, insbesondere in der Beziehung zu Gleichaltrigen, Erwachsenen, zu Ideen, Gegenständen, realen Erlebnissen und fiktiven Ereignissen in den Lebensbereichen und Welten, in denen Kinder kommunizieren.

Dies alles setzt eine höhere Qualität des Menschenrechts auf Individualität und auf zwischenmenschliche Beziehungen voraus. Ausgangspunkt ist, dass Kinder – und damit auch jedes einzelne Kind – über natürliche Gaben und Potentiale von ungeheurer Vielfalt und Vitalität verfügen. Werden diese natürlichen Voraussetzungen der Kinder nicht erkannt, nicht geachtet und nicht genutzt, dann werden Leiden der Kinder und eine oft nicht mehr rückgängig zu machende Verarmung ihrer Entwicklung provoziert.

Von daher kommt das Recht der Kinder, ihre individuellen Fähigkeiten zu verwirklichen und zu erweitern, soziale Kompetenzen weiterzuentwickeln, von anderen Affektivität und Vertrauen zu empfangen, Freude am Lernen zu empfinden und die eigenen Lernbedürfnisse zu befriedigen …

Ähnlich wichtig für sie ist die Möglichkeit, sich selbst auf die Suche nach kreativen Problemlösungsstrategien, nach fachlich nicht gebundenem Wissen und nach einer Individualität zu begeben, in der Reflexivität und Sensibilität einen ähnlichen Stellenwert haben. Voraussetzung hierfür ist ein nicht unterbrochener Prozess der Ausdifferenzierung von Denk- und Handlungsfähigkeiten" (Malaguzzi 1998, S. 63-64).

Die „Rechte von Kindern" fassen die Einstellungen der Reggio-Pädagogik gegenüber Kindern gut zusammen. Die Reggio-Pädagogik geht davon aus, dass im Vergleich zur bisherigen, traditionellen Pädagogik ein „neues Bild vom Kind" entworfen werden muss. Diese Aufgabe wird verglichen mit der Auferweckung des Lazarus in der Bibel. „Loris Malaguzzi spricht in diesem Zusammenhang von verschiedenen pädagogischen Denk- und Verhaltensformen: dem liegenden, unterdrückten Kind; dem Kind, das schon ein bisschen, aber noch nicht ganz losgelassen wird und sich in der äußerst anstrengenden Schräglage befindet; und vom aufrechten Kind, das laufen, sich frei bewegen, das heißt sich entfalten kann" (Krieg 1997, S. 212). Traditionelle Pädagogik habe wenig Vertrauen in Kinder, gestehe ihnen zum Teil nur stereotype Tätigkeiten zu. Malaguzzi beschreibt dies vereinfacht als „Comic-Pädagogik" mit „Sprechblasen", die verbal, direktiv, befehlend und wiederholend sei.

Damit geht einher, dass Kinder mit ihren Gefühlen und Stimmungen in ihrem Kindsein unterschätzt und herabgesetzt werden (vgl. Malaguzzi 1993, S. 59). In Abgrenzung dazu entwirft die Reggio-Pädagogik ein anderes, neues Bild vom Kind, bei dem es ein vielfältiges Spektrum zur Verfügung hat, um sich zu entwickeln. In Reggio steht das Kind im Mittelpunkt, seine Bedürfnisse nach psychischem und physischem Wohlbefinden werden besonders berücksichtigt (vgl. Krieg 1993, S. 8).

3.1.2.1 Das Kind als eigenständiges Subjekt

„In unseren Einrichtungen sind Kinder Subjekte, Protagonisten, Personen mit der Freiheit, sich selbst auszudrücken und zu verwirklichen" (Bertani in Reggio HH 1990, S. 10).

Kinder sind in Reggio als eigenständige Subjekte anerkannt, die etwas zu sagen haben, sich selbständig mit der Welt auseinandersetzen und Auskünfte über ihre Wahrnehmungen, Erkenntnisse und Auffassungen geben können. Sie sind damit Menschen, die eine sehr komplexe und gut begründete „Weltanschauung" haben (vgl. Steenken 1998a, S. 336).

Die Sprache und das Denken der Kinder sind allerdings qualitativ unterschiedlich im Vergleich zu Erwachsenen. Grundlage für diese Annahme ist die Theorie Piagets.

Zu dieser Vorstellung vom Kind als eigenständigem Subjekt gehört auch die Annahme, dass Kinder, Menschen überhaupt, sich als Ganzes fühlen. Dies ist nach Malaguzzi (1985, S. 2) eine biologische und kulturelle Notwendigkeit, ein lebensnotwendiger Zustand des Wohlbefindens. Deshalb verlangt das Kind ein ganzheitliches Verständnis. Malaguzzi (in Schöneberg 1985, S. 11) geht davon aus, dass die Kultur der Erwachsenen eine Kultur der Trennung und Unterscheidung ist. Aus diesem Grund gilt es, die Kultur des Kindes zu entdecken. Das Kind ist nämlich Träger unserer und Erfinder eigener Kulturen. Es lebt nicht in abgetrennten Schonräumen, sondern in der aktuellen Wirklichkeit mit allen Fragen und Widersprüchen.

Deshalb muss das Kind aktiver Gestalter und Protagonist seiner Erziehung, seiner Handlungen sein. Es muss eigentlich der Hauptdarsteller sein, Vorschläge machen können für seine Tätigkeiten (vgl. Spaggiari in Reggio HH 1990, S. 73). Demnach steht das Kind im Mittelpunkt seiner Erziehung. Malaguzzi (in Schöneberg 1985, S. 11) bezeichnet es in seiner Eigenständigkeit sogar als Rebell oder Revolutionär. Die Reggio-Pädagogik bezieht sich auf ein Kind, das zuhört, aber auch agiert und fordert (vgl. Dreier 1993, S. 48). Kinder werden in ihrer Gesamtpersönlichkeit, in ihrer lebendigen Beziehung zur Umwelt ernstgenommen (vgl. Dreier 1993, S. 55). Es wird anerkannt, dass Kinder sich als eigenständige Subjekte mit ihrer Umwelt auseinandersetzen und sie verändern.

Aus diesem Grund muss der Kindergarten ein Ort sein, wo Achtung und Anerkennung auf das Kind überfließen (vgl. Malaguzzi 1992a, S. 30).

3.1.2.2 Das Kind gestaltet seine Entwicklung aktiv mit

Kinder werden in der Reggio-Pädagogik beschrieben als aktive und kreative Subjekte ihrer eigenen Entwicklung und in ihrer lebendigen Beziehung zur Umwelt (vgl. Dreier 1993, S. 66). Sie sind die Regisseure ihrer Entwicklung und bringen von Geburt an Fähigkeiten mit, die sie eigenständig weiterentwickeln können. Die Entwicklungspsychologie hat diese Vorstellung schon lange wissenschaftlich erforscht, die gesellschaftliche Praxis dagegen sieht nach wie vor größtenteils anders aus (vgl. Filippini 1994, S. 8).
Das Kind ist also nach dieser Vorstellung von Geburt an theoretisch und konkret offen und bereit für jegliche Entwicklung. Es muss allerdings auch dazu in der Lage sein, seinen Entwicklungsprozess selbst zu steuern. Deshalb soll ihm die Pädagogik viele Lern- und Forschungsgelegenheiten bieten. Diese schwierige Aufgabe vergleicht Malaguzzi (in FH Frankfurt 1987, S. 26) mit einem Klavier: „Aber wenn ich die zu schaffende Atmosphäre mit einem Klavier vergleiche, brauche ich eine Riesentastatur von Entwicklungsmöglichkeiten für die Kinder, die sich zu immer wieder neuen Kombinationen zusammenfügen können".
Um die individuellen und vielfältigen Entwicklungsmöglichkeiten zu fördern, haben Kinder ein Recht auf anregungsreiche Räume (vgl. Rinaldi in Cadwell 1997, S. 94).

3.1.2.3 Das Kind hat Potentiale ...

Zu dieser Aussage kommt die Reggio-Pädagogik aufgrund der Auseinandersetzung mit der pädagogischen und psychologischen Forschung der letzten 20 Jahre. Diese Forschung entwarf ein Bild vom Kind, in dem weitaus mehr Möglichkeiten stecken, als bisher angenommen und das eine vielfältige Ausdrucksweise hat. Es ist also ein Wesen, das von Geburt an Fähigkeiten hat, kompetent ist, Potential hat (vgl. Filippini 1994, S. 8).
Aber trotz dieser Überzeugung von der hohen Potentialität, die das Kind hat, gehen die reggianischen Pädagoginnen davon aus, dass es ihre Unterstützung braucht: „Wir sagen, dass das Kind seit seiner Geburt potentiell hundert Sprachen hat, aber das Kind kann allein diese hundert Sprachen nicht zum Ausdruck bringen, es braucht Hilfestellung, Solidarität, Unterstützung" (vgl. Spaggiari in Reggio HH 1990, S. 73).
Grundsätzlich gilt jedoch, diese Potentiale beim Kind zu sehen, eine Perspektive des Optimismus in dieser Hinsicht zu entwickeln (vgl. Steenken 1998a, S. 336). Die Reggianer glauben an die Fähigkeiten der Kinder, zu wachsen. Deshalb ist es ihnen wichtig, nicht auf Fragen sofort Antworten

zu geben, sondern einen Prozess anzuregen, an dem die Kinder wachsen können: „Ihre Aufmerksamkeit ist demnach nicht darauf gerichtet, zu sehen, was Kinder noch nicht können, sondern sie vertrauen auf die Kompetenzen von Kindern und wollen erfahren, wie sie diese in einer lebendigen Beziehung zur Welt weiterentwickeln" (Dreier 1993, S. 72). Filippini (1994, S. 9) ruft dazu auf, an das Potential im Kind zu glauben, nicht nur über die Rechte der Kinder zu reden, was die Erwachsenen gut können.

3.2.2.4 Das Kind ist Konstrukteur seiner Wirklichkeit

Hintergrund für diese Auffassung ist unter anderem Piagets Entwicklungspsychologie aber auch der Konstruktivismus und die neuere Systemtheorie (vgl. Göhlich 1997, S. 191). Es werden auch Erkenntnisse der Gehirnforschung einbezogen, wonach das Gehirn ein genetisches Potential in Wechselwirkung mit der Umwelt darstellt. Diese Vorgänge sind komplex und Pädagogik kann nur Anreize vergrößern, die von der Umwelt einwirken – quantitativ und qualitativ (vgl. Malaguzzi in Reggio HH 1990, S. 39). Das Kind konstruiert seine Wirklichkeit in der Auseinandersetzung mit der Umwelt, wofür Malaguzzi (in Reggio HH 1990, S. 40) das Bild vom Individuum als großem Orchester entwirft: „Welches Bild vom Kind oder welches Bild vom Individuum überhaupt können wir also annehmen? Das Individuum ist wie ein großes Orchester ... Das Individuum ist nicht in sich geschlossen. Es ist nicht ‚wasserdicht' abgegrenzt gegen andere Individuen. Es kann auch als offenes System von Beziehungen beschrieben werden – oder als ein Aggregat (eine Anhäufung von Beziehungen) oder als ein Raum mit einer subtilen Membran ... Wir bilden eine Einheit in uns, mit anderen und allem. Diese Einheit ist offen, ob wir es wollen oder nicht."
Konsequenz aus diesen Vorstellungen ist, dass dafür ein neuer theoretischer Bezugsrahmen nötig ist, den die Pädagogik alleine nicht entwickeln kann. Da das Leben des Menschen und seine Entwicklung komplex sind, ist es nicht möglich, sich auf einen einzigen Standpunkt zu stellen und von dort aus zu analysieren.
Die Beschäftigung mit der Neurologie wies die Reggianer darauf hin, dass es eine lineare Vorhersehbarkeit von Entwicklung nicht gibt. Was hat diese Erkenntnis mit Pädagogik zu tun? Sie vermittelt ein neues Verständnis vom Menschen: „Wenn wir bei einem bestimmten Verhalten den Gedanken zulassen, dies Verhalten sei nicht das einzig mögliche und könne unter anderen Bedingungen auch ganz anders ausfallen ... dann lässt uns diese Analyse ... eine komplexe Welt erahnen, über die wir nicht mehr urteilen können, sondern die wir vielmehr erforschen müssen". Diese Theorien nehmen zwar ein

Stück Sicherheit, vor allem auch für das pädagogische Personal. Aber sie bereichern das Bild vom Menschen, vom Kind. Denn in der Konsequenz heißt dies, den kindlichen Lernprozess nicht als einfaches Ursache-Wirkungsverhältnis anzusehen, sondern als ein komplexes Aneignungs-Wirkungsverhältnis (vgl. Filippini 1994, S. 10).

In der Reggio-Pädagogik spielt die Annahme eine wichtige Rolle, dass das Kind seine Wirklichkeit in der Auseinandersetzung mit anderen konstruiert, vor allem im Austausch mit Gleichaltrigen, aber auch mit Erwachsenen. Rinaldi (1998, S. 115) formuliert, das Kind sei ein sozialer Konstruktivist. Dies verweist darauf, dass das Kind zwar als Individuum gesehen und geachtet werden muss, aber auch in seiner Beziehung zu anderen gesehen wird.

3.1.2.5 Das Kind als soziales Wesen

„Wir sind der Meinung, dass ein Kind von seiner Geburt an prädisponiert ist für die Begegnung mit anderen. Umgibt das Kind ein Netz von Solidarität, ermöglicht man ihm Begegnungen in vielfältiger Art, so werden es Kinder angenehm empfinden und können sich positiv entwickeln. Für das Kind ist dieses Zusammenleben … mit einem sozialen Gefüge eine Freude, eine Notwendigkeit, ein Muss eben" (Spaggiari in Reggio HH 1990, S. 73).

Das Kind ist mit seinen Fähigkeiten in ein soziales Miteinander eingebunden. Nach der Vorstellung der Reggianer steht das einzelne Kind im Dialog, nicht nur mit der Erzieherin, sondern auch mit anderen Kindern. Es wird als „offenes System" gesehen, das die Auseinandersetzung mit anderen braucht. Das Bild des Kindes sieht sowohl das aktive Kind in seiner Individualität vor, als auch immer seinen Bezug zu anderen.

Die Handlungsfreiheit, die die Reggianer dem Kind einräumen, indem sie es als Akteur seiner eigenen Entwicklung sehen, darf keine individuelle Freiheit und Entwicklung sein, sondern muss immer eingefügt sein in ein soziales Netz, ein Miteinander (Spaggiari in Reggio HH 1990, S. 73).

Das Kind existiert in Zusammenhang mit anderen Menschen und Dingen, steht jedoch aus seiner Sicht im Zentrum, in vielen Zentren (vgl. Malaguzzi in Schöneberg 1985, S. 44). Es ist auch Teil der Gesellschaft, eines großen sozialen Netzes.

Die Reggio-Pädagogik misst der Anregung durch Gleichaltrige eine hohe Bedeutung in der kognitiven Entwicklung bei, bezugnehmend auf die Theorie Wygotskis. Ausgehend von Zielvorstellungen, die aus dem Sozialismus kommen, wie Demokratie, soziale Gerechtigkeit und Solidarität kommt sie zur Vorstellung, dass das Kind ein soziales Wesen, bezogen auf Gemeinschaft ist. Diese Gemeinschaft muss vorgelebt werden durch pädagogisches Personal und Eltern.

3.1.2.6 Das Kind ist ein Forscher und Mitschöpfer seines Wissens

„Kinder sind (ebenso wie Dichter, Schriftsteller, Musiker, Naturwissenschaftler) ganz eifrige Forscher ... Die Kunst des Forschens besitzen Kinder bereits, sie sind sehr empfänglich für den Genuss, den das Erstaunen bereitet" (Malaguzzi 1985, S.4).

Die Reggio-Pädagogik geht davon aus, dass die Kinder von Natur aus die Fähigkeit zur wissenschaftlichen Erforschung haben. Diese unbegrenzte Neugier, die Kinder mitbringen, ihr angeborener Wissensdurst und Entdeckergeist wird in Reggio häufig beschrieben, vor allem anhand von Projektbeispielen.

Spaggiari (1990, S. 8-9) beschreibt das Kind sogar als Detektiv, der Spuren verfolgt und Indizien überprüft. Kinder wenden bei der Suche nach Bedeutungen und Erklärungen ein Fahndungsverhalten, Forschungsprozeduren und Ermittlungsstrategien an: Sie gewinnen Wissen und Erkenntnis nicht durch Antworten oder Lösungen, die ihnen übermittelt werden, sondern durch Fragen, die zu Gedanken und Verknüpfungen, zum Weiterdenken anregen. „Wir haben es hier mit einem epistemologischen (erkenntnistheoretischen) Kind zu tun, das seine Erkenntniskonstruktionen durch ‚nicht banale Fragen' ... und ‚erkenntnistheoretische Warums' ... aufbaut" (Spaggiari 1990, S. 8-9). Kinder lernen, indem sie selbst forschen, das heißt, sie fragen und werden auch tätig. Kinder sind also „Fulltime-Forscher, unermüdliche Umarbeiter von Aktionsumläufen, Ideen und Theorien, denn dies ist ihre beliebteste Art, zu lernen und sich die Welt und das Leben zu erobern" (Malaguzzi in Behörde Hamburg 1990, S. 24-28). Dazu brauchen Kinder Erwachsene, die sie verstehen und mit ihnen forschen. Um eine Atmosphäre zu schaffen, in der Kinder ihre Neugierde und Vorstellungskraft, ihren Forschergeist entfalten können, ist es nötig, dass Kinder sich sicher fühlen, denn ein unsicheres Kind kann nicht forschen. Ein sicheres Kind aber ist reich, denn es hat Neugier und Vorstellungskraft (Dreier 1993, S. 48).

Auf diesem Wege ist das Kind Mitschöpfer seines Wissens oder man spricht auch vom Kind als sprudelnder Quelle. Das Kind bildet sich selbst und wird gebildet, indem es eigene Erfahrungen macht, was nicht heißt, dass Erzieherinnen Kinder sich selbst überlassen, sondern, dass sie vorsichtig eingreifen, eine minimale Struktur geben (vgl. Gruber 1993, S. 23).

Kinder sind Konstrukteure ihres Wissens, experimentieren frei, bauen auf Erlebtem und Erfahrenem auf. Sie entwickeln ihre eigenen Konstruktionen weiter, können darauf aufbauen, neue Hypothesen bilden. So fühlen sich Kinder in ihrer eigenen Denkweise ernstgenommen und akzeptiert. Dieses Gefühl des Angenommenseins bildet die Basis ihrer Kreativität (vgl. Gruber 1993, S. 22). Dazu braucht das Kind auch Zeit. Es hat andere Zeiten und Wege, als wir Erwachsene planen.

Aus dieser Perspektive heraus ist das Kind, genauso wie der Erwachsene; „Wissensträger". Kinder und Erwachsene suchen und forschen gemeinsam, was bedeutet, dass Erwachsene ihre Erfahrungen und Wahrheiten einbringen, sie aber nicht als allgemeingültig darstellen, sondern nur als einen Teil möglicher Erfahrungen und Wahrheiten.

3.1.2.7 Das Kind ist ein Dichter und Künstler

„... es hat hundert Sprachen, in denen es sich ausdrücken kann, es verleiht, auf kreative Weise seinem Eindruck über die Welt einen Ausdruck, sei es zum Beispiel durch Worte oder durch Werke, die es gestaltet."

Das Kind ist nach Malaguzzi (1992, S. 28) ein unendlich kreatives Wesen. Wissenschaftlich wäre es deshalb nötig, sich dieses schöpferischen Tuns wieder bewusst zu werden.

3.1.2.8 Kritik am Menschenbild der Reggio-Pädagogik

Kritisch anzumerken ist, dass in der Reggio-Pädagogik der Mythos Kind, eine in der Reformpädagogik entwickelte Vorstellung (vgl. Oelkers 1992, S. 73ff); konstruiert wird: Auf der einen Seite das leere, gebeugte, leidende Kind, von Erwachsenen missachtet und nicht verstanden. Mit diesem Gegenbild wird das „neue" Bild vom Kind begründet: „Das neue Bild des Kindes kann nur dann rein stilisiert werden, wenn der Kontrast zur Realität möglichst groß ist. Dabei verbindet sich der romantische Mythos mit der christlichen Passion: Das Kind muss als Glücksträger und zugleich als Leidender mythisiert werden, sonst kann kein neues Bild entstehen, das ältere und rohere Vorstellungen ablöst" (Oelkers 1992, S. 85). Diese Idealisierung und ihre Auswirkungen wird auch von Zimiles (2000, S. 206) hinterfragt: „Der geradezu magische Einfluss eines solchen erzieherischen Milieus entsteht durch die Unbeirrbarkeit und die Echtheit der Hingabe an Kinder sowie durch die Idealisierung der Kindheit ... Und doch hat man ein ungutes Gefühl angesichts der Unausgewogenheit und Verzerrung durch

eine dermaßen enthusiastische Haltung, die zu wenig die dunkle Seite der menschlichen Natur anzuerkennen scheint." Zimilies bezeichnet dies als Manko des Optimismus.
Diese Kritik ist sicherlich bedenkenswert, soll aber den Blick auf die Potentiale des Kindes nicht verstellen. Wichtig ist jedoch, immer auch die genannten dunklen Seiten des Menschseins mitzubedenken, die pädagogische Konzepte manchmal im Alltag an ihre Grenzen führen können.

3.2 ANTHROPOLOGIE/MENSCHENBILD: DER NORMATIVE ASPEKT IM SITUATIONSANSATZ

Im Situationsansatz ist das Menschenbild nicht ganz einfach zu beschreiben, da es dazu kaum konkrete Ausführungen gibt. Er ist eher kritisch eingestellt gegenüber allen Versuchen, Postulate und Grundsätze mechanisch und ohne Kontext anzuwenden (vgl. Zimmer 1995c, S. 27). Normen, die jedem Menschenbild immanent sind, sollen demnach Kindern in aufzuklärenden Kontexten verdeutlicht und mit ihnen erarbeitet werden, wobei unklar bleibt, wie dies erfolgt. Der Situationsansatz geht, ebenso wie der Symbolische Interaktionismus davon aus, dass Normen in der jeweiligen Situation interpretationsbedürftig sind (vgl. Zimmer 1995c, S. 28). Die Frage der Normenexplikation und -vermittlung jedoch und wie dieses also bei Kindern im vorschulischen Alter erfolgt, muss weiter behandelt werden, vor allem grundlagentheoretisch und ist somit noch nicht letztendlich geklärt (vgl. Zimmer 1995c). Erst in jüngster Zeit wurden diese ungeklärten Fragen als Desiderata formuliert und neu diskutiert (vgl. Zimmer 1995c).
Es ist davon auszugehen, dass schon bei der im Situationsansatz geforderten Bestimmung relevanter Lebenssituationen ebenso wie bei der Einschätzung, was unter kindlich relevantem Verhalten zu verstehen ist, die Vorstellungen über Kindheit und Kinder in ihrer Entwicklung einfließen. Diese sind im Situationsansatz jedoch kaum ausformuliert (vgl. Hemmer 1979, S. 79).
Im Vergleich zu älteren pädagogischen Vorstellungen wie zum Beispiel von Fröbel, Steiner und Montessori, die Retter (1978, S. 137) als „pädagogische Konzepte" bezeichneT, fehlen modernen „didaktischen Konzepten", wozu auch der Situationsansatz gerechnet wird, ein übergeordnetes Menschenbild. Statt dessen wird die Legitimationsfrage erörtert. „Das Legitimationsproblem findet meist darin seine Lösung, dass die konkreten Lernziele verankert werden in allgemeinen Zielformeln wie ‚Autonomie', ‚Emanzipati-

on', ‚Sozialkompetenz', ‚Kommunikationsfähigkeit', ‚Mündigkeit' u.a.m. An Stelle eines ganzheitlichen Verständnisses von Erziehung tritt die Aufgabe, Lernziele zu realisieren." So versucht Retter (1978) das Fehlen eines expliziten Menschenbildes, auch beim Situationsansatz, zu begründen.

3.2.1 Der Mensch ist auf Selbstbestimmung hin entworfen

Zimmer (in Grah & Zimmer 1985, S. 245) formuliert ein Menschenbild, das die Selbstbestimmung ins Zentrum setzt: „Das Menschenbild des Situationsansatzes korrespondiert eher mit Grundpositionen der neuen sozialen Bewegungen. Der Mensch ist auf Selbstbestimmung hin entworfen. Er widerstrebt seiner Verwertung durch das unternehmerische Kalkül. Er will zu sich selbst finden. Er widersetzt sich der weltweiten kulturellen Überformung durch die Bewusstseinsindustrien. Er will das Nahe kritisch und gemeinsam zurückerobern. Die Solidarität in der einen Welt beginnt bei den türkischen Kindern vor unserer Haustür."

Hier wird der emanzipatorische Charakter des Situationsansatzes deutlich, der die Selbstbestimmung des Menschen betont, jedoch vor allem im Hinblick auf gesellschaftspolitische Ziele: Der Mensch ist demnach bestrebt, sich von Unterdrückung zu befreien.

Aus diesem kurzen Hinweis auf ein Menschenbild im Situationsansatz leitet Stoll (1995) konkreter ab, worauf sich der Situationsansatz bezieht. Er geht davon aus, dass Unterdrückung dort beginnt, wo eine ganzheitliche personale Entwicklung und Entfaltung des Individuums nicht möglich ist und nicht zugelassen wird. „Somit ist der Mensch ein von sich aus aktiv handelndes Individuum, das sich um Veränderung seiner Lage, seines Zustandes, seiner Situation bemüht und gegen jene Strukturen rebelliert, die das humanum, seine Einzigartigkeit und damit eine ganzheitliche Entwicklung seiner personalen Identität einschränken oder unmöglich machen. Das Individuum ist … ein soziales Wesen, das sich mit anderen solidarisiert und Sozialität benötigt, um sich entwickeln und entfalten zu können."

Diese Annahmen korrespondieren nach Stoll (1995, S. 37) mit einem Menschenbild, das Georg Feuser formulierte und das Zimmer als Vertreter des Situationsansatzes bestätigt hat. Diese drei Annahmen zum Menschenbild nach Feuser sollen im Folgenden beschrieben werden:

3.2.2 Der Mensch ist eine Ganzheit

und als solche in allen seinen Lebensäußerungen zu begreifen. Das heißt: „Biologische, organische und psychische Funktionen sind nicht voneinander trennbar und voneinander unabhängig existierende ‚Schichten eines Seins'." Aufgabe der Erzieherin ist es, selbst diese Ganzheit zu erleben, für ein ganzheitliches Wohlbefinden zu sorgen, um so auch sensibel zu sein für das Wohlbefinden der Kinder. Leider finden sich in den konkreten Materialien zum Situationsansatz keine unmittelbaren Hinweise auf diesen Aspekt. So soll hier Stolls Annahme, autorisiert von Zimmer für diese Ganzheitlichkeit als Grundlage im Menschenbild des Situationsansatzes stehen. Auch die Vernetzung von verschiedenen Einrichtungen und Menschen in der Umgebung trägt dazu bei, Ganzheitlichkeit in der Beziehung zur Umwelt zu erleben (vgl. Krenz 1991, S. 32f).

3.2.3 Der Mensch ist Individuum und aktiv handelndes Subjekt

Hier geht es darum, dass die Erzieherin sich zunächst selbst als Individuum verstehen muss, das einzigartig ist, um auch Kinder als solches zu verstehen. Es wird davon ausgegangen, dass der Mensch in Situationen eingreifen kann, dass er befähigt werden sollte zur Handlung durch das Bewusstmachen einer Situation.

3.2.4 Der Mensch ist ein soziales Wesen

Er ist auf Sozialität angewiesen. Dies wird deutlich in der Zielformulierung der Solidarität. Auch die zentrale Rolle des sozialen Lernens und die Vorstellung, dass Situationen in Diskursen bestimmt und bearbeitet werden, weist auf die Bedeutung des sozialen Umgangs miteinander hin, ebenso das Lernen in altersgemischten Gruppen. Der Situationsansatz geht davon aus, dass erst aus der Solidarität eine gemeinsame Handlungsfähigkeit erwachsen kann.

3.2.5 Kinder werden ernstgenommen,

darauf verweist Colberg-Schrader (1986, S. 42) als wichtige wertorientierte Vorentscheidung bei der Zielfindung. Diese Entscheidung fällt aufgrund eines bestimmten Menschenbildes, das nicht näher ausgeführt wird.
Hinter dieser allgemeinen Aussage, dass Kinder in ihrer Welt und ihren Erfahrungen ernstgenommen werden, stecken Vorstellungen wie zum Beispiel gegenseitiges Lehren und Lernen von Erwachsenen und Kindern, Einbeziehung von Fachleuten aus der Umgebung, um eine Situation zu bearbeiten (vgl. Colberg-Schrader 1986, S. 42). Genauer ist diese Annahme, die

im weitesten Sinne dem Menschenbild zugeordnet werden kann, jedoch nicht ausgeführt.

3.2.6 Andere Zeiten – andere Werte: Neuere Annahmen und Aspekte zum Menschenbild

In einer neuen Veröffentlichung zum Situationsansatz (Zimmer 1998) wird stichpunktartig ein Bild von Menschen formuliert, wie es der Situationsansatz heute sehen will:

- Menschen sind nicht Objekte, sondern Subjekte, die Situationen gestalten, sich ein Bewusstsein von der Welt verschaffen und handelnd in die Geschichte eintreten können. Diese Position stimmt mit Erkenntnissen der Kindheitsforschung überein, die feststellte, dass Kinder über Möglichkeiten verfügen, ihre Entwicklung selbst zu steuern, den aktiven Part im alltäglichen Tun zu übernehmen, soziale Akteure zu sein. Dabei werden sie von Erwachsenen begleitet, die auf die Selbsttätigkeit des Kindes setzen.

- Kinder sollten herausgefordert werden, um sie dabei zu stärken. Dies bedeutet, sie selbst ihren Weg suchen zu lassen, nicht Lösungen vorzugeben. Dieser Prozess des forschenden, entdeckenden, experimentierenden Lernens sollte durch Erweiterungen und vertiefende Recherchen gefördert werden.

- Kinder sind neugierig und wissbegierig. Erwachsene sollten sie genau beobachten, hinhören, sich einfühlen, und versuchen zu verstehen, in welcher Weise sich das Kind die Welt aneignet: „die Kindertagesstätte als Einrichtung zur Erkundung und Aufklärung von Lebenssituationen, von Kultur und Natur, von Geschichte, von Welt". Erwachsene sind Mitglieder im Forschungsteam, lernen Impulse zu setzen oder Distanz zu halten, je nach Bedarf. Kinder haben ein Recht auf sinnstiftende Tätigkeiten. Diese Ausführungen weisen darauf hin, dass hier versucht wird neuere Erkenntnisse zum Beispiel aus der Kindheitsforschung zu integrieren. Problem ist, dass sie nur als Feststellung dort stehen, ohne weitere Ausführungen dazu. Hier wäre es nötig, diese Annahmen genauer auszuführen und theoretisch zu begründen.

In den aktuellsten Veröffentlichungen werden nun Aspekte einer Anthropologie genannt (vgl. Zimmer 2000, S. 102f):

- „Die Unverfügbarkeit menschlichen Lebens als Respekt vor der Würde des Kindes ..."

- „Die Vorläufigkeit aller Bilder vom Kind." Dies weißt darauf hin, dass der Situationsansatz prozesshaft angelegt ist.

- „Das Kind als vollgültiger Mensch": von Geburt an sind dem Menschen alle Sinne gegeben, aber Erwachsene wie Kinder wachsen und entwickeln sich ständig weiter.

- „Die Teilhabe des Kindes am ‚ganzen Leben‘." Gemeint ist hier, dass ein grundsätzlich gleiches Verhältnis der Generationen gegeben ist, auch wenn die Verantwortlichkeiten unterschiedlich sind. Wieder einmal bleiben die Aspekte eher plakativ, sind kaum ausgeführt und auch kaum theoretisch begründet.

3.2.7 Kritik am kaum ausformulierten Menschenbild

Der Situationsansatz geht davon aus, dass er keine Normen an sich vermittelt, sondern Normen verbindet mit sozialen Kontexten und situativer Ebene. Die Frage, wie diese Normen ermittelt und vermittelt werden, ist jedoch offen (vgl. Zimmer 1995c, S. 28).

Auch das Verständnis von Kindheit muss noch genauer geklärt werden, das Grundlage des Bildes vom Kind ist: „Im Blick auf genauere Klärung des Verständnisses von Kindheit im Situationsansatz wäre es jenseits anthropologischer Genremalerei wichtig, die domestizierenden, unterfordernden Momente einer institutionell und medial verstellten Kinderwelt herauszuarbeiten, ... Kinder also behutsam und nachhaltig zu fordern, statt ihnen über Angebotspädagogik zu rascher Bedürfnisbefriedigung ohne adäquate Vorleistung zu verhelfen und sie zu verwöhnen" (Zimmer 1995c, S. 30).

Zwei explizite und zwei implizite anthropologische Modellvorstellungen didaktischen Vorgehens stellt Schäfer (1995, S. 93) fest:

- Das Modell des herrschaftsfreien Dialogs, mit dessen Hilfe bedeutsame Situationen für Kinder ausgemacht werden. Dieser Dialog ist für das Vorschulalter nicht umgearbeitet. „Manches erfährt man vielleicht im direkten Gespräch, das meiste und wichtigste müsste wohl aus den vielen anderen möglichen Kommunikationsformen der Kinder ... erschlossen werden" (Schäfer 1995, S. 93).

- Ein Tätigkeitsmodell im Bereich kindlichen Lernens im Anschluss an Wygotski u.a., das bislang ebenfalls nicht weit genug für den Situationsansatz umgearbeitet wurde.

- Kinder werden in vielen Beschreibungen mit Selbständigkeit und Selbstvertrauen ausgestattet. „Aber in solchen Äußerungen verrät sich, wie wenig Gedanken man sich um die Prozesse gemacht hat, die im Kind bei Lern- und Bildungsprozessen ablaufen" (Schäfer 1995, S. 94).

• Auch ein Modell von Verantwortungsübernahme kann entdeckt werden, das besonders im Zusammenhang mit Vorstellungen zum Erwerb von sozialen Verhaltensweisen auftaucht: „Indem Kinder selbst- und sozial-verantwortlich handeln, eignen sie sich die dafür notwendigen sachli-chen und sozialen Kompetenzen an" (Schäfer 1995, S. 94).

Anthropologie muss ernstgenommen werden, denn schließlich lehrt sie be-obachten. Deshalb wird dafür plädiert, eine Anthropologie zu formulieren, die jedem pädagogischen Vorgehen immanent ist und nur perspektivische Blickwinkel öffnet und nicht einengt.

3.3 VERGLEICH DER BEIDEN KONZEPTIONEN ODER: EIN MENSCHENBILD ALS GRUNDLAGE?

In den Vorstellungen über Kindheit unterscheiden sich die beiden Konzepte insofern, als in der Reggio-Pädagogik ganz bewusst die Reflexion der Vor-stellungen über Kindheit stattfindet, damit der Blick auf das Kind nicht durch Mythen und Bilder, die Erwachsene von Kindheit haben können, ver-stellt wird. Diese Reflexion ist Grundlage der pädagogischen Arbeit und fin-det fortlaufend statt. Im Situationsansatz findet sich eine kritische Einstel-lung gegenüber der Festlegung von Werten und Normen. Wie im Symboli-schen Interaktionismus wird davon ausgegangen, dass diese Normen in situativen Zusammenhängen interpretationsbedürftig sind und dass ethi-sches Verhalten der auf die Situation bezogenen Reflexion bedarf (vgl. Zim-mer 1995c, S. 28).

Es ist davon auszugehen, dass jedes pädagogische Vorgehen anthropologi-sche Annahmen, zumindest unreflektiert enthält. „Werden diese im Dun-keln gehalten, besteht die Gefahr, dass sich un- oder kontraproduktive an-thropologische Auffassungen unter der Hand einschleichen" (Schäfer 1995, S. 96). Gerade auf diese Gefahr weist die Reggio-Pädagogik hin, be-schreibt traditionelle Pädagogik und betont die Bedeutung der Reflexion über die Bilder von Kindern und ihr neues Bild vom Kind, das daraus ent-steht. Der Situationsansatz setzt sich zwar, ebenso wie die Reggio-Pädago-gik, von anthropologischen Modellen ab, die ein defizitäres, „kindertü-melndes" Bild vom Kind entwerfen und Kinder abwerten (vgl. Schäfer 1995, S. 96). Die Reggio-Pädagogik hält ihr reiches Bild von einem aktiven Kind, das Potentiale hat, dagegen, der Situationsansatz geht von der Inter-pretation seiner Grundlagen im jeweiligen Kontext aus. Sicher ist dies eine

Schwäche, da Anthropologie ernstzunehmen ist (vgl. Schäfer 1995, S. 96). Es ist die Stärke der Reggio-Pädagogik, dass sie ihre Vorstellungen von Kindheit aus einer Achtung vor den Kindern heraus formuliert und ständig revidiert, da zum Beispiel gesellschaftliche und technische Entwicklungen auch in diese Vorstellungen von Kindheit integriert werden sollten.

Ein weiterer Unterschied ist darin zu sehen, dass die Reggio-Pädagogik davon ausgeht, dass Kinder ihre Weltanschauung haben, ihre spezifische Art der Wahrnehmung und der Auseinandersetzung mit der Welt. Um diese Eindrücke wahrnehmen zu können, wurde in Reggio ein vielfältiges Instrumentarium entwickelt. „Der Situationsansatz hat ... keine ausreichenden Instrumentarien entwickelt, um etwas über die Bedürfnisse und Selbstdeutungen der Kinder zu erfahren" (Schäfer 1995, S. 95). Der Blick auf das einzelne Kind, die unterschiedlichen Denk- und Verarbeitungsfiguren der Kinder werden im Unterschied zur Reggio-Pädagogik kaum erwähnt. Schäfer (1995, S. 95) stellt im Situationsansatz ein weitgehendes Desinteresse an den Selbstbildungsprozessen der Kinder fest und damit eine Unempfindlichkeit gegenüber der spezifischen Art und Weise des Denkens und Handelns von Kindern, der Selbst- und Weltdeutung und ihrer individuellen Verarbeitungsweisen. Der Situationsansatz hat aus diesem Grund auch keine ausreichenden Instrumentarien entwickelt, um die Bedürfnisse und die Selbstdeutungen der Kinder zu ermitteln und zu verstehen. Er sieht die Begründung für diesen Zustand darin, dass dem Situationsansatz anthropologische Modelle zum Verständnis des Kindes und des Erwachsenen fehlen.

In der Reggio-Pädagogik dagegen werden die individuellen kindlichen Verarbeitungsformen sorgfältig dokumentiert, um die pädagogische Arbeit daran auszurichten.

Sie formuliert ganz klar, dass Denken und Sprache des Kindes qualitativ unterschiedlich sind im Vergleich zum Denken und Sprechen Erwachsener. Dies wird mit Piagets Theorie begründet. „Der Situationsansatz übergeht dieses Problem und vertraut in hohem Maße auf die kognitive Aufklärung von Sachverhalten, die den Kindern angeboten werden, als läge ihr Denken auf einer Linie mit dem der Erwachsenen" (Krappmann 1995b, S. 118). Auch die Vorstellungen von Diskursen zwischen Kindern und Erwachsenen lässt offen, wie Kinder sich dabei äußern. Der qualitative Unterschied zwischen Erwachsenen und Kindern wird offensichtlich nicht angenommen, wobei hier die Gefahr besteht, dass Kinder in ihrer eigenen Weltsicht nicht verstanden werden und in diesen Diskursen etwas akzeptieren, was nicht ihren Vorstellungen entspricht. Hier ist Vorsicht geboten, dass nicht Erwachsenenthemen zu Kinderthemen werden und Kinder in ihren eigenständigen Erklärungsmustern überfordert oder gehemmt werden.

Die Reggianer gehen von einem hohen Potential aus, das die Kinder mitbringen und versuchen, mit diesen Potentialen etwas zu tun. Im Bild vom Kind wird formuliert, dass nicht nur darüber geredet werden soll, sondern dass dieses Potential gefördert und eingesetzt wird. Im Situationsansatz ist erst in der neuen Veröffentlichung darauf Bezug genommen, wobei die Annahme, dass Kinder Potential mitbringen und ihre Entwicklung selbst steuern können, nur kurz unter anderem erwähnt ist. Genauere Ausführungen dazu waren dort nicht zu finden.

Auch in der Vorstellung, wie Kinder sich Wissen aneignen, unterscheiden sich die beiden Konzeptionen: Die Reggio-Pädagogik geht davon aus, dass der Lernprozess ein komplexes Aneignungs- und Wirkungsverhältnis ist. Der Situationsansatz geht vom Primat des sozialen Lernens aus. Die Reggio-Pädagogik geht weiterhin davon aus, dass Kinder sich selbst bilden und gebildet werden und Kinder ihre eigenen Konstruktionen weiterentwickeln. Dabei fühlen sich die Kinder in ihrer Denkweise ernstgenommen und akzeptiert. Dieses Angenommensein wiederum fördert Kreativität. Der Situationsansatz hat die Lernentwicklung des einzelnen Kindes kaum formuliert. Hier geht es vorwiegend um soziale Lernprozesse. Schäfer (1995, S. 95) konstatiert sogar ein weitgehendes Desinteresse des Situationsansatzes an den Selbstbildungsprozessen der Kinder: „Die Dominanz des Sozialen Lernens führt zu einer Verengung der Wahrnehmungs- und Interessenwelt ..." Der individuell-biographische Aspekt des Situationsansatzes wird, trotz anderslautender Beteuerungen, nur unzureichend eingelöst. Darin unterscheidet sich der Situationsansatz wesentlich von der Reggio-Pädagogik (vgl. Schäfer 1995, S. 80).

Die Reggio-Pädagogik bezieht sich bei ihrer Annahme, das Kind sei Konstrukteur seiner Wirklichkeit auf theoretische Grundlagen des Konstruktivismus und der Systemtheorie und bezieht auch neuere Theorien zum Beispiel der Neurologie mit ein, die davon ausgehen, dass es eine lineare Vorhersagbarkeit von Entwicklung nicht gibt. Im Situationsansatz ist die Einbeziehung von neueren Erkenntnissen kaum erfolgt.

Gemeinsam ist den beiden Ansätzen, dass sie allgemein von einem ganzheitlichen Menschenbild ausgehen und beide das physische und psychische Wohlbefinden des Kindes versuchen zu berücksichtigen. Die Reggio-Pädagogik hat die ganzheitliche Sichtweise allerdings explizit formuliert und auch genauer ausgeführt. Beispielsweise wird darauf verwiesen, dass es im Sinne dieses ganzheitlichen Verständnisses darum geht, die Kultur der Kinder zu entdecken. Der Situationsansatz formuliert die Ganzheitlichkeit nur indirekt.

Eine weitere Gemeinsamkeit besteht in der Annahme, dass Kinder sich mit ihrer Umwelt auseinandersetzen, wobei der Situationsansatz dies nicht unter dem Aspekt Menschenbild anführt, sondern als allgemeines Merkmal. Dennoch soll dies hier auch in den Vergleich mit einbezogen werden, um zu zeigen, dass dem Situationsansatz zwar nicht explizit formulierte aber dennoch zentrale Grundannahmen implizit sind. Die Reggio-Pädagogik verweist bei dieser Auseinandersetzung ausdrücklich auf die Eigenaktivität des Individuums, das sich als eigenständiges Subjekt mit seiner Umwelt auseinandersetzt und sie verändert. Im Situationsansatz wird die Auseinandersetzung und Veränderung der Umwelt im Zusammenhang mit der Bearbeitung von relevanten Situationen beschrieben, die in der Regel mehrere Personen betrifft.

In beiden Konzepten soll das Kind als Individuum aber auch in seinen Beziehungen zu anderen gesehen werden. Die Reggio-Pädagogik versucht beides zu verbinden, indem sie einerseits die individuelle Entwicklung und auch individuelle Ausdrucksformen berücksichtigt und dokumentiert, aber auch den Bezug zur Gemeinschaft herstellt, durch Elemente im Tagesablauf und räumliche Strukturen. Im Situationsansatz sollen sowohl soziale wie auch individuelle Belange zum Tragen kommen, wobei, wie an anderer Stelle schon beschrieben, die soziale Komponente im Mittelpunkt steht, das Individuum jedoch tendenziell vernachlässigt, das heißt in den Ausführungen nicht explizit erwähnt wird.

Kinder, davon gehen ebenfalls beide Konzepte aus, sind aktive, kreative Subjekte. Diese Tatsache ist von der neueren Wissenschaft festgestellt und allgemein anerkannt worden. Die Praxis vermittelt dennoch dem entgegenstehende Dinge. Hier gibt es offensichtlich eine Differenz zwischen theoretischer Erkenntnis und Umsetzung in die Praxis. Dieser Aspekt wird nur im neuen Material zum Situationsansatz (vgl. Zimmer 1998) erwähnt, jedoch nicht näher ausgeführt.

Die Reggio-Pädagogik geht davon aus, dass Kinder von Natur aus forschen können im Sinne wissenschaftlicher Erforschung. Der Prozess des Forschens, Entdeckens, Suchens wird positiv geschildert: Kinder entwickeln Freude und Neugier am Lernen. Der Situationsansatz formuliert zwar, wiederum in den neuen Materialien, dass Kinder neugierig und wissbegierig sind, wobei das kognitive Lernen und der Erwerb von gezieltem Wissen im Situationsansatz immer eine untergeordnete Rolle spielt. Diese Einstellung ist teilweise zu erklären mit der ausdrücklichen Abgrenzung zu funktionsorientierten Ansätzen. Der Situationsansatz geht vom Ziel aus, dass ein Kind seine Lebenssituationen bewältigen kann, nicht jedoch davon, dass

Kinder schwerpunktmäßig forschen, entdecken und sich u.U. auch nur für Sachthemen interessieren, die sie herausfordern und weiterbringen.

Konsequenzen aus dem Vergleich: Der Vergleich des Menschenbildes ergibt, dass die Reggio-Pädagogik ein ausführliches Menschenbild mit verschiedenen Aspekten formuliert hat, das dennoch offen ist, um neue Entwicklungen zu integrieren. Die Vorstellungen sind konkret formuliert, durch Theorien begründet und finden ihre Weiterführung in den Zielen, den pädagogischen und organisatorischen Konsequenzen.

Im Situationsansatz finden sich kaum explizite Hinweise auf ein konkretes Menschenbild, deshalb wurden zum einen neuere Entwicklungen, zum anderen Aspekte, die zwar nicht als Menschenbild formuliert, aber dennoch grundlegend sind, herangezogen, damit der Vergleich möglich wird.

Die Unterschiede zeigen, dass die Reggio-Pädagogik in ihrem Menschenbild die Individualität des einzelnen Kindes, mit den ihm eigenen Wahrnehmungs- und Ausdrucksformen formuliert. Hier sieht sie einen Schwerpunkt der Arbeit, Kinder als eigenständige Subjekte, Akteure ihrer eigenen Entwicklung, Konstrukteure ihrer Wirklichkeit und als Forscher und Mitschöpfer ihres Wissens zu fördern und anzunehmen und die Denk- und Verarbeitungsformen der Kinder zu dokumentieren und damit zu planen und zu arbeiten. Dies ist eine der Stärken der Reggio-Pädagogik, wobei sie auch die soziale Ausrichtung des Kindes von Geburt an anerkennt und in ihrem Menschenbild verankert. Die Annahmen zum Menschenbild sind größtenteils mit Theorien begründet, die sich dann auf den anderen Ebenen der Ziele, der Auswahl pädagogischer Inhalte und Methoden sowie der Arbeitsorganisation weiterführen lassen. Die Ausführungen des Menschenbildes in der Reggio-Pädagogik sind so formuliert, dass sie also auch auf den anderen Ebenen mit Inhalt gefüllt werden können.

Der Situationsansatz dagegen formuliert kaum ein Menschenbild und die Ausführungen ergaben, wenn man ihn mit der Reggio-Pädagogik vergleicht, dass tendenziell der Aspekt der Individualität von Aneignungs- und Verarbeitungsprozessen der Kinder vernachlässigt wird zugunsten des sozialen Lernens als Schwerpunkt. An diesem Punkt wäre es wichtig, den Situationsansatz zu überprüfen und unter Umständen zu erweitern oder zu ergänzen. Hier könnten evtl. die theoretischen Bezüge der Reggio-Pädagogik Anregung sein sowie auch andere neuere Entwicklungen im Bereich Kindheitsforschung aber auch anderer Disziplinen.

Allgemein wäre es wünschenswert, eine Anthropologie für den Situationsansatz zu formulieren, mit der Offenheit, die auch dem Menschenbild der Reggio-Pädagogik innewohnt. Denn dadurch, dass die Anthropologie nicht formuliert ist, besteht die Gefahr, dass sich ungewollte, unter Umständen kontraproduktive Annahmen einschleichen (vgl. Schäfer 1995, S. 96). Als These kann formuliert werden, dass dadurch, dass das Menschenbild kaum explizit formuliert wird, pädagogischen Konzepten aber immer ein Menschenbild, explizit oder implizit zugrunde liegt, die eigentlichen Grundlagen nicht formuliert werden und zu Unsicherheiten bzw. falschen Interpretationen anregen und unter Umständen zu einem „heimlichen Lehrplan" führen können. Die pädagogische Arbeit wird zwar mit dem Situationsansatz begründet, in ihr können sich jedoch, bewusst oder unbewusst Elemente finden, die den eigentlichen Prinzipien zuwiderlaufen. Die Untersuchung des Modellprojektes Kindersituationen ergab, dass die Umsetzung der Grundlagen des Situationsansatzes kaum erfolgte (vgl. Heck 1995, S.57). Die Reggio-Pädagogik zeigt, dass es möglich ist, ein Menschenbild zu formulieren, das in einem gewissen Rahmen Sicherheit schafft bezüglich der Grundlagen, dem emanzipatorischen Anspruch aber keinesfalls entgegensteht, da die Reggio-Pädagogik zum Beispiel ebenfalls von Zielen wie Autonomie, Kompetenz und Solidarität ausgeht.

Es wäre nötig, die Grundlagen des Situationsansatzes theoretisch besser zu fundieren, mit neueren Erkenntnissen zu ergänzen und zu erweitern. Hierbei ist es wichtig, den Situationsansatz an sich mit seinen bisher vorliegenden Annahmen in einer zweiten Reflexionsebene, das heißt von außen zu überprüfen, zu hinterfragen. Auch die Frage des nicht explizit formulierten Menschenbildes ist zu bearbeiten, indem nach den Begründungen und Theorien gefragt wird, die hinter dieser Annahme stehen, das Menschenbild nicht offenzulegen.

Der Anspruch des Situationsansatzes, dass Interpretationen nur im jeweiligen Kontext zu erfolgen haben, mit dem Anspruch auf Aufklärung, kann auch dazu führen, dass bisher verdeckt vorhandene Aspekte unreflektiert weiterhin bestehen. Um diese unbewussten Gesichtspunkte überhaupt ins Blickfeld zu rücken, erfordert es einer zweiten Reflexionsebene, eines Blickes von außen. Wenn dies vor allem von Beteiligten in der Praxis geleistet werden soll, so ist das ein hoher Anspruch, der wahrscheinlich nur mit Hilfe der Wissenschaft oder entsprechender Beratung zu erfüllen ist.

Das Menschenbild des Situationsansatzes könnte auch durch die Analyse der vorhandenen Materialien möglicherweise formuliert werden. Dazu müssten auch die theoretischen Grundlagen, soweit vorhanden, besser bearbeitet werden, damit Rekurs darauf genommen werden kann. Vielleicht würden dann Ergänzungen nötig sein, aus denen neue konzeptionelle Grundlagen entstehen oder eine Weiterentwicklung möglich werden kann.

Die Reggio-Pädagogik geht in ihrem Menschenbild davon aus, dass Kinder kreativ, schöpferisch sind, „hundert Sprachen" haben, auch phantasievolle Gedanken ausdrücken. Dieser Aspekt wird im Situationsansatz nicht erwähnt. Hier sind vor allem die verbalen Ausdrucksmöglichkeiten der Beteiligten gefragt und die Themen sind auf die Realität, das heißt Lebenssituationen bezogen. Damit ist ein weiterer zentraler Unterschied herausgearbeitet, der sich im Menschenbild zeigt: Die Reggio-Pädagogik hat ein optimistisches, reiches Bild vom Kind, wohingegen die Formulierungen des Situationsansatzes immer eine „Schwere" haben, zum Beispiel dass der Mensch, auf Selbstbestimmung hin entworfen, sich den bestehenden Verhältnissen widerstreben und widersetzen soll, um sich zu befreien. Mit dieser Formulierung werden nicht Bedürfnisse einzelner Menschen aufgenommen, sondern eher gesellschaftspolitische Annahmen auf sie projiziert. Es wäre zum Beispiel zu prüfen, inwiefern nicht die neueren Technologien und Entwicklungen, die der Situationsansatz in seinem Menschenbild kritisch sieht, auch eine Chance für Menschen sein können und ein sinnvoller Umgang damit ausgehandelt werden könnte. Die Reggio-Pädagogik bietet hier ein gutes Beispiel, wie neue Medien zum Beispiel Computer nach kritischer Prüfung gezielt und sinnvoll eingesetzt werden. In den Formulierungen von Zimmer (vgl. Grah & Zimmer 1985, S. 245) sind Werte enthalten, die genauer analysiert werden müssten, zum Beispiel der Bezug zu neuen sozialen Bewegungen: Welche Aspekte davon nimmt er auf?

Die Ausführungen zum Menschenbild haben gezeigt, dass der Situationsansatz zwar bewusst keines formuliert, dass ihm dennoch Grundlagen immanent sind und welche Schwierigkeiten darin liegen, dass das Menschenbild nicht explizit formuliert ist. Hier müsste, wie Zimmer (1995c, S. 30) selbst konstatiert, weitergearbeitet werden. Die Stärke der Reggio-Pädagogik ist es, dass sie ein Menschenbild formuliert, abgeleitet von unterschiedlichen Theorien, das offen ist für neue Entwicklungen und auf die Ebenen der Ziele und der pädagogischen Praxis übertragen werden kann, da die Theorien, auf die im Menschenbild Bezug genommen wird, auch für diese anderen Ebenen Grundlagen zur Verfügung stellen. So ist dort eine Reflexion über die Beziehung zwischen Anspruch und Wirklichkeit möglich.

Abschließend stellt sich die Frage: Ein Menschenbild als Grundlage; oder anthropologische Annahmen offen lassen?

Innerhalb der allgemeinen Angaben zur Anthropologie ist, so zeigen die Ausführungen zur Reggio-Pädagogik, genügend Spielraum, um Besonderheiten der einzelnen Einrichtungen, deren Kinder und Familien zu integrieren. Ist es explizit formuliert, bildet das Menschenbild Orientierungshilfe im manchmal „unübersichtlichen Gelände" der pädagogischen Praxis, kann immer wieder Richtschnur sein, an der Theorie und Praxis sich messen lassen, die zur Reflexion dienen kann.

Ist das Menschenbild in einem Konzept nicht explizit formuliert, wie beim Situationsansatz, führt dies unter Umständen zu Missverständnissen. Die allgemein gehaltenen Aussagen lassen sich kaum direkt beziehen auf das einzelne Kind bzw. auf Kinder, sondern bieten einen großen Spielraum zur Interpretation, was zu Missverständnissen führen kann. Sind diese Grundlagen offen, ist es umso schwieriger, konkrete Konsequenzen zum Beispiel für die Organisation von kindlichen Lernprozessen abzuleiten.

4. Ziele der Reggio-Pädagogik und des Situationsansatzes

4.1 ZIELE DER REGGIO-PÄDAGOGIK

Die Ziele der Reggio-Pädagogik haben sich seit der Gründung des ersten nichtkonfessionellen Kindergartens in Reggio, kurz nach Kriegsende, entwickelt. Das damalige „asilo di populo" hatte: „… eine Erziehung zu Demokratie, sozialer Gerechtigkeit und Solidarität, um über den Weg einer neuen Kindererziehung zum Aufbau einer neuen Gesellschaft beizutragen zum Ziel" (Dreier 1993, S. 56).

Diese politische Dimension von Erziehung ist bis heute im Konzept der Reggio-Pädagogik zu finden, da sie Kindererziehung als Teil umfassender gesellschaftlicher Prozesse beschreibt (vgl. Dreier 1993, S. 56). Ein wesentliches Ziel der Reggio-Pädagogik ist das Zusammenwirken von Kultur, Politik und Pädagogik. Sie stellt damit ihre pädagogischen Zielsetzungen in einen engen Zusammenhang zu politischen und kulturellen Gegebenheiten (vgl. Dreier 1993, S. 10).

Nach Aussagen der reggianischen Pädagoginnen verlangt gerade der enge Zusammenhang von familialer und öffentlicher Erziehung danach, dass eine stetige Auseinandersetzung über die Ziele der pädagogischen Arbeit, das „Wohin" in der Erziehung geführt wird.

Die allgemeinen Ziele für die Arbeit mit Kindern, die für alle kommunalen Einrichtungen in Reggio verbindlich sind, schreibt die Satzung, der „regolamento" fest. Diese Satzung bildet die Gesamtkonzeption der Reggio-Pädagogik.

Als Ziel für die Einrichtungen ist dort formuliert: „Die Krippe und der Kindergarten tragen zur ganzheitlichen Entwicklung der Kinder bei, indem sie ihre intellektuellen, sozialen und affektiven Fähigkeiten unterstützen … Auch auf diese Weise wird den Kindern eine reiche und harmonische Erfahrung ihres Lebens ermöglicht" (Dreier 1993, S. 64).

Die ganzheitliche Entwicklung der Kinder soll vor allem gefördert werden durch die Verbindung ihrer familiären und institutionellen Erfahrungsräume, mit dem Ziel, „… die … unnatürliche Trennung und Distanz der Kinder von der Lebenswelt der Erwachsenen aufzuheben" (Dreier 1993, S. 64). Eine weitere Zielsetzung, die die ganzheitliche Entwicklung der Kinder sichern soll, findet sich ebenfalls in der Satzung: „… Kindern im Rahmen … der Kindergärten eine ganzheitliche Entwicklung zu ermöglichen, indem ihre Autonomie, ihre Kompetenz und die Solidarität in der Kindergruppe gefördert werden." Demnach sollen die Kinder folgende Fähigkeiten erwerben: „Kritikfähigkeit, Urteilskraft, experimentelles Denken, Kreativität sowie Kooperation und soziales Verhalten gegenüber anderen Kindern, vor allem im Hinblick auf eine Gleichberechtigung von Jungen und Mädchen." Außerdem wird die Erfahrung eines Zusammenlebens von behinderten und nichtbehinderten Kindern betont (vgl. Dreier 1993, S. 64f).

Auch Bildungsinhalte werden als Ziel in der Satzung vorgesehen: Die Kinder sollen in enger Verbindung mit dem sozialen Umfeld nicht nur vielfältige Kenntnisse über die Welt erwerben, sondern sie sollen „lernen, wie man lernt" und so die grundlegenden Strukturen für alle weiteren Lernschritte entwickeln (vgl. Dreier 1993, S. 65). Die Förderung des Wissens, das Recht eines Kindes auf Bildung, ist ein wichtiges Ziel in der Reggio-Pädagogik: „Fördern wir bei den Kindern den Zugang zum Wissen durch den Zugang zum Wandel der Dinge" (Malaguzzi 1985 S. 11). Malaguzzi geht davon aus, dass die Identität sich ständig entwickelt, sich wandelt, das Bestehende wächst und erstarkt durch Veränderung. Deshalb ist es zentral, dass Kinder nicht Wissen vermittelt bekommen, sondern lernen, Fragen zu stellen, sich auf die Suche nach Antworten zu machen, den Weg des Lernens als Prozess erfahren.

Wichtigstes Ziel der pädagogischen Arbeit ist laut Satzung „eine ‚umfassend gebildete kindliche Persönlichkeit, die eine individuelle Entfaltung des Kindes mit der Entwicklung eines gesellschaftlichen Bewusstseins verbindet'". Die Satzung sieht auch die Erziehung in der Gemeinschaft vor, wobei sie ausdrücklich betont, „… dass eine gemeinschaftliche Erziehung von Kindern auf der Freiheit und Individualität des einzelnen Kindes und seiner Erzieherin … aufbauen muss" (Dreier 1993, S. 65f).

Die Arbeit der reggianischen Erzieherinnen hat demzufolge zum Ziel, einzelne Kinder kennenzulernen und auf ihre individuellen Bedürfnisse einzugehen, da kein Kind wie das andere ist, den Kindern jedoch auch vielfältige Gruppenerfahrungen zu ermöglichen.

Hier wird der enge Zusammenhang zwischen dem Menschenbild der Reggio-Pädagogik und ihren Zielen deutlich: Sie hat die Erziehung von Kindern zu „mündigen und freien Individuen" zum Ziel. Damit nimmt sie Bezug zur Tradition der Aufklärung und verbindet deren Maxime mit dem aus der sozialistischen Bewegung stammenden Anspruch auf eine breite soziale Verantwortung des Einzelnen: „Über den Weg der Kindererziehung soll demzufolge ‚… zur Gleichheit des menschlichen Lebens sowie zum Erhalt des Friedens, der Freiheit und Demokratie' beigetragen werden." Hier zeigt sich das utopische Potential und die gesellschaftliche Dimension, die der Reggio-Pädagogik seit ihren Anfängen zugesprochen werden (vgl. Dreier 1993, S. 67).

Die Reggio-Pädagogik bezieht auch neuere Erkenntnisse aus der Systemtheorie mit ein, die ebenfalls diese Zielsetzung der Verbindung von Individuum und Gruppe aufgreifen: In der Reggio-Pädagogik wird der Aufbau und Erhalt der Systemgrenzen auf individueller Ebene, das Ich als ebenso notwendig und verzahnt mit dem Aufbau und Erhalt der Systemgrenzen auf sozialer Ebene, das Wir angesehen und berücksichtigt (vgl. Göhlich 1997, S. 191). Abgeleitet von den allgemeinen Zielen gibt es noch weitere Ziele, die in der Reggio-Pädagogik formuliert werden.

Weiterhin ist als Ziel angegeben, dass das Ausdrucksbedürfnis des Kindes gefördert werden soll: „Es geht darum, dem Ausdrucksbedürfnis das geeignete Wort wiederzugeben, ein Wort das schweigt und zuhört, das wirklich Kommunikation ist, das Gedanken bewegt und hervorbringt, das seine großen schöpferischen Fähigkeiten entdeckt, das gestaltend und vermittelnd die Sozialisation und die gegenseitigen subjektiven und objektiven Beziehungen begleitet" (Malaguzzi 1985, S.3). Die Wahrnehmungs- und Ausdrucksfähigkeit soll gefördert, alle Sinne aktiviert werden, um der ganzheitlichen Förderung gerecht zu werden (Göhlich 1997, S. 192, Dreier 1993, S. 74).

Im Mittelpunkt des Erfahrungssystems soll das Kind stehen, seine Kultur, eine Kultur des Ausdrucks und der Aufnahme (vgl. Sommer 1997, S. 10). Deshalb ist ein weiteres zentrales Anliegen der Reggio-Pädagogik, dass die Identität des Kindes Ausgangspunkt und Ziel ist: „Mit unseren ,scuole dell'infanzia' … haben wir versucht, Erziehungseinrichtungen zu verwirklichen, in denen Kinder Subjekte, die Protagonisten sein sollen, Personen mit Freiheit, sich selbst auszudrücken und zu verwirklichen." Ziel der Einrichtungen, in denen ganz besonders die Bedürfnisse nach physischem und psychischen Wohlbefinden der Kinder berücksichtigt werden und man ein umfassendes Wachstum des Kindes im Blick hat, ist, „… dass das Kind eine Befreiung und Entwicklung seiner potentiellen Fähigkeiten erfährt" (Reggio HH 1990).

Zusammenfassend nochmals eine aktuelle Formulierung der Ziele von Pädagoginnen aus Reggio (in Laewen 1998b, S. 9): „Es ist das Ziel … erzieherische Handlungen zu entwickeln, die Kreationen, gemeinsame Schöpfungen sind, keine Weitergabe von etwas, was der Erwachsenen weiß oder kann. Wir erziehen nicht zur Kreativität, wir erziehen die Kreativität. Die Methode ist der Dialog. Der Schlüssel ist die Pädagogik des Zuhörens als einer aktiven Handlung, einer gegenseitigen Tätigkeit."

Die konkreten Ziele für die alltägliche Arbeit mit den Kindern werden jährlich neu erarbeitet in Zusammenhang mit der Erstellung von Einzelkonzeptionen für jede Einrichtung. Sie orientieren sich auf der Grundlage der übergeordneten Ziele des „regolamento" an den aktuellen Situationen der Familien.

4.2 ZIELE DES SITUATIONSANSATZES

Im Situationsansatz wird davon ausgegangen, dass pädagogische Zielvorstellungen allgemein immer aus einem zeitbedingten Verständnis, das heißt aus politisch-sozialen und wirtschaftlichen Anforderungen eines gesellschaftlichen Systems resultieren (vgl. Colberg-Schrader 1977, S. 20). Deshalb ist es wichtig, dass übergeordnete Erziehungsziele, wie sie der Situationsansatz formuliert, auf die unmittelbare Handlungsebene übertragen werden, hier die pädagogische Arbeit mit Kindern und Erwachsenen. Zieldimensionen müssen veränderbar sein, da sich Sichtweisen durch neue Erkenntnisse verändern, es entstehen neue Diskussionen und daraus auch neue Entscheidungen über Ziele, die vor allem in den einzelnen Einrichtungen, also im Alltag des Kindergartens, entwickelt werden sollten (vgl. Colberg-Schrader 1986, S. 42 und 112). Die grundsätzlichen Entscheidungen über Ziele fallen demnach in der Alltagspraxis durch eine diskursive Ermittlung, an der möglichst viele Betroffene beteiligt werden, das heißt Erzieherinnen, Eltern, Kinder. Begründet wird dies damit, dass sich pädagogische Zielsetzungen möglichst an den Kindern und ihrer Lebenssituation orientieren sollen: „Entsprechend sollen sich pädagogische Zielsetzungen nicht nur an allgemeinen Erziehungsvorstellungen orientieren, sondern auch an den je spezifischen Voraussetzungen und Bedürfnissen der betreffenden Kinder ansetzen" (Gerstacker 1978, S. 189).

Wenn man davon ausgeht, dass es die Aufgabe vorschulischer Erziehung ist, auf das Leben vorzubereiten, geht es darum, Kinder für das Handeln in gegenwärtigen und zukünftigen Lebenssituationen zu qualifizieren (vgl. Zimmer 1973a, S. 28). Deshalb werden die übergeordneten Ziele im Situationsansatz auch als „Grundqualifikationen" bezeichnet. Diese Grundqualifikationen als Lernziele sagen allerdings so lange nichts aus, wie sie nicht für eine konkrete Situation beschrieben werden.

Was heißt nun qualifizieren? „,Qualifizieren' soll dabei bedeuten, sie [die Kinder, D.R.] in die Lage zu versetzen, in Situationen der Gegenwart und näheren Zukunft ihren Anspruch auf Selbstbestimmung … in kompetenter

Weise zu vertreten" (Zimmer 1973a, S. 28). Qualifikationen, wie sie der Situationsansatz beschreibt, können lediglich die Richtung der Erschließung von Lern- und Erfahrungsprozessen bezeichnen. Es ist davon auszugehen, dass die Qualifikationen, wenn sie im Hinblick auf soziale Situationen formuliert werden, sowohl soziales wie auch instrumentelles Lernen anregen, wobei letzteres jeweils dem ersteren untergeordnet wird.

Wie werden nun Ziele bzw. Qualifikationen entwickelt? Die Bestimmung wünschenswerter Qualifikationen für Kinder und auch Erwachsene erfolgt auf diskursivem Weg: Sie werden als Ergebnisse von Verständigungsprozessen der Beteiligten gesehen, die einander ungeachtet ihres Alters, ihrer Profession und weltanschaulichen Bindung respektieren. Diese Qualifikationen sind Zwischenstadien, die weiterentwickelt und verändert werden können (vgl. Colberg-Schrader 1991a, S. 58).

Bei diesem diskursiven Prozess wird man „… sich einerseits interpretierend auf das beziehen, was an gesellschaftlichem Vorverständnis über Qualifikationsanforderungen vorliegt. Andererseits sind bei der Bestimmung von konkreten Zielen diejenigen Menschen zu beteiligen, die diese Ziele in praktischer Arbeit dann auch verfolgen wollen. So geht es darum, die Forderungen nach Autonomie und Kompetenz auf wirkliche Situationen zu beziehen und dabei festzulegen, was sie hier und jetzt bedeuten sollen. Die Bestimmung von Qualifikationen wird damit ein Ergebnis der Situationsanalyse" (AG Vorschulerziehung 1974c, S. 68). In dieser Art und Weise sollten Fragen der pädagogischen Zielsetzung und der möglichen Qualifikationsanforderung von den an der jeweiligen Situation Beteiligten gemeinsam besprochen und getragen werden. Der Situationsansatz geht nicht davon aus, dass es nur eine pädagogische Expertin, die Erzieherin gibt, die die Entscheidungen im pädagogischen Prozess allein und kompetent treffen kann. Entscheidend bei einem solchen Zielfindungsprozess ist, dass Konzepte und Arbeitsweisen, die von den Betroffenen mitgetragen werden, nicht übergestülpt werden dürfen, sondern sich langsam entwickeln müssen (vgl. Colberg-Schrader 1986, S. 36). Sind Ziele und Qualifikationen auf diese Weise entwickelt worden, hat dies den Vorteil, dass sich die Beteiligten eher mit den Ergebnissen identifizieren und sie vertreten. Es wird davon ausgegangen, dass Eltern und andere Erwachsene wichtige Personen sind, die aus ihren Lebensbedingungen und Erfahrungen mit den Kindern heraus Qualifikationen formulieren können. Allerdings setzt eine solche Bestimmung von Qualifikationen für Lebenssituationen voraus, dass die Erzieherin Kenntnisse über dieselbe durch eine Situationsanalyse gewinnt.

Im Situationsansatz werden vor allem die beiden Ziele Autonomie und Kompetenz grundlegend beschrieben.

4.2.1 Bewältigung von Lebenssituationen

Ziel einer pädagogischen Arbeit nach dem Situationsansatz ist es, „... Kinder auf gegenwärtige und zukünftige Situationen ihres Lebens vorzubereiten und sie in ihnen handlungsfähiger zu machen" (Colberg-Schrader 1977, S. 23). Oder anders formuliert: „Die pädagogische Arbeit steht unter dem Ziel, Kinder verschiedener sozialer Herkunft und mit unterschiedlicher Lerngeschichte zu befähigen, in Situationen ihres gegenwärtigen und künftigen Lebens möglichst autonom und kompetent denken und handeln zu können" (AG Vorschulerziehung 1974c, S. 15). So verweisen diese Zielformulierungen auf die beiden allgemeinen Ziele des Situationsansatzes Autonomie und Kompetenz, die im Folgenden beschrieben werden.

4.2.2 Autonomie

bedeutet in diesem Zusammenhang Selbstbestimmung, Unabhängigkeit, Eigeninitiative, Selbständigkeit. Es geht durchaus um Eigensinn, allerdings nicht ohne Gemeinsinn (vgl. Zimmer 1998, S. 14). Autonomie will Kinder und auch Erwachsene darin fördern, ihren Anspruch auf Selbstbestimmung, ein Anspruch aller Menschen, zu vertreten (vgl. Zimmer 1973a, S. 28). Die Selbstbestimmung des Menschen als eine Entdeckung des Zeitalters der Aufklärung bezog sich vor allem auf die individuelle Selbstbestimmung des Menschen, wobei bei diesem Prozess die Bildung eine zentrale Rolle spielte. Die Vertreter des Situationsansatzes beziehen sich ausdrücklich auf eine Definition von Autonomie, der nicht nur dieser auf sich selbst und die eigene Entfaltung ausgerichtete Aspekt zugrunde liegt, sondern auch die kollektive Ausrichtung der Autonomie: Durch die Analyse ausgewählter Situationsbereiche sollen Bedingungen eines auf individuelle und kollektive Autonomie gerichteten kompetenten Denkens und Handelns bestimmt werden (vgl. Gerstacker 1978, S. 190).

Autonomes Verhalten heißt, dass jedes Verhalten, jede Handlung, jede Tätigkeit immer auch auf soziale Partner bezogen ist. Mit diesen Partnern muss eine Verständigung erfolgen durch Interaktion und Kommunikation. Es ist dabei nötig, die Balance zwischen eigenen Bedürfnissen und Ansprüchen sowie denen anderer auszuloten. Dies ist nur in einer symmetrischen Interaktion möglich, bei der nicht eine Seite mehr Macht besitzt. In diesem Fall ist autonomes Handeln durch die Merkmale der Situation behindert. Um Autonomieansprüche durchzusetzen, müssen Qualifikationen auf die Veränderung der Situation zielen. „Da die Veränderung von Machtstrukturen zumeist nicht individuell gelingt, ist ,solidarisches Verhalten' – also das Bewusstsein der gleichen Lage und die Organisation gemeinsamer Handlungen – eine notwendige Erweiterung des Autonomiekonzepts" (AG Vorschulerziehung 1974a, S. 21). Erst in späteren Veröffentlichungen wird neben Autonomie und Kompetenz als drittes Ziel Solidarität explizit genannt (vgl. Colberg-Schrader 1986, S. 42).

Autonomie heißt demnach, dass Kinder vieles lernen sollen, um sich selbständiger zurechtfinden zu können. Sie sollen ihr Wissen und ihr Können nicht nur im eigenen Interesse sondern auch in Verantwortung für andere Menschen und für ihre Umwelt einsetzen lernen. Weiterhin sollen Kinder emotional stabil und selbstbewusst werden, aber auch in der Beziehung zu anderen sensibel und solidarisch sein.

Der Situationsansatz geht davon aus, dass die nun zu beschreibende Kompetenz der Autonomie unterzuordnen wäre. Er geht von einer Verschränkung bzw. Verbindung der beiden Zielsetzungen aus: „Ein auf Autonomie gerichtetes Handeln bedient sich der Kompetenz in instrumenteller Weise und wird so zu sozialverantwortlichem, politischen Handeln" (Gerstacker 1978, S. 195). Der Situationsansatz spricht in diesem Zusammenhang auch von „Sozialem Lernen" (vgl. Colberg-Schrader 1991a).

4.2.3 Kompetenz

Beim Erwerb von Kompetenz geht es darum, sich Fähigkeiten, technisch-instrumentelle Qualifikationen, Kenntnisse, Bildung, Wissen anzueignen: „Man braucht Kompetenzen, um in komplexen Realsituationen sachangemessen handeln zu können" (vgl. Zimmer 1998, S. 14). Allerdings soll die Kompetenz, die vor allem bei schulischen Lernvorgängen im Vordergrund steht, der Autonomie untergeordnet werden (vgl. Zimmer 1973a, S. 29). Auch in vorschulischen Konzepten wird oft getrennt zwischen der Vermittlung von Sachkompetenzen und der Erziehung zu sozialem Handeln (vgl. AG Vorschulerziehung 1974a, S. 9). „Nun sollte aber das, was dort an sozialem und instrumentellem Lernen getrennt wird, zusammengeführt und neu verstanden werden. Eine den genannten Postulaten verpflichtete Erziehung kann als der Versuch verstanden werden, technisch-instrumentelle Qualifikationen auf ihre sozialen Kontexte rückzubeziehen und sie in ihnen zu vermitteln, um damit jenes Mehr an Kompetenz zu schaffen, das notwendig erscheint, wenn Autonomieansprüche erkannt und vertreten werden sollen ..." (Zimmer 1973a, S. 30). Mit dieser Unterordnung der Kompetenz unter die Autonomie soll Vorsorge getroffen werden dafür, dass Qualifikationen nicht einfach auf Abruf, ohne Bewusstsein vom sozialen Kontext ihrer Anwendung und damit ohne einen unmittelbaren Bezug auf ein gesamtgesellschaftliches Interesse in Handlungen eingesetzt werden (vgl. Gerstacker 1978, S. 196). Hier sind Verbindungen zu sehen zum Bankiers-Prinzip bei Freire, bei dem es darum geht, Wissen so anzulegen, dass es jederzeit für die Machthaber isoliert abrufbar ist. Fähigkeiten und Fertigkeiten sollten deshalb immer einen Bezug zum sozialen Kontext haben (vgl. Gerstacker 1978, S. 190).

4.2.4 Solidarität

Das Ziel der Solidarität verweist darauf, dass Menschen nicht alleine auf der Welt sind, sondern gemeinsam mit anderen leben und dieses Zusammenleben Regeln bedarf ebenso wie Rücksichtnahme oder Durchsetzung von Interessen, je nachdem. Es geht auch darum, soziale Themen aufzunehmen wie zum Beispiel das Zusammenleben mit andersartigen Menschen, aber auch um sorgsamen Umgang mit der Natur, ihrer Lebewesen, ihrer Ressourcen (vgl. Zimmer 1998, S. 14). Die AG Vorschulerziehung hatte dieses Ziel zunächst in ihren Materialien formuliert und es spielte auch eine herausragende Rolle. Weshalb dieses Ziel später nicht mehr ausformuliert wurde, ist nicht recht klar, da solche allgemeinen Zielformulierungen meist mehrdeutig sind (vgl. Krappmann 1983, S. 95).

Die Solidarität war also unter das Ziel Autonomie subsumiert worden und nicht mehr in allen Veröffentlichungen ausgeführt (vgl. AG Vorschulerziehung 1974a und c). In späteren Veröffentlichungen wird jedoch auf das Ziel der Solidarität wieder ausdrücklich verwiesen (vgl. Colberg-Schrader 1986, S. 42), bei Zimmer 1998 (S. 14) sogar mit Bezug nicht nur zu zwischenmenschlichen, sondern auch ökologischen Themen.

4.3 VERGLEICH DER BEIDEN KONZEPTIONEN

Die Bezeichnungen für die Zielformulierungen sind in beiden Konzeptionen unterschiedlich: Die Reggio-Pädagogik formuliert klare Ziele und bezieht diese auf das Menschenbild. Im Situationsansatz werden Grundqualifikationen beschrieben, die aber von der Ebene her Zielen entsprechen. Allderdings ist es den Vertretern des Situationsansatzes wichtig, durch die bewusst andere Formulierung eine diskursive Offenheit zu vermitteln. In neueren Veröffentlichungen sind nun auch Ziele beschrieben.

Gemeinsam ist beiden Konzeptionen, dass die allgemeinen Ziele ähnlich sind: Autonomie, Kompetenz und Solidarität, wobei die Reggio-Pädagogik davon ausgehend ausführlich konkrete Ziele für die pädagogische Praxis formuliert. Der Situationsansatz hingegen geht davon aus, dass die konkreten Qualifikationen im Einzelfall ausgehandelt werden müssen und sich je nach Kontext immer wieder ändern können.

Der Begriff Autonomie als Ziel vermittelt im Situationsansatz den Bezug zur Selbständigkeit, aber eher als Postulat und in Verbindung gedacht mit der Solidarität. Die individuelle Eigentätigkeit wird dabei kaum beschrieben, da der soziale Kontext erst sinnstiftend ist, auch für eine Auseinandersetzung mit der Umwelt. Diese Verbindung von Autonomie und Individualität mit Solidarität ist in der Reggio-Pädagogik besser gelöst, indem die Kompetenz nicht untergeordnet wird, sondern neben der Autonomie steht. Somit spielt in der Konsequenz der Bildungsaspekt dort eine wesentlich größere Rolle, nämlich in der Balance zwischen Identitätsentwicklung bzw. Entfaltung der Individualität und der Notwendigkeit, Wissen mit anderen zu konstruieren, sich mit anderen und der Umwelt auseinanderzusetzen, um sich weiterzuentwickeln. Im Situationsansatz hingegen wird Wissen „nur" benötigt, um autonom zu werden. Hierbei wird verkannt, dass die Aneignung von Wissen an sich interessant und spannend sein kann und Kinder neugierig sind und sich gerne mit ihrer Umwelt auseinandersetzen, fragen, forschen, entdecken.

Unterschiedlich sind auch die konkreten Übertragungen der Ziele auf die praktische Arbeit. Da der Situationsansatz nur sehr allgemeine Ziele formuliert, bleiben sie zunächst abstrakt und müssen in der Praxis konkreter formuliert werden. In der Reggio-Pädagogik sind sie konkreter beschrieben und auf die verschiedenen Ebenen der praktischen Arbeit übersetzt. Sie finden sich dort explizit wieder, zum Beispiel in den Methoden, der Raumgestaltung, der Organisation des Tagesablaufes, der Gruppenzusammensetzung.

Genau wie beim Menschenbild entsteht beim Situationsansatz wiederum ein großer Interpretationsspielraum in der Praxis, da die Ziele nur sehr allgemein erwähnt sind. In der Folge entstand ein großes Misstrauen gegenüber der gezielten Vermittlung von Wissen. Dabei ist zu beachten, dass die Unterordnung der Kompetenz unter die Autonomie Anfang der 70er Jahre bewusst proklamiert wurde aufgrund der Ablehnung der bis dahin vorherrschenden kognitiv orientierten Lernprogramme. Zwischenzeitlich gibt es eine neue Diskussion um den Bildungsaspekt für Kinder in Tageseinrichtungen und die Wissenschaft hat durch neuere Erkenntnisse bestätigt, wie wichtig die gezielte Anregung zum Wissenserwerb schon in der frühen Kindheit ist. Aus dieser Perspektive müsste der Situationsansatz ergänzt werden um eine (neue) Verbindung von Autonomie und Kompetenz. Hier bietet die Reggio-Pädagogik Anregungen zum Beispiel durch ihre Praxis der Projektarbeit, die sich unmittelbar an den Fragen der Kinder orientiert und viel Raum und Zeit gibt, um Gegenstände differenziert zu entdecken, wahrzunehmen und zu erforschen.

5. Konzeptionelle organisatorische und pädagogische Prinzipien

5.1 ... DER REGGIO-PÄDAGOGIK

„Wir sagen nein zu einer mangelhaften Vorbereitung der Erzieher, nein zu rein zufälligen Weiterbildungsmöglichkeiten, nein zu Experten-Modellen, die weit entfernt sind von der realen Erziehungssituation und nein zu der Trennung von Theorie und Praxis" (Ghendini in Dreier 1993, S. 139).

Zunächst sollen hier die konzeptionellen und organisatorischen Prinzipien erläutert werden, da sie in Reggio die Grundlagen und den Rahmen bilden für die pädagogischen Prinzipien. Die konzeptionelle Arbeit und die Organisation sind dort keine Anhängsel der pädagogischen Arbeit, sondern sind fest im Alltag verankert und eingeplant. Beides, Konzeption und Organisation sind nicht beliebig, sondern sie entsprechen den Inhalten der Reggio-Pädagogik. Sie sind auch in die Tradition und Kultur der Stadt eingebunden und in der Satzung, die für alle Einrichtungen gilt, verbindlich festgeschrieben. Diese Prinzipien wurden durch, mit und für die pädagogische Arbeit entwickelt und bilden ihren Rahmen:

5.1.1 „Esperienza reggiana": Pädagogik des Werdens oder: Pädagogik als Projekt

„Unser Modell ist wie ein Schiff, das ein Leck hat: immer läuft Wasser rein, das wir wieder herausbringen müssen. Das kostet Mühe" (Malaguzzi in Reggio HH 1990, S. 41).

„Wir leben in einer sich ständig verändernden Welt, deshalb brauchen wir auch in der Pädagogik den Vergleich, die Konfrontation, die Auseinandersetzung" (Malaguzzi 1992b, S. 106).

Ein konzeptionelles Prinzip ist, dass die Reggio-Pädagogik kein festgeschriebenes Konzept darstellt, sondern ständig von den Beteiligten fortentwickelt wird auf der Grundlage aktueller Entwicklungen und den allgemeinen Zielen der Satzung. Der Dialog unter den Erwachsenen und mit den Kindern und das Entwickeln neuer Ideen daraus ist ein Merkmal der Reggio-Pädagogik, die auch als „Pädagogik des Werdens", oder „Pädagogik als Projekt" beschrieben wird. Der Dialog und die Erfahrung bzw. der Versuch (= Esperienza) prägten ihre Entwicklung. Das Konzept ist offen für neue wissenschaftliche Theorien ebenso wie für aktuelle Veränderungen, die diskutiert und u.U. umgesetzt werden. Wichtig ist dabei, dass die Identität der Kinder Ausgangspunkt und Ziel ist.

Die Pädagoginnen in Reggio sprechen nicht von einer feststehenden Reggio-Pädagogik mit ihren bestimmten Methoden. Sie bezeichnen ihre Pädagogik als „esperienza reggiana" (= reggianische Erfahrung bzw. Versuch), ein spezifisches Experiment einer im Alltag der reggianischen Einrichtung für alle Beteiligten stattfindenden Erfahrung. „Pädagogik wird als Projekt aufgefasst ...", das sich ändern kann. Deshalb wird das pädagogische Konzept ständig fortgeschrieben, überprüft und gegebenenfalls verändert (vgl. Göhlich 1997, S. 195). Wichtig ist hierbei, sowohl die positiven wie auch die negativen historischen, ökonomischen, politischen und kulturellen Hintergründe zu analysieren und zu interpretieren (vgl. Malaguzzi 1997, S. 197). Große Veränderungen springen in der Regel ins Auge, wichtig ist es jedoch, sensibel auf die kleinen Schwingungen zu achten, wenn das soziale Umfeld scheinbar noch stabil ist. Denn gerade sie wirken in die Tiefe der zwischenmenschlichen Beziehungsdynamik hinein. Die Offenheit für Wandlungen, für neue Experimente bedeutet jedoch nicht, dass in den Einrichtungen von Reggio zufällig und unvorbereitet gearbeitet wird. Bestimmte Grundlagen, wie das Menschenbild und die allgemeinen Ziele stehen fest. Sie werden jedoch immer wieder neu in einem Prozess von Beobachtung, Dialog und Reflexion in Verbindung gebracht mit der Umwelt, neuen Forschungsergebnissen usw.

Ein Beispiel sind die technischen Geräte, mit der die Kinder in ihrer Umwelt konfrontiert werden, wie Fernsehen und Computer, die aktiv in den pädagogischen Alltag einbezogen werden. Sie gehören zum Instrumentarium der Realität, und werden nicht moralistisch verboten, sondern aktiv einbezogen (vgl. Krieg 1997a). „Motor" für diese ständige Weiterentwicklung des Projektes ist in Reggio – seit 1945 – die Frage: „Wohin wollen wir unsere Kinder erziehen?" So verbindet die Reggio-Pädagogik gesellschaftliche Utopie und pädagogische Phantasie, jedoch immer auf der Grundlage der Solidarität gegenüber Kindern. Dadurch zeigt sie, dass Veränderung und neue Wege in der Kindererziehung möglich sind (vgl. Dreier 1993, S. 28).

In der „Esperienza reggiana", in „... diesem spannungsvollen Wechselspiel von Erkenntnis und Suche, in dem Mut und dem Willen zur Veränderung, liegt sicher ein Teil der Faszination begründet, dem viele Reggio-Besucher erliegen" (Dreier 1993, S.11). Die Reggio-Pädagogik steht deshalb für eine innovative und experimentelle Theorie und Praxis.

5.1.2 Konzeptionelle Arbeit oder Planung ist wie ein roter Faden ...

> „Demgegenüber ist es im Bereich der Erziehung unerträglich, wenn Unklarheit über den Sinn der Arbeit aufkommt" (Malaguzzi 1992a, S. 23f).

Die konzeptionelle Arbeit spielt in der Reggio-Pädagogik eine wichtige Rolle, weil sie kein abgeschlossenes Konzept darstellt, sondern ständig im Wandel ist. So ist es nötig, die bestehende Praxis weiterzuentwickeln in einem Prozess, bei dem auch die konzeptionelle Arbeit zentral ist: Ein Konzept wird nicht einfach erfunden, sondern es ist das Ergebnis von intensivem Denken, Arbeiten und Gedankenaustausch. Wichtig ist hierbei auch die Einbeziehung von Eltern und Leitungsräten in die konzeptionelle Arbeit, da Erziehungsvorstellungen von ihnen geteilt werden müssen.

Grundlage dieser Arbeit ist die Gesamtkonzeption, Regolamento genannt, die als Orientierungshilfe für das Personal dient, das für seine jeweilige Einrichtung jährlich eine Feinkonzeption entwickelt.

5.1.3 Forschungsprozesse in enger Verbindung von Theorie und Praxis oder: Die Forschungsarbeit ist in den pädagogischen Alltag integriert

> „Das Problem besteht wohl ... darin, dass die Wissenschaft von der Pädagogik nicht in der Praxis gemacht wird, dort wo eigentlich Pädagogik stattfindet, sondern an anderen Orten – ein übergreifendes Problem" (Malaguzzi 1992b, S. 106).

Schon seit der Gründung der ersten selbstverwalteten Kindertageseinrichtungen in Reggio zeichnet die dort praktizierte Pädagogik eine enge Zusammenarbeit mit den Familien aus, bei der die Eltern auch an der theoretischen Diskussion teilhaben:

> „Die starke Beteiligung der Familien und ihre intensive Beziehung zum Kindergarten sind ganz wichtige Momente für die Organisation der pädagogischen Arbeit und letztlich auch für die in ihr erreichbare Qualität.
>
> Wir versuchen also, die Eltern ständig dabei zu haben. Natürlich bedeutet dies für die Erzieherinnen eine große Anstrengung.

Dieser Ansatz löste eine darauf verpflichtete pädagogische Forschung aus und förderte die Entwicklung einer neuen Didaktik – einer Didaktik der Kommunikation zwischen Familie und Institution.

Dafür gab es keine pädagogischen Modelle, auf die hätte zurückgegriffen werden können.

Und es gab für dieses Konzept keine Fachkräfte" (Malaguzzi 1992a, S. 20).

In Reggio wurden und werden verschiedene Formen der Kommunikation unterschieden und entwickelt: Zwischen Erzieherinnen, zwischen Erzieherinnen und Kindern und zwischen Erzieherinnen und Eltern. Die Fachdiskussion, die in Reggio in den vergangenen Jahrzehnten kontinuierlich stattfand und zwischenzeitlich im internationalen Rahmen immer noch stattfindet, sorgt dafür, dass die Reggio-Pädagogik im Lauf der Zeit ein breites theoretisches Fundament entwickelt hat, das ständig erweitert und ergänzt wird, zum Beispiel auch durch aktuelle internationale Erkenntnisse aus der Gehirnforschung und der Kybernetik.

Vor allem das Personal in den Einrichtungen beteiligt sich an dieser Diskussion, überprüft theoretische Hypothesen in der Praxis, wertet aus, meist unter Mithilfe des pädagogischen Zentrums. C. Rinaldi (in Dreier 1993, S. 143) formuliert das Arbeitsverständnis der Erzieherinnen in Reggio: „Kindererziehung ist mehr als ein ausschließliches Handeln am Kind." Die Erzieherin wird zur Forscherin, die zusammen mit dem Kollegium und den Kindern tätig ist, unterstützt von den Berater(inne)n des pädagogischen Zentrums (Cadwell 1997, S. 6).

Forschungsarbeit ist in den pädagogischen Alltag integriert, indem Erzieherinnen ständig beobachten, dokumentieren, reflektieren, diese Erkenntnisse vergleichen mit wissenschaftlichen Forschungen aus verschiedenen Bereichen und daraus wiederum konkrete Schritte für die pädagogische Praxis planen. So hat sich die Reggio-Pädagogik aus einer ständigen Reflexion der Praxis durch Partizipation möglichst vieler Beteiligter entwickelt. Göhlich (1990) untersuchte u.a. das Theorie-Praxis-Verhältnis in Reggio und kommt trotz mancher Kritik zum Schluss, dass eine im Verhältnis wohl zu den meisten pädagogischen Einrichtungen sehr enge Beziehung zwischen Theorie und Praxis besteht (S. 159). Diese enge Verbindung und das Wechselspiel von Theorie und Praxis ist eine der Grundlagen der Reggio-Pädagogik: „In Reggio haben wir uns für eine bestimmte Methode des Lehrens und Lernens entschieden, nämlich den ständigen Wechsel von theoretischer Untersuchung und praktischer Arbeit. Diese Art des Vorgehens halten wir allerdings für geradezu zwingend, weil sie einerseits dem Kinde entspricht und weil anderseits nur sie es den Erzieherinnen erlaubt, sich in der Arbeit mit Kindern weiterzubilden. Darüber hinaus handelt es sich um einen Prozess, der ständig in jedem von uns abläuft. Wir machen uns Gedanken, dann handeln wir, anschließend reflektieren wir über unser Handeln und korrigieren eventuell unsere vorherigen Gedanken und Taten. Reflexion ist eine Notwendigkeit auch des täglichen Lebens ... Wenn man Erziehung als ein permanentes Wechselspiel von Gedanken, Praxis, Reflexion der Handlungen, neuen Erkenntnissen, einem Wechsel der Perspektive und veränderter Praxis ansieht, dann kommt man konsequenterweise zur Methode der Dokumentation" (Filippini 1994, S. 12f).

Wichtig bei dieser Forschungsarbeit sind Beobachtung, Dokumentation, Reflexion ebenso wie Fortbildung und Beratung durch das pädagogische Zentrum.

Beobachtung, Dokumentation und Reflexion: Indem Erzieherinnen beobachten und diese Beobachtungen dokumentieren und auswerten, forschen sie. „Durch die Beobachtung, Diskussion und Reflexion erweitern sie ihr Wissen, sie lernen an der Praxis, was die Ausbildung ihnen nicht mitgeben konnte" (Schenker 1993, S. 96).

Die Dokumentation der pädagogischen Arbeit ist eine wichtige Grundlage für die Reflexion und weitergehende Forschung zu einem Thema. Sie wird in verschiedenen Formen praktiziert: Beobachtungs- und Gesprächsprotokolle, Cassettenaufnahmen, Videoaufnahmen, Fotos usw. Diese Dokumentationen werden dann ausgewertet, wobei Erzieherinnen ihre Arbeitszeit dafür nützen, zum Beispiel Gesprächsaufzeichnungen zu transkribieren, Beobachtungsmaterial auszuwerten: „Die arbeitsaufwendige Dokumentation ist nur durch eine entsprechende Organisation und Arbeitsplanung möglich, die die Reflexion in der Praxis berücksichtigt" (Schenker 1993, S. 91).

Der Prozess des „Forschens" findet zum einen unmittelbar in der Praxis statt, durch direkte Auswertung, aber auch durch kontinuierliche berufliche Fortbildung, die eng mit der Praxis verbunden ist.

Alle neueingestellten Erzieherinnen beginnen in Reggio zunächst mit einem Fortbildungsseminar, das sie über Grundlagen, Ziele und Wege der in Reggio praktizierten Pädagogik informiert. Die weitere Qualifizierung des Personals in Reggio verläuft dann parallel zur Praxis: Team-Fortbildungen mit oder ohne Beratung des pädagogischen Zentrums, sogenannte interne Fortbildungen, für die das Personal Themen mitbestimmen kann (vgl. Göhlich 1997, S. 195). Für die einzelne Erzieherin sind auch individuelle Fortbildungen möglich, zum Beispiel Foto- oder Druckkurse ebenso wie Seminare an Universitäten oder anderen Fortbildungsinstitutionen (vgl. Dreier 1997a, S. 206).

5.1.4 Pedagogia partecipazione oder: Erziehung als gemeinschaftliche Aufgabe

„Kindererziehung ist nach Aussagen der Pädagogen in Reggio nicht Sache Einzelner, sondern eine gemeinschaftliche Aufgabe. Demzufolge arbeiten seit vielen Jahren in den ... Kindergärten Erzieherinnen, Eltern, Künstler, Wissenschaftler, Bürger und Kommunalpolitiker zusammen. Durch diese langjährige und kontinuierliche Zusammenarbeit besteht eine enge Verbindung zwischen den Formen der öffentlichen Erziehung und dem sozialen Leben der Stadt Reggio" (Dreier 1993, S. 10).

Das Engagement für Kinder in Reggio begann mit einer Initiative von Bürgerinnen und Bürgern. Bis heute ist es dort Realität, dass alle Beteiligten gemeinsam für die Belange der Kinder in den kommunalen Kindertagesstätten verantwortlich sind. Das enge Zusammenwirken von Erzieherinnen, Eltern und Kindern ist für die Reggio-Pädagogik wegweisend geblieben. Deshalb sind die intensiven Beziehungen der Eltern zur Einrichtung und die starke Beteiligung von Familien wichtige Faktoren für die Organisation und auch für die Qualität der Arbeit (vgl. Malaguzzi 1992a, S. 20).

„Pedagogia partecipazione" heißt in Reggio zum einen die Einbeziehung von Familien, Erzieherinnen und Bürger(inne)n in das Leitungsgremium der Einrichtung, zum anderen eine intensive Form der Zusammenarbeit mit Eltern. Carla Rinaldi (in Rettig, 1990, S. 69), Pädagogin in Reggio, fasst dies zusammen: „Der Kernpunkt des Erziehungskonzepts in Reggio ist (Konzept als Bewegung, Werden, Veränderung), dass dieses nicht so sehr auf das Kind als einzelnes Individuum gerichtet ist, sondern vielmehr auf die wechselseitige Beziehung zwischen Kind, Erziehern, Eltern und Umgebung. Der Kindergarten – als System von Kommunikation, Beziehung, Bewegung, in das soziale System des Gebiets integriert – soll einen intensiven dynamischen Austausch zwischen seinen drei Hauptdarstellern – Kind, Erzieherin, Eltern – verwirklichen, deren Wohlbefinden eng miteinander verbunden ist, deren Schicksale untrennbar sind." In Reggio ist ein Denken vorhanden, das davon ausgeht, dass die Beteiligten aufeinander angewiesen sind: Das Bewusstsein, aufeinander angewiesen zu sein ermöglicht einen offenen Umgang miteinander und eine gemeinsame Verantwortung für die Institution und all die Menschen, die in ihr leben und arbeiten. Zu diesem offenen Umgang miteinander gehört ein immer wieder neues Aushandeln der Gestaltung der pädagogischen Arbeit. So wird auch ein enger Zusammenhang hergestellt zwischen familialer und öffentlicher Erziehung.

Es geht hier nicht nur um formale Mitwirkung der Eltern durch gewählte Elternbeiräte, wie in Deutschland üblich, sondern um eine umfasende Beteiligung möglichst vieler Personen an den organisatorischen und pädagogischen Fragen: Die Eltern wirken an Planung und Auswertung erzieherischer Prozesse mit. Auch bei der kollektiven Kitaleitung, in der Forschung und in der theoretischen Arbeit sind sie beteiligt, ebenso wie bei der Repräsentation der Kita, dem Kontakt zur Grundschule, der Vorbereitung von Festen u.Ä. „Kompetenzgrenzen kann es für die Partizipation nicht geben" (Malaguzzi in Göhlich 1990, S. 72). Eine solche umfassende Partizipation ist hier in Deutschland nur selten in Tageseinrichtungen üblich, die zumeist von Initiativen getragen werden.

Diese Zusammenarbeit und das Engagement der Eltern für die Einrichtungen hat in Reggio Tradition. Die Reggio-Pädagogik formuliert sogar Rechte von Eltern: „Die Eltern haben das Recht, aktiv und unter freiwilliger Anerkennung der Rahmenbedingungen ... an den Erfahrungen des Heranwachsens, der Betreuung und Bildung ihrer Kinder, die sie einer ... Einrichtung anvertrauen, mitzuwirken" (Malaguzzi in Sommer 1999a, S. 59f).

5.1.5 Zusammenarbeit des Personals als Kollektiv oder: Auch Künstler(innen) arbeiten mit

„Ich bin überzeugt, dass niemand von uns wieder allein arbeiten möchte, denn wir wissen die Möglichkeit zu schätzen, sich ständig mit anderen zu messen, und wir wissen um die geringere Mühe, die man hat, wenn man auch andere fragen kann und nicht gezwungen ist, alles auf seine Schultern zu laden ... Ich glaube, dass es gerade dieses gemeinsame Arbeiten an einer Sache ist ..., durch das man das Gefühl der Zugehörigkeit und Sicherheit entwickelt" (Filippini in Reggio HH 1990, S. 58).

Die Teamarbeit wird in Reggio weit gefasst. Sie umfasst personell nicht nur die pädagogischen Mitarbeiter(innen), pro Kindergartengruppe zwei Erzieherinnen, sondern auch Köchinnen, Hilfskräfte, ebenso wie die in jeder Einrichtung gruppenübergreifend arbeitenden Künstler(innen). Im weitesten Sinne gehören auch ein Puppenspieler, der für alle Einrichtungen zuständig ist und die Fachberater(innen) des pädagogischen Zentrums dazu: Sie alle bringen ihre speziellen Erfahrungen und ihren soziokulturellen Hintergrund ein und lernen voneinander und miteinander.

Eine solche Zusammenarbeit setzt eine nicht-hierarchische Struktur voraus. Deshalb gibt es in den Einrichtungen keine Person, die die Leitung innehat, sondern die Einrichtung wird vom Mitarbeiterkollektiv und dem Leitungs-rat geleitet. Das Personal einer Einrichtung versteht sich als Kollektiv, was bedeutet, dass alle Mitarbeiter(innen) in die Arbeit mit den Kindern inte-griert sind und spezielle Kompetenzen und Kenntnisse mit einbringen. Da-durch können die einzelnen Berufsgruppen voneinander profitieren und ihre eigenen Kenntnisse und Fähigkeiten weiterentwickeln.

5.1.6 Pädagogik zwischen Individualität und Solidarität oder: Das Ich und das Wir

„Ein Ich kann nur dort entstehen, wo ein sozialer Prozess stattfindet, in dem das Ich – gegenüber dem Du – seine Veranlassung findet" (Mead in Dreier 1993, S. 161).

In der Reggio-Pädagogik wird dem Verhältnis zwischen Individualität und Solidarität eine große Bedeutung zugemessen. Beide sind als Ziele formu-liert. Die in Reggio verfassten „Rechte der Kinder" (vgl. Malaguzzi 1998, S. 63f) nehmen ebenfalls die Individualität des einzelnen Kindes als auch die Notwendigkeit zwischenmenschlicher Beziehungen auf und beschreiben dies. Es geht aber nicht nur um die Solidarität der Kinder in der Gruppe un-tereinander, sondern Solidarität wird weitreichender verstanden. Der Kin-dergarten ist ein System von Kommunikation, Beziehung, Bewegung und die Kinder Teile dieses großen Systems mit wechselseitigen Beziehungen zwischen Kindern, Erzieherinnen, Eltern und Umgebung. Dieses soziale Miteinander ist ein Mittel zur Förderung jedes Entdeckens, jedes Gestaltens, jeder Aktivität, jeder Beschäftigung. Hier werden die theoretischen Grund-lagen aus der Systemtheorie deutlich, auf die sich die Reggio-Pädagogik be-zieht. Sie geht davon aus, dass Personen eine Einheit in sich bilden, mit an-deren und allem: „Und diese Einheit ist offen, ob wir es wollen oder nicht" (Malaguzzi in Reggio HH 1990, S. 41).

Diese konzeptionellen Grundlagen finden ihre Umsetzung im konkreten pädagogischen Alltag der Einrichtungen:

- Die Gruppen sind in Reggio altershomogen eingeteilt. So ist eine Orien-tierung am Entwicklungsstand der einzelnen Kinder und ihrer individu-ellen Bedürfnisse besser möglich.

- Während des Tages bestehen verschiedene Möglichkeiten für die Kinder, individuelle Bedürfnisse nach Kommunikation und Rückzug zu befriedi-gen, sowohl durch den Tagesablauf als auch durch die Raumgestaltung.

5.1.7 Ein Kind hat hundert Sprachen oder:
Dem Eindruck einen Ausdruck verleihen

Wahrnehmung als wichtiges Grundelement der Reggio-Pädagogik

„Ein Kind ist aus hundert gemacht

Ein Kind hat

hundert Sprachen

hundert Hände

hundert Gedanken

hundert Weisen zu denken

zu spielen und zu sprechen.

Immer hundert Weisen

zuzuhören

zu staunen und zu lieben

hundert Weisen zu singen und zu verstehen

hundert Welten

zu entdecken

hundert Welten

zu erfinden

hundert Welten

zu träumen.

Ein Kind hat hundert Sprachen

doch es werden ihm neunundneunzig geraubt.

Die Schule und die Umwelt trennen ihm den Kopf vom Körper.

Sie bringen ihm bei

ohne Hände zu denken

ohne Kopf zu handeln

ohne Vergnügen zu verstehen

ohne Sprechen zuzuhören

nur Ostern und Weihnachten zu lieben und zu staunen.

Sie sagen ihm, dass die Welt bereits entdeckt ist

und von hundert Sprachen rauben sie dem Kind neunundneunzig.

Sie sagen ihm

dass das Spiel und die Arbeit

die Wirklichkeit und die Phantasie

die Wissenschaft und die Vorstellungskraft

der Himmel und die Erde

die Vernunft und der Traum

Dinge sind, die nicht zusammengehören.

Sie sagen also, dass es die hundert Sprachen nicht gibt.

Das Kind sagt: Aber es gibt sie doch."

(Malaguzzi 1985, übers. von Dreier 1993, S. 15).

Die Wahrnehmung ist ein wichtiges Grundelement der Reggio-Pädagogik: „Das Kind hat hundert Sprachen und die Gesellschaft raubt ihm neunundneunzig, nämlich alle Ausdrucks- und Wahrnehmungsformen außer der Verbalsprache, so lautet das Postulat der Reggiopädagogik. Wahrnehmungs- und Ausdrucksförderung sind deshalb zentrales Anliegen der reggianischen Kitas" (Göhlich 1997, S. 192). Die Reggianer gehen, wenn sie von den hundert Sprachen der Kinder reden, davon aus, „dass jedes Kind auf eigene und kreative Weise seinen Eindrücken über die Welt Ausdruck verleiht" (Dreier 1993, S. 9).

Deshalb sollen in der Reggio-Pädagogik die Sinne ganzheitlich angeregt werden, damit die Sinne, die üblicherweise in der Kultur wenig zum Einsatz kommen, gefördert werden (vgl. Göhlich 1990, S. 56). Zu diesem Zweck will die Reggio-Pädagogik Situationen schaffen, in denen die Wahrnehmung ihren Ausdruck findet, zum Beispiel durch Gestaltung mit verschiedenem Material, durch Geschichten erfinden, durch kreative Techniken. Sie geht von der Erkenntnis aus, „dass Kindererziehung heute nahezu vollständig durch das Wort erfolgt, als das einzige Mittel, das den Erziehern ins Berufsleben … mitgegeben wird" (Malaguzzi 1985, S. 3). Deshalb ist eine weitgefasste Wahrnehmungserziehung in der Theorie und Praxis der Reggio-Pädagogik wichtig, wobei die Seh-Bildung (= educatione visiva) eine große Rolle spielt. Bei der Sehbildung ist die Erkenntniskraft des Auges zentral. Damit werden zum Beispiel Licht und Farbe zu wichtigen pädagogischen Elementen (vgl. Göhlich 1990, S. 50).

Das Kind drückt sich in vielen Sprachen aus … Deshalb wollen die Reggianer herausfinden, „was man dem Kind alles an Entwicklungsprozessen zutrauen kann, was die Rolle des Sehens und die der anderen Dinge angeht,

..." (Malaguzzi in FH Frankfurt 1987a, S. 21). Sich auf den Wahrneh-mungsreichtum der Kinder einzulassen, bedeutet, die kindliche Entwick-lung ernst zu nehmen und von seinen Fähigkeiten auszugehen.

In der Reggio-Pädagogik sind die expressiven Ausdrucksformen des Kindes wichtig. Diese werden in der Theorie und Praxis der Pädagogik sowie der Kultur allgemein gering geschätzt und isoliert. Besonders auf die nonverba-len Ausdrucksformen soll geachtet werden, welche viele Worte, Gefühle und Gedanken enthalten. Es geht darum, „dem Ausdrucksbedürfnis das ge-eignete Wort wiederzugeben, ein Wort das schweigt und zuhört, das wirk-lich Kommunikation ist, das Gedanken bewegt und hervorbringt, das seine großen schöpferischen Fähigkeiten entdeckt ..." (Malaguzzi 1985, S. 3f).

Aufgabe der pädagogischen Fachkräfte ist es, den Kindern bei ihrer Ausein-andersetzung mit der Welt zu helfen, wobei alle ihre Fähigkeiten, Kräfte und Ausdrucksmöglichkeiten eingesetzt werden (vgl. Malaguzzi 1985, S. 5). Ein wichtiger Grundsatz der Wahrnehmungspädagogik ist, dass jedes Kind die Möglichkeit erhält, sich in „seiner" Sprache auszudrücken: „Ein solches Verständnis von Erziehung lässt nämlich nicht zu, dass wir eine Sprache zur Norm erheben und einigen dieser Kinder mit anderer Sprache besondere Merkmale und Defizite zuschreiben, sie separieren, auch wenn wir dies tun in der Absicht, sie besser zu fördern. Die Reggio-Pädagogik stößt uns viel-mehr auf den Grundsatz: ... Wir müssen das Verhältnis der Kinder unterein-ander und der Erwachsenen zu den Kindern so gestalten, dass jedes Kind mit seiner Sprache, seinen Ausdrucksmöglichkeiten den Prozess der Auseinan-dersetzung mit der Welt beginnt und produktiv für sich gestalten kann" (Si-mon in Reggio HH 1990, S. 16).

Expressive, kommunikative und kognitive/wissenschaftliche Sprachen

Die Pädagogik der Wahrnehmung hat zum Ziel, die vielfältigen Sprachen als Ausdrucksmöglichkeiten der Kinder zu fördern. Die Sprachen „... sol-len sich der Reggio-Pädagogik zufolge in der Absicht auf die Welt richten, diese zu verstehen und zu verändern. Die alltägliche Welt ist also Aus-gangspunkt und Ziel der ‚cento linguagi' bzw. der Reggio-Pädagogik, die diese fördern will" (Göhlich 1990, S. 57).

Bei den expressiven Sprachen geht die Reggio-Pädagogik davon aus, dass

> „das Kind als Bildhersteller gesehen wird: Ist eine Erziehung denkbar, die sich
> an das Kind als Hersteller von Bildern richtet? Wir denken ja ... Kinder sind ...
> ganz eifrige Forscher und Hersteller von Bildern" (Malaguzzi 1985, S. 4).

Es geht darum, dass Kinder in einem kreativen Prozess ihrem Eindruck ei-nen Ausdruck verleihen und Worte bzw. Gedanken umsetzen. Die kreative

Arbeit findet meist in kleinen Gruppen v.a. in den Ateliers statt. Jede Einrichtung mit mehreren Gruppen besitzt ein Atelier, in dem jeweils eine
Kunsterzieherin angestellt ist.
Weiterhin wird das Kind als Puppen- und Schauspieler ernstgenommen:
Eine Möglichkeit, sich auszudrücken, ist die Schauspielerei als spontanes,
„freies" Spiel, die gefördert werden soll. Die Reggio-Pädagogik setzt sich in
der Theorie mit dem Puppenspiel auseinander, wobei hier Spiele mit Masken, Marionetten, Hand- und Fingerpuppen aber auch Schattenspiele verstanden werden. Dieses Spiel soll der Identitätsbildung dienen (vgl. Göhlich
1990, S. 61). Deshalb ist ein Puppenspieler angestellt, der für alle Einrichtungen zuständig ist (vgl. Schöneberg 1985, S. 134ff)
Das Kind als Geschichtenerzähler weist auf die Möglichkeit hin, sich über
das Erzählen von Geschichten auszudrücken. Rodari hat das Erzählen von
Geschichten in Reggio angeregt. In seinem Buch „Grammatik der Phantasie" (1992) sind Techniken gesammelt, wie Geschichten erfunden werden
können, die er selbst erprobt hat.
Die kommunikativen Sprachen sind bedeutsam für den Erkenntnisprozess
der Kinder. Aus diesem Grund hat die Kommunikation einen großen Stellenwert in der Reggio-Pädagogik.
Im pädagogischen Alltag gibt es viele Möglichkeiten der Kommunikation,
wie zum Beispiel Geschenke oder Bilder für andere herstellen, sich erzählen und zuhören, Feste feiern, gemeinsame Inhalte bearbeiten.
Kognitive/wissenschaftliche Sprachen entstehen in längerer, kontinuierli-
cher Auseinandersetzung mit einem Gegenstand. Die Förderung kognitiver
bzw. wissenschaftlicher Sprachen beinhaltet auch die Förderung des Urtei-
lens, Entscheidens, der Entdeckung bzw. Erfindung von Gesetzen und Regeln (vgl. Göhlich 1990, S. 66).

Exkurs: Kritik an der reggianischen Wahrnehmungspädagogik

Kritisiert wird an der Wahrnehmungspädagogik vor allem, dass dem Auge
als Sinnesorgan eine große Bedeutung zukommt, andere Kanäle jedoch
kaum Beachtung finden (vgl. Göhlich 1990, S. 53). Beispielsweise nimmt
das Ohr nicht nur Verbalsprache wahr, sondern auch Musik und Geräusche,
die man pädagogisch nutzen könnte. Danach gefragt, antwortet eine Reg-
gio-Pädagogin (Davoli in Reggio HH, S. 98), „… dass noch kein befriedi-
gender Weg gefunden wurde, Musik und musikalische Erziehung im Kindergarten zu integrieren."

5.1.8 Die Rolle der Erwachsenen in der Reggiopädagogik oder:
Wir erziehen Kinder nicht, wir assistieren ihnen

„Unsere Aufgabe besteht darin, den Kindern bei ihrer Auseinandersetzung mit der Welt zu helfen, wobei alle ihre Fähigkeiten, Kräfte, Ausdrucksmöglichkeiten eingesetzt werden. ... Unsere Aufgabe ist es, in ebenso großer Freiheit und mit noch mehr Kenntnis, Neugier und Erfindungsgabe als wir bisher zur Verfügung haben, den Kindern das zu ermöglichen und mit ihnen gemeinsam die Situationen für diese Erfahrungen herzustellen" (Malaguzzi 1985, S. 5).

Ereignisse geschehen – so glauben die reggianischen Pädagoginnen – mit allen Kindern. „Aber damit diese Begegnungen und Vertraulichkeiten nicht verloren gehen, sondern im Gegenteil weiter zunehmen, ist ein erwachsener Zeuge notwendig ... der mitspielt, der Interesse und Erstaunen zeigt und den Wunsch hat, sich Fragen zu stellen und in einen Detektiv und Forscher zu verwandeln, um so der Freundschaft und der abenteuerlichen Intelligenz, die die Kinder zusammen erproben, Wert und Bedeutung zu geben" (Malaguzzi 1990, S. 24-28).
Aus dem Bild, das sich Erwachsene von Kindern machen, entstehen sowohl die Vorstellungen und Theorien darüber, welche Rolle die pädagogisch tätigen Personen haben sollten als auch die tatsächliche Praxis des pädagogischen Umgangs.
Zunächst regelt die Satzung die Aufgaben der Erzieherinnen: Allgemein Kenntnisse über die Lebenssituationen der Kinder und die Beobachtung erwerben (vgl. Dreier 1993, S. 64).
Die Reggianer leiten ihre pädagogischen Vorstellungen des Umgangs miteinander aus den Rechten der Kinder ab: „Kinder haben das Recht, ihre individuellen Fähigkeiten zu verwirklichen und zu erweitern, soziale Kompetenzen weiterzuentwickeln, von anderen Affektivität und Vertrauen zu empfangen, Freude am Lernen zu empfinden und die eigenen Lernbedürfnisse zu befriedigen. Dies kann umso eher gelingen, als sich Kinder einer stabilen Beziehung zu Erwachsenen sicher sein können, die bereit sind, ihnen zu helfen und ihnen einen Vorschuss an Vertrauen und Erfahrung zu geben. Dies ist für die Entwicklung der Kinder wertvoller als die Vermittlung von Wissen und Fertigkeiten. Ähnlich wichtig für sie ist die Möglichkeit, sich selber auf die Suche nach kreativen Problemlösungsstrategien ... zu begeben ..." (Malaguzzi 1998, S. 63).
Das Kind braucht Impulse und Ressourcen (vgl. Knauf 1998, S. 14) ebenso wie Unterstützung und Assistenz von seiten der Erwachsenen: „So sind die

Fragestellungen in Reggio. Die Kinder sind Regisseure ihrer eigenen Entwicklung, die Erzieher ihre Assistenten" (Steenken 1998a, S. 336). Kinder sind, so Malaguzzi (1990, S. 24-28), überaus dankbar, wenn Erwachsene sie zunächst verstehen und ihnen dabei helfen, zu forschen, zu entdecken. Dazu müssen Erwachsene die Kinder beobachten und ihnen zuhören, um sie zu verstehen: Begib dich als Erwachsene eine Weile auf die Seite und verlasse den Raum, um zu lernen, beobachte vorsichtig, was die Kinder machen. Wenn du dies gut verstanden hast, dann wird vielleicht dein Umgang mit den Kindern anders sein als zuvor (vgl. Malaguzzi 1993, S. 77).

Grundlage der pädagogischen Arbeit ist das genaue Beobachten als zentrale Aufgabe des Erwachsenen. In der Reggio-Pädagogik wird, in Anlehnung an die Theorie Piagets, davon ausgegangen, dass Kinder ihre eigenen, individuellen Strategien haben und entwickeln, um sich die Umwelt anzueignen. Sprache und Denken des Kindes unterscheiden sich nach Piaget (1983) von Erwachsenen. Demzufolge muss die erziehende Person „besondere Anstrengungen unternehmen, um die Besonderheiten der kindlichen Erfahrung und Denkweise zu verstehen … [sie, D.R.] kann nicht von der Annahme ausgehen, dass notwendigerweise auch für das Kind gilt, was für … [sie] gilt" (Ginsburg 1985, S. 275). Beobachtungen und Einfühlungsvermögen sind nötig, um zu interpretieren, was mit Kindern geschieht, um Vorhersagen und Projektionen vorzunehmen, wie vorgegangen werden soll.

Die Beobachtungen werden festgehalten durch Aufschreiben und Aufnehmen, um sie auszuwerten, zu forschen, daraus zu lernen und so Kinder besser zu verstehen: „Denn wie sollen Erwachsene wissen, wann und wie sie das Kind in seinem Handeln unterstützen können, … wenn sie nicht unaufhörlich das Denken und Fühlen und die Äußerungsformen der Kinder studieren?!" (Schenker 1993, S. 96).

Dies bedeutet eine neue Art von Interaktion zwischen Erwachsenen und Kindern, die von Erwachsenen Zurückhaltung und Respekt vor ihrem Gegenüber, dem Kind fordert: „Es geht darum, die eigene Aufmerksamkeit zu schulen und ein ‚drittes Ohr', ein ‚drittes Auge' für das Besondere der Kinder, für ihre Kommunikationsformen zu bekommen" (Schenker 1993, S. 96).

Aus dieser Beobachtung und Sensibilität, diesem Einfühlungsvermögen, mit denen Erzieherinnen versuchen, von und über Kinder zu lernen, folgt ein Verstehen der Kinder, das eine weitere Grundlage der pädagogischen Arbeit ist: „Erwachsene folgen … den Interessen der Kinder, begleiten und unterstützen sie auf ihren Wegen des Forschens und Lernens." Die Aufgabe der Erwachsenen ist es, Zeug(inn)en kindlicher Entwicklungsschritte zu werden, selbst Forscher(in) zu werden (vgl. Dreier 1993, S. 10 und 81).

Unterstützt die Erzieherin Kinder bei ihren Forschungen, geht es nicht nur darum, Probleme zu lösen, sondern dabei zu helfen, neue Fragen zu finden (vgl. Gruber 1993, S. 31). Dabei sind beide, Kinder und Erwachsene, in den Prozess involviert. Die Erzieherinnen intervenieren aufgrund ihrer Erfahrungen und Beobachtungen und erleichtern oder provozieren die nächste Möglichkeit, um zu lernen – immer im Austausch mit den Kindern (vgl. Edwards 1998, S. 185). Die schwierige und wichtige Aufgabe der Erzieherin ist es, Probleme und Themen zu finden, die die Interessen der Kinder aufgreifen und wert sind, bearbeitet zu werden. Diese Momente zu finden, die es wert sind, dass sie für pädagogische Prozesse aufgegriffen werden, beschreibt Edwards (1998, S. 187) als „kognitiven Knoten" im Alltag: Ein Problem, das die Kinder stoppt, ihre Aktion blockiert, ausgelöst durch einen Konflikt, eine Informationslücke oder Fähigkeiten, die benötigt werden. Malaguzzi (1993, S. 79) weist auf die Bedeutung hin, die die Momente haben, in denen Kinder bereit sind, einen Schritt in ihrer Lernentwicklung zu tun und die Fähigkeit der Erzieherin, diese aufzugreifen. Theoretische Grundlage dieser Annahme ist Wygotskys (1977) „Zone der nächsten Entwicklung".

Eine weitere Herausforderung ist für die Erzieherin, zu entscheiden und zu wissen, wann sie intervenieren soll, da dies von der momentanen Analyse der Kindergedanken abhängt, die oft sehr schnell erfolgen muss. Dabei ist es Aufgabe der Erzieherin, nicht zuviel zu intervenieren, aber auch, wo nötig, Kindern Anregungen zum Lernen zu bieten: Obwohl die Reggianer von einer hohen Potentialität, die das Kind hat, überzeugt sind, gehen sie davon aus, dass Kinder auch die Unterstützung Erwachsener brauchen. Die Schwierigkeit einer Entscheidung der Erzieherin, ob sie interveniert, liegt darin, dass für manche Kinder Anstöße, Herausforderungen und Materialien als Anregung nötig sind, für andere dagegen Freiräume zur eigenen Ausgestaltung wichtig sind, um Probleme eigenständig zu lösen: „Kinder leben gefährlicherweise am Rande der Präsenz (der Erzieherin), die sie wollen, und der Kontrolle, die sie nicht wollen" (Malaguzzi nach Knauf 1998a, S. 19). Es geht darum, Kindern nicht Antworten zu geben, sondern zu fragen „Wie denkst du darüber?" So fühlt sich das Kind ernstgenommen (vgl. Rinaldi in Cadwell 1987, S. 63). Diese Haltung erfordert von Erwachsenen eine hohe Flexibilität und Offenheit für die Anliegen der Kinder: „Erzieher/innen müssen in der Lage sein, Kinder in Neugier zu versetzen und mit ihnen der Neugier nachzugehen. Die Erzieher/innen entdecken Neues mit den Kindern. Erzieher/innen müssen ständig aufmerksam sein, damit sie Reaktionen der Kinder wahrnehmen und aufgreifen können. Sie müssen helfen, Scheu zu überwinden, helfen, Fragen zu stellen und Kinder dabei unterstützen, auf die Probleme einzugehen. Die Aufgabe heißt: Passivität bekämpfen, Anreiz zum Forschen geben. Das Kind zur Hauptperson machen … Man muss Kindern Probleme schaffen, damit sie ihre Fähigkeiten entwickeln, denn: ‚Das Auge schläft, bis es der Geist mit einer Frage weckt'" (Malaguzzi in Schöneberg 1985, S. 12f).

Eine wichtige Voraussetzung, die Kinder benötigen, um zu forschen, auszuprobieren, ihre Potentiale zu entfalten, ist die Zeit. Das „Konzept der Zeit" ist ein Schlüsselbegriff in der Reggiopädagogik. Die Erfahrung zeigt, „… wie sehr die Kinder die Freiheit brauchen. Freiheit, um etwas zu erforschen, auszuprobieren, Fehler zu machen und zu korrigieren … Und all dies muss so vor sich gehen, dass niemand ihnen allzu früh die Zeit, den Rhythmus und die Maße vorgibt und sich dennoch weitgehend und aktiv mitbeteiligt, wie es nötig ist, damit die kostbare Zeit des Lernens, die nicht dem Zufall überlassen bleiben darf, sich auch realisieren kann" (Malaguzzi 1985, S. 5).

Die Aufgabe der Erzieherin umfasst jedoch noch mehr als ausschließlich das Handeln mit Kindern. Sie muss mit Eltern im Austausch sein und mit ihnen gemeinsam die Einrichtung leiten, ebenso wie mit dem Team und den Beraterinnen des pädagogischen Zentrums. Dabei ist ihre Hauptaufgabe, zu vermitteln. Ausgehend von der esperianza reggiana, der Pädagogik des Wandels, ist die Rolle der Erzieherin nicht ein für allemal festgelegt, sondern unterliegt ständiger Revisionen (Edwards 1998, S. 180).

5.1.9 Der Raum als dritter Erzieher oder: Die Umwelt ist wie ein Aquarium: Raumgestaltung und Ausstattung

„Es ist eine unbestrittene Tatsache, dass die Kita ein Recht auf eigene Räumlichkeiten, eine eigene Architektur, auf eigene Auffassungen und Ausgestaltungen von Räumen, Formen und Funktionen hat … Irgendjemand hat geschrieben, die Umwelt müsse eine Art Aquarium sein, in dem sich die Ideen, Wertvorstellungen, Verhaltensweisen und Kulturen der dort lebenden Menschen spiegeln. Wir haben versucht, in diese Richtung zu gehen" (Malaguzzi 1985, S. 7).

„Auch die Architektur bzw. der Raum ist ein Erziehungsfaktor …" (Malaguzzi in Reggio HH 1990, S. 40).

Ein weiteres wichtiges Grundprinzip der Reggio-Pädagogik ist, dass sie den Raum als dritten Erzieher bezeichnet. Die Reggianer gehen davon aus, dass der Raum, die Aufteilung und Einrichtung des Gruppenraumes wie der ganzen Einrichtung, ebenso wichtig ist wie die beiden Erzieherinnen, die jeweils in einer Gruppe arbeiten (vgl. Göhlich 1990, S. 67). „Wir meinen in Reggio, dass der Raum, wenn er funktional gestaltet wurde, wenn er sinnvoll aufgebaut ist, sozusagen ein Erzieher mehr in der Gruppe der Gemeinschaft sein kann" (Spaggiari in Reggio HH 1990, S. 76). Eine andere Annahme geht davon aus, dass die Kinder in Reggio drei Gesprächspartner haben, „die anderen Kinder, die ErzieherInnen und den Raum! Räume sollen Aufforderungen zu Handlungen enthalten. Sie sind Interaktionspartner für Abenteuer. Der Raum ist der 3. Erzieher" (Rinaldi 1990, S. 106).

Die Umgebung trägt demnach entscheidend dazu bei, pädagogische Prozesse anzuregen wie Wahrnehmungsförderung, Ausdrucksförderung und Identitätsbildung. Räume sind als „offene Lernorte" konzipiert, die den Kindern ein autonomes Lernen mit allen Sinnen ermöglichen. Dazu trägt auch der Werkstattcharakter der Einrichtungen bei: „Unsere Einrichtungen sind vor allem Werkstätten, in denen Kinder die Welt untersuchen und erforschen" (Malaguzzi in Dreier 1993, S. 79). Die Einrichtung der Ateliers und insbesondere die Architektur der Kindertageseinrichtungen entsprechen diesem Prinzip (vgl. Dreier 1993, S. 79). Seit einigen Jahren wird sogar Industriemüll organisiert gesammelt, meist kleine Teile wie Plastikrohre, Schrauben, Bleche usw, die miteinander kombiniert werden können: „Remida verwandelt alles Alte in Gold ..." (Bree 1999). Sollen Räume zu Handlungen auffordern, ein Interaktionspartner sein, müssen sie viele Möglichkeiten dazu bieten.

Räume und Gegenstände sollten zu zwischenmenschlichen Interaktionen anregen aber auch selbst „aktive Gesprächspartner" sein, mit denen Kinder „flirten" können:

Räume, die zu zwischenmenschlichen Interaktionen anregen

Ein leitender Gesichtspunkt in Reggio ist die Transparenz. Neue Einrichtungen zum Beispiel erhalten große Fensterflächen und viele Glasscheiben zwischen den Räumen: „Dabei stellt Glas nicht nur Transparenz her, das heißt man kann rausgucken und reinschauen, sondern Glasscheiben trennen auch Räume voneinander, ohne dass der Sichtkontakt der Benutzer untereinander abreißen muss. Sie fördern also ebenso die Kommunikation. Kritisch wird angemerkt, wie die Reggio-Pädagogik zwischenzeitlich festgestellt hat, dass die große Transparenz der Räume auch negative Auswirkungen haben kann, vor allem bezüglich des Bedürfnisses nach Intimität" (Rinaldi 1990, S. 106).

Durch die Architektur, die viel Glas vorsieht, werden Zusammenhänge zwischen Innen und Außen hergestellt: „In Reggio ist der Kindergarten ..., architektonisch ausgedrückt, ein Aquarium: man kann jederzeit hinaussehen und von draußen können alle hineinsehen, um zu verstehen, was da drinnen passiert" (Malaguzzi 1985, S. 47). So soll der Bezug zur Umwelt, zum Gemeinwesen und zu den Eltern hergestellt werden. Orte der Begegnung sind zum Beispiel die große Eingangshalle, in Reggio „piazza" genannt, die wie ein Marktplatz wirkt: Als sozialer Mittelpunkt, wo sich Kinder und Eltern treffen können. Ebenso dient die Ecke der Freundschaft einer regen Kommunikation (Rinaldi 1990, S. 107).

Auch die Gestaltung der Wände durch Dokumentationen kann zum Dialog auffordern: Wichtig ist, den Kindern eine Möglichkeit zu bieten, ihre Gedanken mit Gleichaltrigen zu konstruieren; es gibt eben auch Momente, die den Erwachsenen ausschließen. Die Umgebung, die so gestaltet ist, die sich so vorstellt, gesteht den Kindern Möglichkeiten zu, gemeinsame Interessen zu finden (Davoli in Reggio HH 1990, S. 96).

Räume und Gegenstände als „aktive Gesprächspartner"

Mit dem Prinzip des Raumes als dritter Erzieher ist in der Reggio-Pädagogik auch gemeint, „dass anregende Materialien und transparente räumliche Strukturen den Kindern freie Erkundungen und autonome Lernschritte ermöglichen" (Dreier 1993, S. 36). Die Reggio-Pädagogik geht davon aus, dass Gegenstände und Objekte der Umwelt wichtige und aktive Gesprächspartner des Kindes sind: „Wir können von einem Dialog zwischen Kind und Objekten und einem Lernen durch sie sprechen" (Rinaldi in Dreier 1993, S. 31). Dieser Dialog zwischen Kind und Umwelt sollte ernstgenommen und zum Ausgangspunkt für die Bereitstellung von Materialien werden: „Nicht der Gegenstand hat Bedeutung, sondern die Beziehung, die Bewegung, der Prozess" (Malaguzzi in Dreier 1993. S. 76).

Deshalb reicht es nicht, bestimmte Einrichtungsgrundsätze, -gegenstände oder -materialien aus der Reggio-Pädagogik zu übernehmen, weil dazu auch die anderen Prinzipien gehören, insbesondere die Rolle der Erzieherin.

Ein weiterer Grundsatz der Raumgestaltung und Materialausstattung in Reggio besteht darin, dass ein Ambiente geschaffen werden muss, in dem sowohl Kinder als auch Erwachsene leben können (vgl. Malaguzzi 1992a, S. 30). Das Ambiente des Kindergartens muss in Beziehung stehen zu Kindern und Erwachsenen: „Deswegen sollten in der Kita-Einrichtung Gegenstände für Kinder und Erwachsene vorhanden sein (verschiedene Größen und Höhen)." Ganz konkret wird in Reggio eine Mischung von Möbeln und Spielelementen angestrebt, zum Beispiel sind auch alte Möbel vorhanden, durch die die Kinder der Kultur einer anderen Epoche begegnen. So können

Institutionen trotz ähnlicher Architektur sehr vielfältig sein und jede hat ihren eigenen unverwechselbaren Charakter (vgl. Malaguzzi in Schöneberg 1985, S. 44ff).

Es finden sich dort auch Materialien wie Waagen vom Markt, verschiedene Weinflaschen, Espressomaschinen usw. All dies legt Zeugnis ab über Kultur und Geschichte der Familien und der Stadt Reggio.

Zur Materialausstattung gehören Alltagsgegenstände, die die Kinder aus dem „richtigen" Leben kennen und auf ihre Weise damit umgehen. Es gibt dort zum Beispiel Computer und Schreibmaschinen, ebenso Haushaltsgegenstände. So werden Alltagserfahrungen und -kultur in die pädagogische Arbeit einbezogen. Auch ästhetische Objekte aller Art wie Muschelsammlungen, Tonkacheln, Gemälde und Bilder aus verschiedenen Stilepochen zeigen die Verbindung zur Kultur: „Sich mit schönen Dingen zu umgeben, ist ein Bedürfnis, das sich auch in den Kindereinrichtungen umsetzt und so wird in Reggio keine Unterscheidung zwischen Kinder- und Erwachsenenästhetik getroffen" (Dreier 1993, S. 33 und 36). Es gibt dort Gemälde renommierter Künstler wie Kandinsky oder Picasso. Räume sollten nicht nur funktional sondern auch ästhetisch gestaltet werden (Krieg 1993, S. 46).

Zu den Gruppenräumen gehören konkret: In der Regel ein Miniatelier mit vielfältigen Materialien, die gesammelt und geordnet werden, eine abgetrennte Kinderküche zum Rollenspiel v.a. familiärer Szenen, eine Bau- und Konstruktionsecke, eine Verkleidungsecke, ein Bereich mit Tischen zum Arbeiten und Gestalten, eine gemütliche Ecke, um Bücher anzusehen und die „Ecke der Freundschaft". Auch Podeste, von denen aus man einen anderen Standpunkt hat, die als Bühne dienen können und Leinwände für Schattenspiele sind z.T. in den Einrichtungen zu finden. Die Räume sind allgemein durch Pflanzen, Fotos, Dokumentationen vielfältig gestaltet. Bei der Raumgestaltung kommen den Spiegeln eine besondere Bedeutung zu. Es gibt in jeder Einrichtung eine Küche, die zentral liegt und für die Kinder einsehbar ist, sowie ein großes Atelier, das für Kleingruppenarbeit mit den Kunsterzieher(inne)n genützt wird.

Für die Raumgestaltung und Materialausstattung gilt ebenfalls das Prinzip der ständigen Veränderbarkeit: Kinder werden beobachtet und entsprechend ihren Bedürfnissen werden Veränderungen vorgenommen: Das Konzept ist unvollständig und veränderbar, so Rinaldi (1990, S. 107).

5.1.10 Dokumentation als Prinzip oder: In Reggio sprechen die Wände

„Wenn man Erziehung als ein permanentes Wechselspiel von Gedanken, Praxis, Reflexion der Handlungen, neuen Erkenntnissen, einem Wechsel der Perspektiven und veränderter Praxis ansieht, dann kommt man konsequenterweise zur Methode der Dokumentation. Denn um zu reflektieren, muss ich das, was ich gedacht und getan habe, festhalten. Worüber könnte ich sonst nachdenken?" (Filippini 1994, S. 13).

In den Räumen der reggianischen Kindertageseinrichtungen gibt es überall interessante Dinge zu entdecken: Wandzeitungen mit gemalten Bildergeschichten, die mit schriftlichen Erläuterungen ergänzt sind und über die Gedanken und Erlebnisse der Kinder berichten. Es gibt Fotoserien, die die Kinder bei verschiedenen Aktivitäten zeigen, auch Tonarbeiten und andere Kunstwerke der Kinder sind zu sehen, jeweils mit schriftlichen Kommentaren. Diese Kommentare beinhalten Gedanken der Kinder zu ihren Werken. Sie können auch von den Kindern selbst verfasst sein. Weiterhin gibt es in den Gruppenräumen verschiedene Pläne, wie Geburtstagskalender, Eintragungen des Wetters oder Pläne, in denen besondere Ereignisse festgehalten sind. Es gibt Fotos und Mitteilungen, die sich mit verschiedenen Themen beschäftigen. Dadurch werden kindliche Erfahrungen, der Verlauf eines Projektes und die angestrebten Ziele dokumentiert. Manchmal werden diese Projektverläufe auch in kleinen Broschüren zusammengefasst, die die Eltern erhalten.

An den Wänden im Foyer und Flur sind häufig Informationsflächen zu finden, die sich an verschiedene Zielgruppen richten: das Team der Einrichtung, die Familien, den Leitungsrat. Nicht zuletzt hängt der Speiseplan mit Bildern dort. Es gibt Platz für didaktische Berichte und für Fotos der Mitarbeiterinnen (vgl. Schenker 1993, S. 88f).

Für Erzieherinnen in Reggio ist der Umgang mit Kamera, Tonband, Videogerät und Notitzblock ganz selbstverständlich, um so Einzel- und Gruppenbeobachtungen zu erstellen (vgl. Dreier 1997b, S. 14). Im Mittelpunkt dieser Beobachtungen stehen die Gespräche und das Verhalten der Kinder. Durch Beobachtung und Dokumentation erhält man Einblick in die Arbeitsweisen, Vorstellungen, Gefühle und das Verhalten der Kinder und kann erkennen, wie Kinder Beziehungen untereinander, zu Erwachsenen, Tieren, Pflanzen, Dingen, Räumen und Geschichten aufbauen und gestalten.

Warum ist die Dokumentation für den pädagogischen Prozess so wichtig? Bei der Dokumentation geht es darum, Prozesse transparent zu machen: „Es kommt darauf an, die Denk-, Lern- und Entwicklungsprozesse der Kinder transparent zu machen. Die aus der Dokumentation und der anschließenden Reflexion gewonnenen Erkenntnisse fließen in Theorie und Praxis ein" (Schenker 1993, S. 91). Die Dokumentation ist Voraussetzung für die Auswertung und damit die Überprüfung theoretischer Ansätze (vgl. Malaguzzi 1992a, S. 23). Die Reggianer gehen davon aus, dass das Wort nicht reicht, um zu veranschaulichen, was Kinder und Erzieherinnen miteinander gemacht haben. Oft genug versteckt man sich hinter dem Wort: „Bilder und Videos zeigen dagegen die Realität, auch wenn man das nicht will. Sie ermöglichen es, die eigene Arbeit zu reflektieren und Anregungen zu bekommen für ein neues Projekt" (Davoli in Reggio HH 1990, S. 86). Ein weiterer wichtiger Grund für die aufwendige Erstellung von Dokumentationen ist, die Kommunikation, den Dialog untereinander anzuregen – sowohl mit Kindern als auch mit den Familien und Besuchern: Dokumentationen sind Kommunikationssysteme für die Augen (vgl. Göhlich 1990, S. 79). Eltern und Besucher erhalten dadurch Eindrücke über die alltägliche Praxis, ebenso werden pädagogische Inhalte transparent und Kinder erleben über den Weg der Präsentation eine Wertschätzung ihrer Tätigkeit und ihrer Produkte (vgl. Dreier 1997b, S. 13).

Dadurch wird das Selbstbewusstsein der Kinder gefördert. Dokumentationen machen Erlebtes, Gefühltes und Erzähltes sichtbar: Sie können anhand von Fotos und Werken entdecken, was sie dazugelernt haben, die eigene Entwicklung wird bewusst und Kinder lernen, sich gemeinsam zu erinnern. „Dokumentation hat so eine wichtige Funktion im Bereich der Identitätsbildung: Sie gibt Orientierungshilfen und macht Lernprozesse transparent" (Schenker 1993, S. 91f).

Auch der Dialog mit den Eltern wird durch die Dokumentation angeregt: Da Eltern und Kinder tagsüber meist getrennte Erlebnisbereiche haben, soll durch die Dokumentation von Erlebnissen der Kinder dieses zwangsläufige Kommunikationsdefizit zwischen Familien, Kindern und Erzieherinnen kompensiert werden. Durch die Praxis der Dokumentation wird eine wichtige Voraussetzung für die Partizipation der Eltern geschaffen, da Strukturen und Ereignisse der Einrichtung transparent werden.

Dokumentation ist ein Teil der Öffentlichkeitsarbeit. Bestes Beispiel dafür sind die weltweit bekannten Wanderausstellungen.

Um Dokumentationen in der vorgesehenen Art und Weise durchführen zu können und die zum Teil aufwendigen Auswertungen derselben vorzunehmen, werden bestimmte Rahmenbedingungen benötigt: „Diese arbeitsaufwendige Dokumentation ist nur durch eine entsprechende Organisation und Arbeitsplanung möglich ..." (Schenker 1993, S. 91). Die wöchentliche Vorbereitungszeit kann unter anderem für alle Formen der Dokumentation genutzt werden.

Wichtig im Hinblick auf die Intimsphäre ist, dass beim Dokumentieren nichts einer öffentlichen Diskussion zugeführt wird, was nicht zuvor mit den Beteiligten besprochen wurde.

5.2 … IM SITUATIONSANSATZ

5.2.1 Der Bezug zu den Lebenssituationen der Kinder

Situationen werden hier verstanden als „real erfahrbare und aufklärbare Ausschnitte sozialer Wirklichkeit …, die sich erst im Zuge der Entwicklung und Anwendung des Curriculum konstituieren mit auch eigenen und einzigartigen Momenten (in denen allerdings Allgemeines enthalten sein kann)" (Zimmer 1973a, S. 33). Die Arbeit im Kindergarten muss sich an den Bedürfnissen und Erfahrungen der Kinder orientieren und die zu vermittelnden Inhalte müssen anknüpfen am Verständnis der Kinder und an Inhalten, zu denen sie einen Bezug haben. Die Auswahl der Themen wird in Bezug auf Lebenssituationen getroffen (vgl. AG Vorschulerziehung 1974a, S. 34f). Bei der Orientierung an Lebenssituationen werden zwei Ebenen unterschieden: Einmal ist es wichtig, Lebenssituationen daraufhin zu untersuchen, welche Qualifikationen Kinder erwerben sollten, zum anderen sind Situationsanlässe Ausgangspunkt der pädagogischen Arbeit (vgl. Gerstacker 1978, S. 194). Bis heute wurde keine Theorie der Situation formuliert (vgl. Arnold 1981). Es stellt sich schon bei der Auswahl die Frage, was relevante bzw. bedeutsame Situationen von Kindern sind. Einige allgemeine Kriterien für die Auswahl von Situationen werden genannt: Fest steht, dass es Situationen von Kindern sein sollten, in denen sie gegenwärtig oder in naher Zukunft zu handeln haben. Ein weiteres Kriterium der Situationsauswahl besagt, dass nicht idealtypische Situationen konstruiert werden sollten, die für alle Kinder gleichartig angesehen werden, sondern „… es sollten reale Situationen in jeweiligen subkulturellen Milieus sein". Dies setzt voraus, dass Themen in den jeweiligen Einrichtungen erarbeitet werden. Wichtig ist drittens: Es sollten Situationen sein, die im Rahmen der pädagogischen Aktion beeinflussbar sind, in denen am Beispiel erlebt werden kann, dass Kinder und Erwachsene in der Lage sind, Einfluss zu nehmen (vgl. Zimmer 1973a, S. 37). Es sollen auch Situationen sein, in denen die beiden Ziele Autonomie und Kompetenz Anwendung finden ebenso wie Situationen, mit denen weitgehend alle Kinder im Kindergarten konfrontiert werden. Es können aber auch Situationen sein, die Minderheiten von Kindern betreffen, die aber der Unterstützung bedürfen. Die Situationen können für die Kinder von lebensgeschichtlicher Bedeutung sein oder sich im alltäglichen Leben auffinden lassen. Oder aber es sind Situationen bestimmbar, die entweder in besonderer Weise Ängste und Befürchtungen hervorrufen bzw. in denen in besonderer Weise Konflikte erkennbar sind, deren Verarbeitung pädagogische Hilfe verlangt (vgl. AG Vorschulerziehung 1974c, S. 43f).

Wie kann nun die konkrete Auswahl von Situationen erfolgen?

Die Vertreter des Situationsansatzes stellen sich vor, dass die Auswahl von Situationen im Diskurs der Beteiligten, also Erzieherinnen, Eltern und Kindern erfolgt. Ursprünglich bei den Modell- und Erprobungsprogrammen waren auch noch Wissenschaftler(innen) beteiligt: „Dieser Prozess der gegenseitigen Verständigung und Aufklärung ist nötig, weil alle Beteiligten einerseits Kompetenzen in den Diskurs einbringen können, andererseits aber auch so etwas wie ‚Sprachlosigkeit' mitbringen" (AG Vorschulerziehung 1974a, S. 15). Die Auswahl von Situationen erfordert zunächst einigen Sachverstand und Sensibilität von Seiten der Erzieherin, auf dementsprechende Situationen aufmerksam zu werden, sie wahrzunehmen. Es geht darum, Entwicklungsstand, Interesse, Bedürfnisse und Informationshintergrund von Kindern zu berücksichtigen (vgl. Hemmer 1979, S. 71). Situationsanlässe können auf verschiedenen Ebenen liegen: „Kinder können aktuelle Erlebnisse, Fragen, Probleme einbringen und sie zum Ausgangspunkt pädagogischer Aktivität machen. Beobachtungen in der Kindergruppe, die Kenntnis von voraussehbaren oder zurückliegenden, nicht verarbeiteten Ereignissen und Problemfeldern und auch eigene Bedürfnisse können Erzieher dazu veranlassen, situationsbezogene Themenbereiche zu aktualisieren." Auch Eltern und andere Erwachsene, die ebenfalls mit Kindern leben und gemeinsame Erfahrungen mitbringen, können Anlässe thematisieren (Gerstacker 1978, S. 194f). Ist ein Situationsanlass ausgewählt, erfolgen im Rahmen der Planung weitere Schritte.

Wichtig ist auch die emotionale Aufarbeitung von Situationen für die Entwicklung von Kindern. Darauf wird vor allem in neueren Veröffentlichungen hingewiesen (vgl. Stoll 1995; S. 56, Krenz 1991, S. 36f).

Die Vielschichtigkeit der Bestimmung von Situationen, die unterschiedlichen Ebenen, die miteinfließen sollten, machen diesen Prozess zu einem komplexen Unternehmen. Dies kann ein Grund sein, warum sich der Situationsansatz in der Praxis nur schwer umsetzen lässt.

Das Merkmal „Bezug zu Lebenssituationen" von Kindern weist auf die Schwierigkeiten hin, den Begriff „Situation" allgemein zu definieren und auf die fehlende „Theorie der Situation", die den Gegenstand bestimmen könnte und zu weiterer Erkenntnis über Situationen und ihre Bestimmung führen könnte. Einen Versuch, die Grundbegriffe des Situationsansatzes und damit auch den Begriff der Situation genauer zu beschreiben, nimmt Stoll (1995) vor: Er fasst die Grundbegriffe Situationsanlass, Situationsanalyse und Situation anhand von Beispielen genauer, um den schwierigen Prozess des Ermittelns von Situationen klarer zu beschreiben. Interessant ist, wie Stoll (1995, S. 26) den Begriff der Situation definiert. Im Unterschied zur AG Vorschulerziehung, die die Bezeichnungen Situationsanlass und Situation nebeneinander verwenden, geht er davon aus, dass die Situation erst aus den verschiedenen Anlässen und der anschließenden Analyse in ihren Aspekten entwickelt wird: „Unter der ‚Situation' wird also die Lage, der Zustand des Kindes verstanden. Sie ergibt sich aus einem vom Kind wahrgenommenen Ereignis (oder ... Ereignissen) und den damit in Verbindung stehenden Gefühlen und Erlebnisinhalten des Kindes."

5.2.2 Die Verbindung von sozialem und instrumentellem Lernen oder: Lernen in Erfahrungszusammenhängen

Dieses Merkmal ist eng verbunden mit den beiden allgemeinen Zielen des Situationsansatzes, Autonomie und Kompetenz.
In schulischen Lernprozessen und bei erwachsenen Menschen werden oft technische und instrumentelle Fähigkeiten eingesetzt ohne bewussten Bezug auf soziale Kontexte. Lehrpläne trennen häufig zwischen der Vermittlung von Sachkompetenz und der Erziehung zum sozialen Handeln. Innerhalb des Situationsansatzes soll deshalb versucht werden, „... was dort an sozialem und instrumentellem Lernen getrennt wird, zusammenzuführen. Kinder sollen auch im vorschulischen Alter im konkreten Fall lernen, soziale Fähigkeiten und instrumentelle Fähigkeiten miteinander verschränkt einzubringen" (AG Vorschulerziehung 1974c, S. 19). Diese Verschränkung der beiden Formen, des sozialen und instrumentellen Lernens bedeutet, dass instrumentelle Fertigkeiten und damit Sachkompetenzen den Zielen des sozialen Lernens untergeordnet werden (vgl. Zimmer 1973a, S. 29). Diese Unterordnung kann auch im Sinne der pädagogischen Forderung nach Autonomie und Kompetenz als Ziel gesehen werden: „Soziales Lernen soll Kinder darin unterstützen, ihren Anspruch auf Selbstbestimmung – der ein Anspruch aller Menschen ist und damit nicht allein auf einzelne und ihre Bedürfnisse bezogen werden kann – zu vertreten. Sie sollen diesen Anspruch in kompetenter Weise wahrnehmen können mit den dazu not-

wendigen Fertigkeiten und Kenntnissen" (AG Vorschulerziehung 1974c, S. 20). Soziales Lernen im hier verstandenen Sinne meint, dass Kinder ihre speziellen Kompetenzen in realen Situationen des Alltags und nicht in künstlichen Lernarrangements lernen. Es wendet sich gegen isolierten, von der sozialen Verantwortlichkeit losgelösten Wissenserwerb und fordert eine Erweiterung des Blickfeldes und vernetztes Denken (vgl. Colberg-Schrader 1991a, S. 77). In den ursprünglichen Materialien des Currriculums waren für den Erwerb von Sachkompetenz im Zusammenhang mit sozialen Situationen sogenannte „didaktische Schleifen" vorgesehen (vgl. AG Vorschulerziehung 1974c, S. 121f). Später wird v.a. auf die Aufwertung des unpädagogischen Alltags als Lernchance verwiesen, das heißt auf das soziale Lernen (vgl. Colberg-Schrader 1991a, S. 88ff).

5.2.3 Leben und Lernen in altersgemischten Gruppen

Der Situationsansatz geht von einem Leben und Lernen in altersgemischten Gruppen aus, wobei sich die Altersmischung im Regelkindergarten auf die Altersgruppe zwischen drei und sieben Jahren bezieht. „Damit sollen das Kennenlernen und Kontaktaufnehmen sowie die Gruppenbildung mit Kindern unterschiedlicher Altersstufen, unterschiedlicher Neigungen und Interessen erleichtert werden." Kinder können sich so ihrer eigenen Stellung in der Gruppe, sei es zu älteren oder jüngeren Kindern bewusst werden. Vorteil einer Altersmischung ist, dass die jüngeren Kinder von den Erfahrungsvorsprüngen der Älteren lernen, die in diesem Zusammenhang als „Lernlokomotive" bezeichnet werden. Die älteren Kinder wiederum lernen, auf die Bedürfnisse und Fähigkeiten der jüngeren Rücksicht zu nehmen (AG Vorschulerziehung 1974c, S. 21). Als weiterer Vorteil wird die Verschiebung von stark auf die Erzieherin zentrierten zu kindergruppenorientierten Lernprozessen genannt, in denen Erfahrungsprozesse wechselseitig verlaufen. Die Arbeit mit altersheterogenen Gruppen bietet außerdem eher „... die Entsprechung zwischen der Komplexität von Lebenssituationen, an denen zumeist verschiedene Altersstufen partizipieren und ebenso komplex organisierbaren Lernerfahrungen ..." (Gerstacker 1978, S. 197).
Altersgemischte Gruppen bieten auch die Möglichkeit, Kleingruppen unabhängig vom Lebensalter zu bilden, orientiert an den Bedürfnissen und Interessen der Kinder.
Auf organisatorischer Ebene wird die Chance gesehen, dass bei Exkursionen außerhalb des Kindergartens, die der Situationsansatz vorsieht, gegenseitige Verantwortlichkeit der Kinder vorausgesetzt wird, die dieses Prinzip fördern (vgl. Gerstacker 1978, S. 197).

So bietet das Zusammenleben von Kindern verschiedenen Alters den Kindern vielfältige soziale Erfahrungen und erleichtert die Integration von Kindern mit unterschiedlichen Entwicklungsvoraussetzungen. Wichtig ist allerdings diesbezüglich eine Individualisierung der pädagogischen Arbeit. Durch die Altersmischung haben die Kinder mehr Spielraum für individuelle Entwicklungsabläufe und werden weniger durch die Konkurrenz der Gleichaltrigen überfordert (vgl. Colberg-Schrader 1991, S. 77).

5.2.4 Offene Planung

Eine pädagogische Arbeit, die Lebenssituationen von Kindern als Ausgangspunkt nimmt, fordert eine veränderte Planung. „Es geht um eine Pädagogik, die in der konkreten Lebenswirklichkeit zunehmend mehr Lernmöglichkeiten und Erfahrungsräume erschließt und gleichzeitig nutzt ... Förderungsinhalte werden hier nicht mehr aus einem vorweg definierten oder durch Traditionen zustandegekommenen Themenkatalog bezogen, sondern im pädagogischen Prozess selbst entdeckt und weiterverfolgt" (Krug 1979, S. 201). Planung wird also nicht ausschließlich vorweg erledigt, sondern erfolgt im Wechselspiel zwischen pädagogischem Handeln, Beobachtungen in der Gruppe, Überlegungen zur Lebenswirklichkeit der Kinder und der Nachbereitung. So bezieht sich Planung auf weit mehr als nur auf gezielte Angebote, sie schließt das gesamte Geschehen im Alltag, die Raumnutzung, das Materialangebot und andere Faktoren mit ein (vgl. Colberg-Schrader 1986, S. 76). In einem demokratischen Prozess werden Kinder und andere Beteiligte in die Planung einbezogen, das heißt das Verhältnis der Erzieherin zu den Kindern ändert sich dahingehend, dass Lernende nicht mehr nur die Kinder und Lehrende die Erzieherinnen sind, sondern alle, die an dieser Lebenswirklichkeit teilhaben (vgl. Krug 1979, S. 201f). Inhalte können sich während der Bearbeitung in der Ausrichtung ändern. Offenheit gewinnt die Planung auch dadurch, dass sich Angebote nicht notwendig auf die Gesamtgruppe beziehen, sondern in wechselnden Untergruppen stattfinden.

Planung wird so langfristiger und umfassender, bezieht sich nicht nur auf die unmittelbaren Lernschritte des nächsten Tages. Dies erfordert eine andere Auseinandersetzung mit einem Thema: „Der Erzieher wird sich sehr viel mehr aneignen müssen als er in einer Woche oder einem Monat umsetzen kann, denn nur dann wird er im täglichen Gruppengeschehen Ansatzpunkte für naheliegende und notwendige Lernprozesse wahrnehmen und gezielt weiterverfolgen können." Dabei spielt die Reflexion der Arbeit eine große Rolle, aus der sich neue Beobachtungen, Entwicklungen und Konsequenzen ergeben für das weitere Vorgehen. So ist Planung kein einmaliger Akt, sondern muss immer wieder überdacht, abgeändert und ergänzt werden und erfordert Aufmerksamkeit und Einfühlungsvermögen der Erzieherin und vor allem viel Phantasie und Flexibilität in der jeweiligen Situation. Dieser Anspruch, offene Arbeit mit differenzierter Reflexion zu verbinden, setzt auf Seiten des Personals ein hohes Maß an Kompetenz voraus (vgl. Colberg-Schrader 1977, S. 36).

Wie kann nun eine solche Planung erfolgen?

Es sind vor allem drei Bereiche, in denen Situationen lokalisiert werden können, die möglicherweise Bedeutung für die Planung haben könnten: Die Familie, der Kindergarten und das Gemeinwesen. Hieraus ergeben sich Situationsanlässe, die aufgegriffen und im weiteren Verlauf durch Situationsanalysen und pädagogisches Handeln entfaltet werden (vgl. Krug 1979, S. 201). Einige Missverständnisse entstanden bei der Umsetzung des Situationsansatzes in der Praxis, da die offene Planung einen scheinbaren Widerspruch enthält zwischen dem Anspruch, etwas zu planen und zielorientiert durchzuführen und auf der anderen Seite die Forderung, auf das einzugehen, was von den Kindern und anderen Beteiligten als Beiträge kommt: „Entweder ich plane etwas und versuche das dann durchzuziehen; oder ich gehe auf das ein, was von den Kindern kommt. Aber wer kann das schon vorher wissen" (Colberg-Schrader 1986, S. 77ff)? In Einrichtungen wurde dieser Widerspruch teilweise so gelöst, dass kaum geplant wurde und jeden Tag aktuelle Situationen spontan aufgenommen wurden (vgl. Krenz 1991, S. 66-72: Ansatz zur Anlasspädagogik), was dem oben beschriebenen Vorgehen keineswegs entspricht. Beim Auswählen von Situationen geht es also nicht nur darum, mit den Interessen der Kinder mitzuschwingen, das heißt die Situation aufgreifen, sondern der Weitblick des Erwachsenen muss ins Spiel gebracht werden. Manchmal ist es auch nötig, Situationen zu schaffen. Die Erzieherin hat demnach nicht nur eine passive Rolle, sie ist diejenige, die interpretiert, ob eine Situation bedeutsam ist, allerdings mit dem nötigen Fingerspitzengefühl und Offenheit für Hinweise und Vorschläge von Kindern und anderen Beteiligten (vgl. Kater 1987, S. 65). Gerade neuere Literatur nimmt das Thema Offene Planung und Beteiligungsmöglichkeiten von Kindern auf und versucht, es für die Praxis zu erschließen (Mühlum & Lipp-Peetz 1994; Kappesz 1994, Kazemi-Veisari 1996a, TPS 2/2001: Kinder beteiligen).

5.2.5 Veränderte Rolle der Erzieherin oder: Alle sind Lehrende und Lernende

„Der Situationsansatz ist weder eine neuartige Vermittlungsmethode, noch eine Vorschrift über veränderte Inhalte, sondern er berührt das Verhältnis zwischen Erwachsenen und Kindern und das Selbstverständnis der Institution Kindergarten grundlegend" (AG Vorschulerziehung 1981, S. 295). Im Situationsansatz ist das klassische Verhältnis zwischen älteren Unterweisenden und jüngeren Lernenden nicht mehr angemessen. Alle die an der Lebenswirklichkeit teilhaben, können beides sein: Lehrende und Lernende. Dabei steht es außer Frage, dass Erfahrungen von Erwachsenen Kindern verfügbar gemacht werden können und sollen und die Erzieherin eine impulsgebende Rolle hat (vgl. AG Vorschulerziehung 1974c, S. 23). Sie kann auch Situationen schaffen und bestimmte Aspekte eines Themas einbringen. Wichtig ist dabei, dass sie sich als Lernende versteht. So wird Lernen nicht mehr als ein Vorgang verstanden, in dem eine pädagogische „Expertin" Lerninhalte vermittelt. Vielmehr wird Lernen als ein gemeinsamer Erfahrungs- und Kommunikationsprozess gesehen, in dem alle Beteiligten Lehrende und Lernende sein können und nicht mehr die Erzieherin die allein Sachverständige ist (vgl. Gerstacker 1978, S. 198).

Die Erzieherin soll durch ihr Vorbild Kinder anregen, neue Verhaltensmuster zu erproben. Es geht darum, „… dass Kinder im alltäglichen Zusammenleben mit Erwachsenen ein breites Spektrum von situations- und personbedingten Verhaltensweisen kennenlernen und mit ihnen zunehmend umgehen lernen" (Colberg-Schrader 1986, S. 50). Sie hat auch die Rolle der Planerin und Gestalterin von Erfahrungen und Vermittlerin von Kenntnissen: „Der Wissensvorsprung des Erziehers ist eine Tatsache, ebenso seine größere Übersicht über die Situationen … Es ist sinnlos, dieses Gefälle zwischen Erwachsenen und Kindern leugnen zu wollen, die Erwachsenen müssen vielmehr sehr wohl um dieses Gefälle wissen." Die Erzieherin soll eingreifen, wenn sie etwas weiß, wodurch die Gruppe einen Schritt weiterkommt. Es geht darum, dass Lernprozesse gemeinsam gestaltet werden, Kinder sich beteiligen können mit ihren Fragen und Interessen und die Erzieherin die Aufgabe hat, diese Lernprozesse zu strukturieren und anzuregen, ohne alles „besser zu wissen". Die Bemühungen der Erzieherin müssten dahin gehen, dass sie sich auf lange Sicht hin überflüssig macht. Sie sollte nicht glauben, dass der Erfolg eines Projektes von ihr abhängt, sondern sehen, „… dass ein Projekt dann gelungen ist, wenn es in starkem Maße von den Kindern abhing" (AG Vorschulerziehung 1974c, S.32 und 64).

5.2.6 Einbeziehung von Eltern und anderen Erwachsenen in die pädagogische Arbeit

„Eltern und andere Personen, mit denen Kinder über Projekte zusammenkommen, können als Erfahrungsvermittler einbezogen werden, als Mitwirkende und – im Sinne eines neu verstandenen Konzeptes von ‚Life long learning' als Mitlernende" (Zimmer 1973a, S. 55).

Bezieht sich die pädagogische Arbeit auf Lebenssituationen von Kindern, so ergibt sich daraus, dass Eltern nicht mehr nur „Zaungäste pädagogischen Bemühens" sind (vgl. AG Vorschulerziehung 1974c, S. 20). Eltern sind von Lebenssituationen ihrer Kinder wesentlich mitbetroffen, sie sind Mithandelnde. „Sowohl bei Entscheidungen über die Relevanz von Lebensfragen und -problemen, bei der Entscheidung über wünschenswerte Qualifikationen von Kindern, wie auch bei der Planung und Durchführung bestimmter pädagogischer Aktivitäten können Eltern beteiligt werden" (Gerstacker 1978, S. 196). Sie können sich demnach an der inhaltlichen Arbeit beteiligen, wo immer sie Interesse und Zeit dafür haben. Die Beteiligung von Eltern hat emanzipatorischen Charakter: Angesprochene Problemstellungen sind nicht nur für Kinder, sondern auch für Eltern von lebensgeschichtlichem Interesse, so dass sich Eltern als vollwertige Sachverständige beteiligen können.

Dasselbe gilt für andere Erwachsene, die als einzelne Sachverständige bei der pädagogischen Arbeit mitwirken können. Dies ist für Erzieherinnen einerseits entlastend, da die pädagogische Arbeit von mehreren Personen mitgetragen wird, andererseits wird von ihr eine Zusammenarbeit mit Eltern und anderen Erwachsenen gefordert, die auch zu kontroversen Meinungen führen kann, die auszuhandeln sind (Colberg-Schrader 1977, S. 74).

Hier wird das grundlegende Verhältnis von Erwachsenen und Kindern berührt und das Selbstverständnis der Institution Kindergarten mit ihrem Beitrag für die Lebensgestaltung von Kindern und Familien: Das Spannungsverhältnis zwischen familiärer Lebenswelt des Kindes und veranstalteter öffentlicher Kindererziehung wird thematisiert und damit versucht, dem künstlichen Inseldasein des Kindergartens immer wieder entgegenzuwirken (vgl. Colberg-Schrader 1991, S. 78f).

Für diese Art der Mitwirkung von Eltern eignen sich grundsätzlich die vielfältigen Formen der Zusammenarbeit mit Eltern wie Elternabende, an denen die pädagogischen Angebote mit den Eltern als Mitbetroffenen besprochen werden und sie Anregungen einbringen können. Auch bei Exkursionen ins Gemeinwesen können sowohl Eltern wie auch andere Erwachsene als Sachverständige mitwirken. In solchen Vorhaben können Eltern auf einer konkreten Ebene eine Mitverantwortung für die pädagogischen Ziele, Inhalte und Methoden des Kindergartens übernehmen (AG Vorschulerziehung 1974c, S. 21).

Die Mitwirkung von Eltern, wie sie der Situationsansatz vorsieht, ist seit 1991 im KJHG verankert, das eine Zusammenarbeit von Fachkräften mit den Erziehungsberechtigten zum Wohle des Kindes fordert. Weiterhin ist dort festgeschrieben, dass Erziehungsberechtigte in wesentlichen Angelegenheiten der Tageseinrichtung zu beteiligen sind. Damit hat der Gesetzgeber die Vorstellungen einer Zusammenarbeit mit Eltern, wie sie im Situationsansatz entwickelt wurden, zur verbindlichen Grundlage der Arbeit in Tageseinrichtungen gemacht. Aufgrund dieser Vorgaben erfordert die Zusammenarbeit mit Eltern heute weitere Aspekte, wie zum Beispiel die Frage, ob sich das Angebot der Einrichtung pädagogisch und organisatorisch an den Bedürfnissen der Eltern und Familien orientiert (vgl. Münder 1991, S. 125).

Dieser Anspruch kann auf Grenzen stoßen, da Eltern und andere Erwachsene diese Aufgaben zusätzlich zu ihrem Alltag wahrnehmen, in ihrer Freizeit. Deshalb ist die Zusammenarbeit mit Eltern und anderen Erwachsenen nur in kleinen Schritten zu verwirklichen (vgl. Zimmer 1973a, S. 56).

Es ist im Situationsansatz auch daran gedacht, den Kindergarten zu einem Kommunikationszentrum für Eltern zu entwickeln, wo Eltern Kontakte untereinander knüpfen können und sich gegenseitig beraten und helfen können, zum Beispiel in Fragen der Betreuung und Erziehung (vgl. Colberg-Schrader 1977, S. 70).

5.2.7 Generationsübergreifendes Lernen

Lebenssituationen, die im Kindergarten thematisiert werden, sind meist nicht nur für Kinder bedeutsam, sondern auch für Erwachsene – Erzieherinnen, Eltern, andere Erwachsene in der Umgebung. Denn nicht nur Kinder lernen in solchen Situationen, auch Erwachsene inner- und außerhalb des Kindergartens können dabei neue Einstellungen gewinnen (AG Vorschulerziehung 1974c, S. 22). Manche Lebenssituationen schließen auch Erfahrungen mit anderen als der eigenen und der Elterngeneration ein (vgl. Gerstacker 1978, S. 197). Oft ist das Verhältnis zwischen den Generationen unterbrochen oder gestört. Die ältere Generation sieht sich manchmal als Belehrende mit vielen Erfahrungen. Es müssen nicht immer die älteren Generationen sein, die einen Erfahrungsvorsprung haben und als Lehrende und Vorbilder für Kinder gesehen werden. Durch eine solche Haltung entsteht eine Hierarchie, die im Situationsansatz überwunden werden soll. Beide – Erwachsene wie Kinder – können in Situationen dazulernen. Die Kinder können versuchen, etwas von den Erfahrungen und Fähigkeiten der Erwachsenen zu übernehmen und sich auf sie einstellen. Die Erwachsenen wiederum sind aufgefordert, zu überlegen, wie man Kinder teilhaben lassen kann, ohne sie nur zusehen zu lassen. „Erwachsene werden in solchen Unternehmungen sowohl zu Erfahrungsvermittlern als auch – im Sinne lebenslangen Lernens – zu Mitlernenden" (AG Vorschulerziehung 1974c, S. 22).

5.2.8 Gemeinwesenorientierung oder: Lernen außerhalb der Institution

Der Situationsansatz geht prinzipiell davon aus, dass Spielen und Lernen dort angesiedelt wird, wo gelebt und gehandelt wird: nicht nur im Kindergarten, sondern auch in der Familie, der Nachbarschaft, der weiteren Umgebung des Gemeinwesens. Versucht man, lebensbezogene Lernprozesse zu fördern, liegt es nahe, „... Teile der Erfahrungsprozesse aus dem Kindergarten hinaus zu verlagern und auch soziales Leben in den Kindergarten hereinzuholen" (Gerstacker 1978, S. 198). Dadurch erfährt der Lernort Kindergarten eine Öffnung gegenüber dem Gemeinwesen. Es werden Lernorte außerhalb der Einrichtung erschlossen, was bedeutet, dass die klassische Distanz der Lehrenden zum alltäglichen Leben verringert wird (vgl. AG Vorschulerziehung 1974c, S. 24). Auf der anderen Seite werden Personen, Materialien und Informationen, die im täglichen Leben eine Rolle spielen, in den Kindergarten hereingeholt (vgl. Gerstacker 1978, S. 198).

Zentrales Anliegen der Gemeinwesenorientierung ist auch, „...den Kindergarten so in seine Wohnumgebung einzufügen, dass Bezüge zu den Eltern, zu Nachbarn, zu wichtigen Personen und Orten im Umfeld geschaffen werden und der Kindergarten selbst sein eigenes regional geprägtes Gesicht bekommt." Diese Öffnung zum Gemeinwesen hin verschafft mehr Teilhabe der Kinder am Leben in für sie überschaubarer Umgebung. Bei der Öffnung von Kindergärten geht es um zwei Ziele:

- „Gelegenheiten zu nutzen, bei denen Kinder ihr Nahumfeld intensiver erleben;
- Kinder in der Öffentlichkeit wieder in Erinnerung zu bringen und sich nicht damit zu begnügen, dass sie in der Institution ,gut aufgehoben' sind" (Colberg-Schrader 1991, S. 79 und S.151).

Auch die Zusammenarbeit mit anderen Institutionen und Fachleuten gehört zur Öffnung; wie zum Beispiel die Beziehungen zu anderen sozialen Diensten für Familien (vgl. Gerstacker 1978, S. 198). Öffnung des Kindergartens

hat natürlich Außenwirkung: „Die beste Öffentlichkeitsarbeit ist eine in ihrem Sinn auch für Außenstehende plausible Arbeit mit Kindern in der Öffentlichkeit" (Colberg-Schrader 1991, S. 152ff).

5.2.9 Raumausstattung und Materialauswahl oder: (Handlungs-)Räume gestalten

Ausgehend vom Bezug zu den Lebenssituationen der Kinder ist im Situationsansatz das Erlernen selbständigen Handelns wichtig, das heißt Wissens-
vermittlung im jeweiligen Situationszusammenhang. Diesem Grundsatz
sollte auch die Raumausstattung und die Materialauswahl verpflichtet sein
(vgl. AG Vorschulerziehung 1974b, S. 9).

Allgemeine pädagogische Kriterien für die Ausstattung

Es wurden Auswahl- und Beurteilungskriterien für die Ausstattung des Kindergartens formuliert, die allgemeine pädagogische Kriterien enthalten „...
die Grundsätze der Selbsttätigkeit der Kinder, der Wahlfreiheit für Tätigkeit
und Material sowie der Erfahrung konkreter Lebenssituationen" (vgl. AG
Vorschulerziehung 1974b, S. 9).
Der Grundsatz der Selbsttätigkeit bedeutet, dass zum Beispiel die räumliche Gliederung außen und innen nicht totale Überschaubarkeit und Kon-
trollmöglichkeiten erlaubt und dass der Einsatz und die Verwendungsmög-
lichkeiten der Materialien nicht an festgelegte Vorstellungen und Funktionen gebunden sind, sondern von den Kindern mitbestimmt, das heißt „um-
funktioniert" werden können. Des Weiteren ist wichtig, dass die Kinder mit
den Materialien möglichst selbsttätig hantieren können. Die Möglichkeit,
vorhandene Materialien und Ausstattungsgegenstände in beliebiger und
vielleicht unüblicher Weise zu verwenden, sollte den Kindern erlaubt sein
und gefördert werden (vgl. AG Vorschulerziehung 1974b, S. 8ff).
Wahlfreiheit als Grundsatz heißt, „... dass allen Kindern ein möglichst stark
differenziertes räumliches System verfügbar ist, in dem jedoch für gute Orientierung ... gesorgt ist; es hat insbesondere die Aufgabe, mit den Räumen
oder Raumteilen die Wahlfreiheit hinsichtlich bevorzugter Bezugsgruppen
und -personen zu gewähren oder auch Rückzugsmöglichkeiten für individu-
elles Handeln zu schaffen." In den Räumen sollte es möglich sein, verschiedene Bedürfnisse nebeneinander zu erfüllen, wie zum Beispiel Spielen und
Rückzug. Die Ausstattung sollte vielfältig sein, mit verschiedenartigen Materialien und in ausreichender Anzahl, damit reale Wahlmöglichkeiten vorhanden sind (AG Vorschulerziehung 1974b, S. 9).

Die Erfahrung konkreter Lebenssituationen wird ermöglicht, wenn zum Beispiel nicht alle Gefahren ausgeschaltet werden, sondern kontrollierbar gehalten werden. Es kann also auch Niveausprünge geben, Treppen, Galerien, Glasflächen und Werkzeuge.

Die Tätigkeiten der Erwachsenen sollte sich im Handlungsfeld der Kinder vollziehen, was bedeutet, dass Arbeitsräume und Arbeitsgeräte, die bisher Erwachsenen vorbehalten waren, unter diesem Aspekt neu bestimmt und möglichst zugänglich für Kinder gemacht werden (vgl. AG Vorschulerziehung 1974b, S. 11).

Ausstattungsgegenstände und Materialien sollten Bestandteile der Realität sein, wie Werkzeuge und Materialien zu ihrer Herstellung. Diese haben Vorrang vor vorgefertigtem Spiel- und Lernmaterial (vgl. Zimmer 1973a, S. 52).

5.2.10 Neuere Entwicklungen des Situationsansatzes

Die bisher beschriebenen Prinzipien beziehen sich vor allem auf den Situationsansatz in der Fassung der AG Vorschulerziehung, in den 70er Jahren entwickelt. Erst zu Beginn der 90er Jahre gab es wieder eine neue Diskussion um den Situationsansatz. Dies ist zum Teil in Zusammenhang mit der Wiedervereinigung der beiden deutschen Staaten zu sehen und der Anfragen aus den östlichen Bundesländern nach Konzepten für den Bereich Tageseinrichtungen.

- Die Autorinnengruppe des DJI (vgl. Colberg-Schrader 1991) griff diese Anfragen auf und fasste unter dem Titel „Soziales Lernen im Kindergarten" den aktuellen Diskussionsstand um den Situationsansatz zusammen, allerdings mit Bezug zu den ursprünglichen Merkmalen und Prinzipien.

Neuer Veröffentlichungen ergänzen die bekannten Prinzipien:

- Krenz (1991) entwickelt eine Arbeitskonzeption zum „Situationsorientierten Ansatz" in der sozialpädagogischen Praxis, die in einer Schrittfolge die pädagogische Planung und Durchführung gliedert. Sein Verdienst ist, dass er das Vorgehen bei der Planung und Durchführung präzisiert und gliedert.
- Die Weiterentwicklung des Situationsansatzes in Projekten des DJI oder: Auf der Suche nach neuen Wegen in der Kinderbetreuung: Bei den seit dem Erprobungsprogramm durchgeführten Projekten ging und geht es ... nicht mehr alleine um curriculare Aspekte, um Ziele der Pädagogik und die Lerninhalte für Kinder, sondern auch um die Struktur des Betreuung-

sangebots und um die Rahmenbedingungen (Schneider 1997, S. 135). Das DJI hat in seinen Projekten versucht, Prinzipien des Situationsansatzes in handlungsorientierten Forschungsprojekten weiterzuentwickeln. Was nicht erfolgte, ist eine Weiterentwicklung der Theorie des Situationsansatzes (vgl. Zehnbauer in Laewen 1997, S. 144). In einem Projekt ging es darum, bisher getrennte Institutionen der Kinderbetreuung wie Krippe, Kindergarten und Hort zu „Orten für Kinder" werden zu lassen (vgl. DJI 1994, S. 5). Einige Merkmale des Situationsansatzes werden hier in erweitertem Verständnis beschrieben, u.a. die neuere Diskussion um Lernen im Kindesalter und Konsequenzen für Kindertagesstätten, die Öffnung des Kindergartens nicht nur nach außen, sondern auch nach innen durch „offene Gruppen" in der Einrichtung. Auch das Merkmal der altersgemischten Gruppen, hier die erweiterte Form mit Kindern im Krippen-, Kindergarten- und Hortalter wird bearbeitet. Die im Situationsansatz entwickelten Merkmale und Prinzipien werden hier in die aktuelle Diskussion im Bereich Kinderbetreuung eingebunden.

- Die Überprüfung des Situationsansatzes in der Praxis; oder: Dem Situationsansatz auf der Spur … erfolgte im Projekt „Zur Evaluation des Erprobungsprogramms" (vgl. Zimmer & Preissing 1997; Preissing 1997). 15 Jahre nachdem 1978 das Erprobungsprogramm im Elementarbereich auslief, wurde dieses Projekt durchgeführt. Geprüft wurde, inwieweit und unter welchen Bedingungen zwischenzeitlich welche Merkmale des Situationsansatzes in die Praxis der Kindergärten Eingang gefunden haben. Es wurden Kindergärten untersucht, die größtenteils am Erprobungsprogramm teilnahmen. Das Projekt ergab, dass nur zwei der untersuchten Einrichtungen die damals intendierten Reformziele vollständig umsetzten. 16 Kindergärten zeigten deutliche Profile in diese Richtung, 14 Institutionen wiesen einzelne Elemente des reformierten Kindergartens auf und in 7 Einrichtungen wurden erhebliche Mängel festgestellt (vgl. Zimmer & Preissing 1997, S. 11ff). Fazit war u.a., dass die Umstände das Konzept an der Umsetzung hinderten und zu seiner Verwässerung oder auch Entstellung beitrugen … Demgegenüber wurde die prinzipielle Tragfähigkeit des Konzepts nicht in Frage gestellt (vgl. Liegle 1998, S. 323).

- Das Modellprojekt „Kindersituationen" in den östlichen Bundesländern und die „Praxisreihe Situationsansatz": Durch die Vereinigung der beiden deutschen Staaten entstand in den östlichen Bundesländern eine Diskussion über Konzeptionen im Elementarbereich. Das Modellprojekt lief von 1993-1997 in den östlichen Bundesländern. Die Ziele des Projektes waren zweifach: „Es ist einmal die Weiterentwicklung der sozialpädagogischen Praxis und zum Zweiten die Entwicklung offener Anregungsmaterialien" (Zimmer 1997a, S. 148f). Ein drittes Ziel bzw. Ergebnis ist die Weiterentwicklung des Situationsansatzes als Konzept, seine theoretische Fundierung und die stärkere Anbindung an die Wissenschaft: „Es ist der Wunsch nach grundlagenorientierten Studien zum Situationsansatz, nach der Präzisierung vager Anteile und der Behandlung offener Desiderata" (Zimmer 1997a, S. 153).

Hervorgegangen aus diesem Modellprojekt ist die „Praxisreihe Situationsansatz" bestehend aus elf Praxisbänden, einem Handbuch (vgl. Zimmer 1998), einem Diskussionsspiel und einer Materialbox. Die Prinzipien des Situationsansatzes sind geblieben, aber weiterentwickelt worden wie zum Beispiel Raumkonzeption, altersgemischte Gruppen. Sie wurden aber auch durch neue Grundlagen ergänzt, zum Beispiel interkulturelles Leben in der Kita oder ein Demokratiebuch. Die Bände der Praxisreihe sind praxisorientiert und eher erzählend, denn konkrete Inhalte beschreibend, wobei dies auch erklärtes Ziel ist, hier für das Handbuch formuliert: „Es ist kein klassisches Lehrbuch mit klaren Vorgaben, sondern eher ein Brevier, das pädagogische Spaziergänge in eine nicht-pädagogische Wirklichkeit begleiten will" (Zimmer 1998, S. 13). Die Theorie des Situationsansatzes bleibt so wiederum flach und oberflächlich.

5.3 VERGLEICH DER BEIDEN KONZEPTIONEN

Die Prinzipien, die dem Situationsansatz zugrunde liegen sind schwerpunktmäßig pädagogische. Sie liegen auf verschiedenen Ebenen, zum einen beziehen sie sich auf grundlegende Annahmen, wie zum Beispiel der Bezug zu den Lebenssituationen der Kinder und die Verbindung von sozialem und instrumentellem Lernen, zum anderen richten sie sich unmittelbar auf die pädagogische Gestaltung des Kindergartens, wie die restlichen Merkmale zeigen.

In der allgemeinen Literatur zum Situationsansatz, zum Beispiel den Anregungen I-III der AG Vorschulerziehung (1974 a-c) finden sich wenige Hinweise auf die konkrete Organisation des Alltags, zum Beispiel Personalausstattung, Öffnungszeiten, Fort- und Weiterbildung des Personals, fachliche Begleitung des Personals durch Fachberatung. So bleiben die Ausführungen zum Situationsansatz vorwiegend allgemein und sind Anregungen, zwar mit Bezug zur Praxis, aber dennoch nicht unmittelbar verbindlich für die Praxis. Die Umsetzung des Ansatzes hinsichtlich Rahmenbedingungen und pädagogischen Standards bleibt den einzelnen Einrichtungen überlassen und ist in deren Belieben gestellt. Die Gründe für die Umsetzung bzw. Nichtumsetzung können viele Faktoren betreffen, von der Ausbildung des Personals bis hin zur fachlichen Begleitung durch Fachberatung, Fort- und Weiterbildung, um nur einige zu nennen. Nicht zuletzt spielen die Rahmenbedingungen der Einrichtungen eine große Rolle, die vor allem durch die Finanzentscheidungen der Träger bestimmt werden. Dies ist sicher ein Grund dafür, warum die Umsetzung des Situationsansatzes sich in der Praxis eher schwierig gestalten kann. Hier ist ein Unterschied zur Reggio-Pädagogik festzustellen, die auch ein konkretes Organisationssystem für Konzeptionsentwicklung, Fortbildung usw. in ihren Grundlagen beschreibt. Zu den konzeptionellen Fragen des Situationsansatzes gibt es erst in allerjüngster Zeit Initiativen wie die Veröffentlichung des Kronberger Kreises (1998) und die Gründung des Institutes für den Situationsansatz in Berlin, das eine Weiterbildung zur Fachkraft für den Situationsansatz anbietet (vgl. Lipp-Peetz 1998b, S. 28).

Das Kind steht im Mittelpunkt: Postulat oder Grundsatz mit Folgen?

Der Situationsansatz fordert zwar, bei der pädagogischen Planung von den Lebenssituationen der Kinder auszugehen. Wie jedoch diese Situationen ermittelt werden können, dazu fehlen genauere Angaben und Instrumentarien, um Kinder zu beobachten und zu verstehen. So bleibt dieser Bezug zu den Lebenssituationen eher vage, steht als Postulat, dessen Umsetzung unklar bleibt, was der Stoßseufzer einer Erzieherin belegt: „Was ist denn eigentlich eine Situation" (WdK 3/98, S. 2)? Eine Schwierigkeit mag darin liegen, dass Konzepte aus der Erwachsenen- und Schulpädagogik in den Situationsansatz integriert wurden, dass jedoch eine „Übersetzung" auf kindliche Bedürfnisse und Voraussetzungen nicht genügend erfolgte. Dadurch kann der Blick auf die Entwicklung der Kinder und ihre Voraussetzungen verstellt werden und Kindern Aufgaben und Erwartungen zugeschrieben werden, die eher erwachsenenorientiert sind, zum Beispiel das Aushandeln im Gespräch. Der qualitative Unterschied zwischen dem Wahrnehmen und Denken von Kindern und Erwachsenen wird dabei kaum berücksichtigt, den die neuere Kindheitsforschung und die Entwicklungspsychologie belegt hat. Hier bietet die Reggio-Pädagogik ein gutes Beispiel, wie durch Einbeziehung dieser Erkenntnisse die individuelle Entwicklung von Kindern, ihre Art und Weise zu denken, zu lernen, zu verstehen gefördert wird. Erwachsene gewinnen immer mehr Erkenntnisse über Kinder und ihre Art, die Welt zu entdecken. Diese werden dann zur Grundlage für pädagogische Planung und Lernprozesse. Hier müsste der Situationsansatz erweitert und überarbeitet werden, um den Blick auf Kinder zu schärfen, um zu klären, wie ihre Belange ganz konkret berücksichtigt werden können im Sinne einer kindzentrierten Pädagogik.

Wie Pädagogik zum Projekt werden kann ... oder:
Vermittlung zwischen Theorie und Praxis

Beim Situationsansatz ist mit dem Ende des Erprobungsprogramms die Struktur, die für die Vermittlung zwischen Theorie und Praxis aufgebaut wurde, aufgelöst worden. Zwar gibt es in manchen Einrichtungen zuständige Fachberatungen, die auch konzeptionelle Arbeit begleiten. Sie haben jedoch oft zu viele Einrichtungen zu betreuen bzw. haben noch andere Aufgaben, so dass diese Beratung teilweise hilfreich sein kann, jedoch nicht schwerpunktmäßig den Anspruch hat, Theorie zu vermitteln. In der Reggio-Pädagogik hingegen ist das pädagogische Zentrum der Motor für Weiterentwicklungen, da dort durch regelmäßigen Austausch mit dem pädagogischen Personal und durch Weiterbildungen neue Theorien eingeführt, diskutiert und auf ihre Relevanz für die pädagogische Arbeit hin geprüft werden. Auch die Reflexion der pädagogischen Arbeit findet dort statt. Zu vermuten ist, dass deshalb die Theorie konkreter umgesetzt werden kann, da dieses System vom Erarbeiten neuer Erkenntnisse, deren Erprobung und der darauf folgenden Reflexion ein ständiges Forschen bedeutet. Auf die Bedeutung des pädagogischen Zentrums im Hinblick auf die Vermittlung zwischen Theorie und Praxis weist auch Beek (1998, S. 15) hin: „Das Kernstück der Reggio-Pädagogik bildet meines Erachtens das ‚Pädagogische Zentrum‘, in dem Pedagogista und Atelerista zusammenkommen, um sowohl die Konzeption permanent weiterzuentwickeln als auch, aufgrund ihrer Zuordnung zu den Einrichtungen, den kontinuierlichen Austausch zwischen Theorie und Praxis zu sichern, ... Wenn ich recht sehe, ist genau das weltweit einmalig, dass, zum Teil jedenfalls, wissenschaftlich ausgebildete Leute mit der Leitung und Beratung so weniger Kitas betraut sind, gleichzeitig mit Künstlern zusammenarbeiten, die vermutlich auch weltweit in diesem Umfang einmalig, ständige Mitglieder eines pädagogischen Teams sind, das wiederum kollektiv bzw. genauer gesagt ohne Vorgesetzte vor Ort funktioniert.“

6. Bildung und Lernen in beiden Konzeptionen

„Was tun Sie", wurde Herr K. gefragt, „wenn Sie einen Menschen bilden wollen?" „Ich mache mir einen Entwurf von ihm", sagte Herr K., „und sorge dafür, dass er ihm ähnlich wird." „Wer? Der Entwurf?" „Nein," sagte Herr K., „der Mensch" (Bertholt Brecht 1980, S. 386).

Brechts Zitat zeigt unterschiedliche Dimensionen des Bildungsbegriffes und macht deutlich, in welcher Spannbreite dieser Grundbegriff deutscher Erziehungswissenschaft gedeutet werden kann. Die beiden Begriffe „Lernen" und „Bildung" sollen hier nur im Zusammenhang mit der Elementarpädagogik erörtert werden.

Nachdem die Bildung im Elementarbereich jahrelang kaum ein Thema war, hat sie zurzeit Konjunktur: Fthenakis fordert für den Kindergarten eine kopernikanische Wende, beklagt Defizite und fordert u.a. den Umgang mit Computern und Fremdsprachen, um Kinder auf den Übergang zur Wissensgesellschaft vorzubereiten (vgl. Trauthig 2000, S. 22, Fthenakis 2000c, S. 6ff). Ein weiteres Projekt beschäftigt sich mit dem Bildungsauftrag von Kindertageseinrichtungen. Zentral ist nach dessen Ergebnissen das „konstruierende Kind". Die frühe Kindheit wird demnach vor allem zu Konstruktionsleistungen durch Auseinandersetzung mit anderen und der Welt genutzt. Wichtig sind hierbei die Beziehungsstrukturen und ihre Qualität, die die weitere Entwicklung des Kindes erheblich beeinflussen. Die wichtigste Erkenntnis ist, dass Bildung Selbstbildung ist, das heißt Bildungsprozesse der Kinder sind Konstruktionsprozesse (Abschlusstagung 2000, S. 148ff).

Ein drittes Projekt, das sich mit der Bildung im Elementarbereich beschäftigt, ist der Vorschlag des „Weltwissens Siebenjähriger" (vgl. Elschenbroich 1999, 2001). „Weltwissen entsteht bei Kindern in den ersten sieben Jahren stündlich und täglich. Das meiste davon weiterhin spontan, beiläufig, beim Mittun" (Elschenbroich 1999, S. 23). Auch hier werden Schlüsselqualifikationen gefordert, die in einen offenen Kanon von Bildungserlebnissen gefasst werden, welche Kinder auf das Leben in einer veränderten Welt vorbereiten (vgl. Elschenbroich 1999, S. 25, 2001). Die Autorin fordert klare Konsequenzen für Tageseinrichtungen, um dieses Weltwissen anzuregen: „Verwandelt Kindergärten in Labors, Ateliers, Wälder. Kinder können und wollen mehr lernen, als wir ihnen zutrauen." Sie formuliert ein Plädoyer gegen Langeweile und Monotonie in deutschen Kindergärten.

Diese müssen Bildungsstätten sein. Um sich von den Kindern mitnehmen zu lassen auf ihre Entdeckungsreise, „… dazu müssen die Erwachsenen ihrer Sache sicher sein. Nur wenn man viel weiß, kann man auf komplizierte Fragen einfache Antworten geben, Antworten, die neue Fragen auslösen" (Elschenbroich 2001a, S. 36).

Alle Projekte versuchen, neue Erkenntnisse zu gewinnen, was die Bildung von Kindern im Vorschulalter umfasst. Im Folgenden sollen zwei bestehende Konzepte auf diese Frage hin untersucht und verglichen werden. Zunächst erfolgt eine Annäherung an den Begriff der Bildung: Bildung ist zusammen mit Erziehung einer der Grundbegriffe deutscher Erziehungswissenschaft.

Das Kinder- und Jugendhilfegesetz (KJHG) sieht in § 22 als Aufgabe der Tageseinrichtungen für Kinder in der Bundesrepublik Deutschland neben der Betreuung und Erziehung auch die Bildung vor (vgl. Münder 1991, S. 125). Die Abgrenzung der beiden Begriffe Bildung und Erziehung gegeneinander ist schwierig und nicht einfach durch Definitionen möglich (vgl. Schwenk 1993, S. 208), zumal der Bildungsbegriff eine deutsche Sonderentwicklung ist und deshalb nicht in andere Sprachen übersetzt werden kann. Bilden bedeutet, „einer Sache Gestalt und Wesen geben". Der Begriff Bildung wird abgeleitet vom althochdeutschen „bildunga = Schöpfung, Verfertigung, Bildung, Gestalt" (Duden S. 991). Der Bildungsbegriff im weitesten Sinne wurde schon in der Antike benutzt. Ab Mitte des 18. Jahrhunderts fand er Eingang in die pädagogische Fachsprache. Als pädagogischen Begriff haben ihn vor allem Wilhelm von Humboldt und Heinrich Pestalozzi eingeführt. Auf Letzteren bezieht sich Fröbel u.a. in seiner Theorie der Elementarerziehung.

Der Begriff „Lernen" ist zusammen mit den Lerntheorien zunächst im Bereich der Psychologie zu finden. Fragestellungen nach Inhalt, Intentionen und Methoden des Lernens allerdings sind Themen der Erziehungswissenschaft. Beim Begriff „Lernen" gibt es, wie in anderen Bereichen der Psychologie auch, Definitionsprobleme. Deshalb soll hier nur kurz auf einige allgemeine Schlüsselbegriffe und Themen eingegangen werden. Allgemein bedeutet Lernen: sich in einer bestimmten Weise Wissen und Kenntnisse aneignen oder: Fertigkeiten erwerben. Eine dritte Definition beschreibt Lernen folgendermaßen: „Im Laufe der Zeit (durch Erfahrungen, Einsichten) zu einer bestimmten Einstellung, inneren Haltung, einem bestimmten Verhalten, Handeln gelangen, dazu in der Lage sein" (Duden S. 1667). Zentrale Begriffe im Bereich Lernen sind Veränderung und Erfahrung. „Lernen ist ein Vorgang, den man für eine beobachtete Veränderung ver-

antwortlich macht: Verhalten oder Verhaltensbereitschaft haben sich verändert, also muss Lernen stattgefunden haben (sofern man andere Prozesse
ausschließen kann)" (Weidenmann 1993, S. 996).

Erfahrung als Schlüsselbegriff zeigt, Lernen ist an Eindrücke, Inhalte, Informationen und damit an Umwelt und Verarbeitung von Umweltwahrnehmung
gebunden. „Lernen als an Erfahrung gebundener Prozess gilt für Kognitio-
nen, Emotionen, Verhalten ... gleichermaßen" (Weidenmann 1993, S. 996).
Die verschiedenen Lerntheorien unterscheiden sich hauptsächlich darin, in
welcher Form sie Begriffe wie „Erfahrung" und „Veränderung" interpretieren und konkretisieren.

Geht man von Theorien der kognitiven Organisation oder kognitiven Lerntheorien aus, dann wird dort vor allem die Frage bearbeitet, ob und innerhalb welcher Grenzen Verstärkungseffekte beim Menschen auf Einsicht
beruhen. Ein weiteres Thema dieser kognitiven Lerntheorien ist das soziale
Lernen, zum Beispiel das „Lernen am Modell" (Badura). Insgesamt gehen
sie davon aus, dass Reize nicht direkt Verhalten bewirken, sondern in einem komplizierten Prozess verändert und umgestaltet werden.

Für die Elementarpädagogik stellt sich die Frage, wie in Einrichtungen Lernen angeregt werden kann aufgrund der Kenntnisse aus der Psychologie
aber auch die weitergehende Frage, was gelernt werden soll. Deshalb spielt
der Begriff der Bildung in der pädagogischen Diskussion eine erhebliche
Rolle: Welche Bildungsinhalte ausgehend von welchen Bildungszielen sollen vermittelt werden?

In der Geschichte der deutschen Tageseinrichtungen für Kinder spielte die
Frage, was wie vermittelt werden soll, schon von Anfang an eine Rolle, wobei im Vordergrund zunächst vor allem die Hilfe für Familien in sozialen
Notlagen stand (vgl. Derschau & Thiersch 1999, S. 22). Dennoch wurden
immer schon Ziele, Inhalte und Methoden für diese Einrichtungen formuliert zum Beispiel von Comenius und den Philanthropen, die das Spiel als
eigentliches Mittel kindlicher Bildung sahen.

Systematisiert wurde der Bildungsaspekt für Kinderbetreuungseinrichtun-
gen durch Friedrich Fröbel. Er sah die Bildung von kleinen Kindern in seinem Gesamtkonzept der Menschenbildung vor. „Fröbel ... begründete erstmals umfassend die Eigenständigkeit der vor der Schule zu leistenden Erziehung und Bildung des Kleinkindes aus einem ganzheitlichen Menschenbild"
(Kessels 1978, S. 208). Er entwickelte eine anthropologische Begründung
für die besonderen kindlichen Lernbedürfnisse (vgl. Erning 1987b, S. 110).
Fröbel schrieb den von ihm gegründeten Einrichtungen, die er Kindergarten
nannte, einen Erziehungs- und Bildungsauftrag zu, der durch Spielgaben,

Bildungsstoffe und Bewegungslieder konkret umgesetzt wurde (vgl. Kessels 1978, S. 209). Die Früherziehung hat nach Fröbel das Ziel, den Tätigkeits- und Bildungstrieb zu fördern und er sah Bildungsbereiche für Kinder vor (vgl. Schmutzler 1994, S. 34f). Diese Frage wurde immer wieder diskutiert, u.a. 1920 auf der Reichsschulkonferenz in Berlin und abschlägig beschieden mit der Folge, dass der Kindergarten im Reichsjugendwohlfahrtsgesetzes (RJWG) von 1922 als Teil der Jugendwohlfahrt, heute Jugendhilfe, verankert wurde (vgl. RJWG nach Schmidt 1929). Dabei ist der Erziehungs- und Bildungsauftrag, wie ihn schon Fröbel forderte, nicht berücksichtigt, sondern die Pflege der Kinder betont (vgl. Schmidt 1929, S. 117). Die institutionelle Kleinkindererziehung war bis 1991 von dieser Gesetzgebung für die Jugendwohlfahrt aus der Weimarer Zeit geprägt. Erst mit dem KJHG, das seit 1991 in Kraft ist, wurde den Tageseinrichtungen für Kinder in § 22 ein Erziehungs- und Bildungsauftrag zugeschrieben (vgl. Münder 1991, S. 125). Anhand der geschichtlichen Diskussion um den Bildungsauftrag des Kindergartens wird deutlich, dass immer wieder kontrovers über die Frage debattiert wurde, ob und wie Lernen von Kindern bzw. der Bildungsauftrag eine Aufgabe für Tageseinrichtungen ist. Auch der immer wieder auflebende Streit um die fünfjährigen Kinder und die Frage, ob sie im Kindergarten verbleiben sollen oder in Vorklassen in das Schulsystem integriert werden, flammt seit den 20er Jahren immer wieder auf. Bei dieser Diskussion steht immer wieder der Bildungsauftrag des Kindergartens in Frage und die Überlegung, ob Kinder nicht früher in der Schule gezielt gefördert werden sollten. Deshalb müssen sich die bestehenden Konzeptionen im Elementarbereich der Frage stellen, ob sie dem Bildungsauftrag genügend nachkommen und wie dort jeweils Lernprozesse vorgesehen sind. Im folgenden Vergleich soll der Frage nachgegangen werden ob und wie Lernprozesse von Kindern in der jeweiligen Konzeption vorsehen sind und wie sie dem Bildungsauftrag nachkommen.

6.1 Lernen von Kindern: Der Bildungsaspekt in der Reggio-Pädagogik

„Es besteht … das Recht der Kinder, … Freude am Lernen zu empfinden und die eigenen Lernbedürfnisse zu befriedigen" (Malaguzzi 1998, S. 63).

„Kreatives Lernen der Kinder ist in Reggio nicht ‚erlaubt', sondern ‚erwünscht': es wird gefördert … Die Türen, das Nachdenken über die praktischen Vorgänge des Lernens stehen weit offen" (Malaguzzi 1992b, S. 115).

95

Bildung ist ein wichtiges Ziel in der Reggio-Pädagogik: da die Satzung eine „umfassend gebildete kindliche Persönlichkeit" vorsieht. Konkrete Bildungsinhalte werden in Zusammenarbeit von Erzieherinnen, Eltern und engagierten Bürger(inne)n in Form eines offenen Curriculums formuliert. Die Vorstellungen, wie Kinder lernen, hängen eng mit den Grundlagen über die Entwicklung von Kindern zusammen: Werden dem Kind aktive Gestaltungsmöglichkeiten beim eigenen Lernprozess zugeschrieben, ist es entscheidend, wie Kinder zu diesem Lernen angeregt und wie diese Lernprozesse organisiert werden.

6.1.1 Theoretische Grundannahmen zu Lernen und Bildung von Kindern

In der Reggio-Pädagogik werden Theorien des Lernens angeführt, die sich vor allem auf den sozialen Konstruktivismus beziehen. Der soziale Konstruktivismus geht davon aus, dass Konstruktionen von Bedeutungen bzw. Sinn zwar vom Individuum selbst konstruiert werden, dass diese mentalen Aktivitäten aber an einen sozialen Kontext gebunden sind.

Deshalb spielen in Reggio sowohl die individuelle Konstruktion von Wissen wie auch der soziale Kontext, der zu weiterer Auseinandersetzung anregt, wichtige Rollen. Über die Jahre hinweg haben die Reggianer in ihrer pädagogischen Arbeit mit Kindern den Blickpunkt auf die Prozesse und Potentiale des kindlichen Lernens gerichtet, auf die symbolischen Bedeutungen, die dem Wissen zugeschrieben werden und die Wege, wie Erwachsene dieses Wissen wiederum im besten Interesse der Kinder einsetzen (vgl. New 1998, S. 264).

Dabei bezieht sich die Reggio-Pädagogik auf die Theorien von Piaget und Wygotski, die sich mit der kognitiven Entwicklung von Kindern unterschiedlich beschäftigen. Vor allem Wygotski untersucht und beschreibt die soziale Dimension der Konstruktion von Wissen, womit die Bedeutung von Beziehungen zwischen Menschen unterstrichen wird (vgl. New 1998, S. 270). Die Beziehung zwischen Kindern und Erwachsenen ist wichtig, ebenso, dass diese Beziehung in das gesamte System der Einrichtung eingebunden ist.

Die Reggio-Pädagogik basiert somit auf einer Theorie des Wissens, die Denken und Lernen als soziale und kommunikative Ereignisse definiert, als „co-konstruktive" Erfahrungen für beide, Kinder und Erwachsene (vgl. Edwards 1995, S. 85). Ein weiterer Grundsatz der Reggio-Pädagogik, der damit in Verbindung steht, ist die „Idee der Beziehungen". Sie geht davon aus, dass die Beziehungen der Dinge zueinander wichtig sind. Sie ergeben ein komplexes Netzwerk von Beziehungen. Kinder lieben diese Beziehungen und die ihnen innewohnende Dynamik (vgl. Cadwell 1997, S. 38). Die Reggio-Pädagogik geht weiter davon aus, dass Kinder „über außerordentliche Fähigkeiten der Selbstorganisation und der selektiven Neuorganisation ..." verfügen. Deshalb geht es darum, den Kindern bei ihrer Auseinandersetzung mit der Welt zu helfen, wobei alle ihre Fähigkeiten, Kräfte, Ausdrucksmöglichkeiten eingesetzt werden: „Dies sind die Bedingungen, die es den Kindern ermöglichen können zu verstehen, wie ihr Spielen, Sehen, Hören, Tun und Denken sie zum Wissen bringt, und wie dieses Wissen wieder anderes Wissen hervorbringt.

Ein Wissen, das nicht nur Erweiterung und Selektion von Bedeutungsinhalten, sondern auch Wohlbefinden, zunehmende Fähigkeiten, Entwicklung des eigenen Ich ist." Deshalb steht bei vielen Projekten pädagogisch eine planmäßige und abwechslungsreiche Erfahrung im Tun und Handeln im Mittelpunkt. „Dabei soll das Wissen zu einem System von handelnder Erforschung und Reflexion werden, sowohl im Hinblick auf die Zusammenhänge von Sprache und Intellekt sowie auf den Erwerb von Kenntnissen und Fähigkeiten" (Malaguzzi 1985, S. 3 und 5).

Die Reggio-Pädagogik bezieht sich also auf theoretische Grundlagen des Konstruktivismus und sieht Wissenserwerb als einen komplexen Vorgang, der den Kindern jedoch auch Wohlbefinden bereiten und sie zu weiterem, eigenständigen Erwerb von Wissen anregen soll.

6.1.2 Ganzheitliches Lernen oder: Kinder lernen durch Sehen, Begreifen und Verstehen

„Das Kind verlangt ein ganzheitliches Verständnis. Die Kultur der Erwachsenen jedoch ist eine Kultur der Trennung und Unterscheidung, sie ist in viele Disziplinen geteilt. Lernen sollte ein Eintreten sein in das Verständnis der gesamten Welt. ... die Hände, der ganze Körper des Kindes sind wesentliche Instrumente seiner Sprache" (Malaguzzi in Schöneberg 1985, S. 11).

Den reggianischen Pädagoginnen ist es wichtig, dass die Kinder ihre Erfahrungen möglichst durch alle Sinneskanäle aufnehmen, um so Kenntnis über die Umwelt aktiv zu erlangen. Die vielfältigen Materialien, die angeboten werden, zielen nicht auf das Üben rein kognitiver Fähigkeiten, sondern auf ein Lernen mit Kopf, Herz und Verstand. Aus diesem Grund gelten das Sehen, Begreifen und Verstehen im reggianischen Konzept als eng miteinander verknüpfte Teile der kindlichen Lernprozesse. Es gibt einen engen Zusammenhang von sinnlicher Anregung und aktivem Lernen, um den die Reggianer wissen und deshalb als Ziel ihrer Arbeit formulieren. Demnach ist es ein weiteres wichtiges Ziel der Reggio-Pädagogik, Kindern sinnhafte Lernerfahrungen zu vermitteln, „… wobei alle Sprachen und Ausdrucksmöglichkeiten der Kinder gemeint sind: ihre affektiven, sozialen, kognitiven und ästhetischen Fähigkeiten, die einbezogen werden" (Dreier 1993, S. 75 und 79).

Durch Einbeziehung der gesamten Sinnesorgane des Kindes in den Lernprozess, vor allem der Augen, Ohren und Hände, werden sowohl die Leistungsfähigkeit als auch die Fähigkeit, sich in Dinge und das Geschehen hineinzuversetzen und sie feinfühlig aufzunehmen, wiedererlangt (vgl. Malaguzzi 1985, S. 4). Hier geht es darum, dass die Konzentrationsfähigkeit der Kinder durch bewusste Wahrnehmung gefördert wird (vgl. Edwards 1993, S. 76). Deshalb ist das Ziel, eine ganzheitliche und umfassende Entwicklung des Kindes zu gewährleisten und entsprechend Lernprozesse anzuregen, von großer Bedeutung: „Sich als Ganzes zu fühlen, ist für das Kind – wie für jeden Menschen – eine biologische und kulturelle Notwendigkeit: ein lebensnotwendiger Zustand des Wohlbefindens" (Malaguzzi in Dreier 1993, S. 75). Die Reggio-Pädagogik formuliert in ihren Zielen ein ganzheitliches Lernen der Kinder und setzt dieses dann auch in die Praxis um, indem versucht wird, Lernprozesse unter Einbeziehung aller Sinne anzuregen.

6.1.3 Das Lernen lernen

„Dieser Grundsatz ist in der Satzung festgehalten. Sie sieht bezüglich Bildungsinhalten vor, dass Kinder in enger Verbindung zum sozialen Umfeld nicht alle vielfältige Kenntnisse über die Welt erwerben sollen, sondern vielmehr lernen, ‚wie man lernt' und somit die grundlegenden Strukturen für alle weiteren Lernschritte entwickeln" (Dreier 1993, S. 65).

Die Reggio-Pädagogik geht davon aus, dass Kinder und Erwachsene gemeinsam suchen und nachforschen und Erwachsene ihre Erfahrungen unter anderen einbringen. Das Kind wird als Wissensträger akzeptiert. Theoretische Grundlage für diese Annahmen ist das „Konzept der Relativität": „Es ist die Erkenntnis, dass mein Wissen Teil eines größeren Wissens ist, dessen Gesamtheit nur durch die Zusammenarbeit vieler ermöglicht wird … Wir dürfen nicht vergessen, dass das Kind in Zeiten rascher Veränderungen lebt und ihnen in Zukunft ausgesetzt sein wird. Deshalb müssen wir ihm immer weniger geschlossenes Wissen vermitteln, dafür aber Strukturen, mit deren Hilfe es sich Wissen aneignen kann" (Rinaldi 1990, S. 102). Es geht also darum, das Lernen zu lernen. Kinder und Erwachsene sollen gerne zusammen spielen, arbeiten, reden, denken, erfinden. Es geht auch darum, sich zu bemühen, etwas über das menschliche Wesen und seine Beziehungen zu Dingen zu erforschen (vgl. Malaguzzi 1985, S. 1). Da diese Beziehungen komplex sind, ist es wichtig, Strukturen zu kennen, die helfen, die Komplexität zu ordnen. Kinder entdecken bei diesen Auseinandersetzungen immer wieder eine unbekannte Welt, die es zu begreifen gilt. Sie entdecken das „… Bild einer Welt, die sich ihrerseits verändert, die man jedoch verstehen muss, um ihr bei ihren Veränderungen zu helfen. Deshalb heißt es im reggianischen Erziehungskonzept ausdrücklich: Fördern wir bei den Kindern den Zugang zum Wissen durch den Zugang zum Wandel der Dinge" (Malaguzzi 1985, S. 11ff).

Dieses Lernen kann anstrengend sein für Kinder und Erwachsene. Deshalb müssen beide dieses Lernen lernen. So erschließt es sich dem Kind, dass es schön sein kann, auch dann zu lernen, wenn dies ein wenig Mühe kostet. Es muss spüren, dass es von allen im Umfeld geachtet und anerkannt wird. „Das Kind muss die von uns [Erwachsenen, D.R.] wieder zu entdeckende Fähigkeit zum Staunen spüren; es muss unsere Verblüffung erleben können. Es geht also darum, dass wir die Fähigkeit, sich wundern zu können, wiedererlangen und wir die damit verbundenen Gefühle genießen können" (Malaguzzi 1992a, S. 30).

Eine wichtige Rolle bei all diesen Lernprozessen spielt die Frage, wie Kinder und Erwachsene sowie Kinder untereinander sich gegenseitig Anregungen bieten. Wie kann beim Lernen das Vermitteln bzw. das Lehren aussehen? Malaguzzi (1993, S. 79) formuliert dieses Verhältnis von Lernen und Lehren bzw. Vermitteln in einem Bild: Lernen und Lehren sollten nicht an gegenüberliegenden Ufern stehen und den vorbeifließenden Fluss beobachten. Statt dessen sollten sie sich zusammen in ein Boot verladen, um gemeinsam eine Reise dem Wasser entlang zu machen. Durch einen aktiven, wechselseitigen Austausch kann Lehren das Lernen bestärken und dazu anregen, wie man lernen kann.

6.1.4 Gemeinsames Lernen durch Interaktion

„Wir stellen uns die Interaktion wie ein Ping-Pong-Spiel vor" (vgl. Malaguzzi 1993, S. 61).

„Die Reggio-Pädagogik geht aufgrund ihrer Beobachtungen und praktischen Erfahrungen in Projekten und der Theorie davon aus, dass Intelligenz und

Gedanken nicht nur Besitz des einzelnen Individuums sind, sondern auch ein Besitz, der sich aus beziehungsreichen Prozessen, die sich in besonderen sozialen und kulturellen Situationen aufbauen, ergeben kann" (Malaguzzi 1990, S. 24-28).

Kinder sollen in reggianischen Einrichtungen das Privileg haben, auch durch Kommunikation und konkrete Erfahrung zu lernen (Malaguzzi 1993, S. 63). Erzieherinnen aus Reggio weisen auf die grundlegende Bedeutung von Zusammenarbeit und Interaktion für die intellektuelle Entwicklung hin. Sie bezeichnen diese Zusammenarbeit als „co-action" (vgl. Edwards 1994, S. 76). Demnach wird der Erkenntnisprozess der Kinder durch Interaktion und soziale Kooperation sowohl in der Entstehung als auch in der Entwicklung begünstigt (vgl. Spaggiari 1990, S. 8-9). Für diesen Prozess der intellektuellen Entwicklung sind „Momente des Konfliktes" genauso nötig wie „Momente der Kooperation" (Edwards 1994, S. 76).

Die Reggio-Pädagogik geht von einem wechselseitigen Lernprozess zwischen Kindern und Erwachsenen aus. Es geht darum, wie Erwachsene die Interessen der Kinder aufnehmen. Hierbei ist es nötig, dass Erwachsene ihre Kenntnisse sowohl über das Thema als auch über den Entwicklungsstand der Kinder und Vermutungen über die Interessen hinter der Oberfläche einsetzen, um Lernprozesse bei ihnen anzuregen. Kinder sind zwar gleichrangig in diesem Verhältnis, aber Erwachsenen nicht gleich. Ihre Ideen und Vorstellungen haben eine eigene Qualität, können jedoch durch Anregungen von Erwachsenen noch erweitert werden.

Für die Zusammenarbeit der Kinder untereinander ist es zunächst wichtig, dass die Umgebung diese Zusammenarbeit ermöglicht und fördert. Kinder müssen „...das Glück haben, mit anderen Kindern zusammenzusein, um so einen überaus fruchtbaren Markt an Ideen, Austausch und kooperativen Konflikten aufzubauen, den kein Erwachsener anregen und durchführen könnte" (Malaguzzi 1990, S. 24-28). Praktisch wird dies in Reggio umgesetzt, indem es dort altershomogene Gruppen gibt. Die Kinder sind in ihrer Entwicklung auf einem ähnlichen Stand und regen sich dadurch gegenseitig an. Die gemeinsame Lerngeschichte wird dokumentiert, indem die Gruppen zwar jedes Jahr den Raum wechseln, die Dokumentationen und persönlichen Werke der Kinder aber mit umziehen und zeigen, wie sie sich entwickelten. So bietet die Raumgestaltung Anregungen, sich mit dem bereits Gelernten auseinanderzusetzen.

In der Zusammenarbeit und Auseinandersetzung sowohl mit Gleichaltrigen, ihren Ideen und Vorschlägen als auch mit Erwachsenen liegen demnach viele Lernmöglichkeiten für das einzelne Kind.

6.1.5 Die Lust am Lernen oder: Der „Flirt mit der Welt"

„Die Lust am Lernen, am Wahrnehmen und Verstehen ist eine der fundamentalsten Erfahrungen, die das Kind sich allein, mit Gleichaltrigen oder mit Erwachsenen erhofft.
Eine entscheidende Erfahrung, die bestärkt werden muss, damit die Lust auch weiter besteht, wenn sich in der Realität erweist, dass es Mühe und Anstrengung kostet zu lernen, wahrzunehmen und zu verstehen. … Und gerade durch diese Überlebensfähigkeit kann die Lust in Freude übergehen" (Malaguzzi 1985, S. 1).

Die Lust am Lernen ist ein wichtiger Grundsatz in der Reggio-Pädagogik. Sie soll gefestigt werden, auch wenn es anstrengend wird. Bei der Festigung spielt das gemeinsame Lernen eine wichtige Rolle (vgl. Göhlich 1990, S. 5). Die Lust am Lernen wird als „vergnügliches Lernen" beschrieben. Es geht darum, sich in Situationen zu begeben, in denen noch nicht alle Antworten fertig sind, die also noch Herausforderungen bieten. Wichtig ist aber, dass man trotz der Anstrengung spürt: Es gibt Möglichkeiten, eine Antwort zu finden, bzw. eine Situation zu lösen.

In der Reggio-Pädagogik wird die Beschäftigung mit einem Gegenstand oder Thema auch als „Flirt" bezeichnet: Es geht dabei nicht um das Üben rein kognitiver Fähigkeiten, sondern um einen „Flirt mit den Objekten" (Dreier 1993, S. 75). Hier macht es einen großen Unterschied, ob ein Objekt das Kind kalt lässt, das heißt nur zu oberflächlicher Betrachtung und Beschäftigung anregt oder ob ein „Flirt", ein „sich Verlieben" stattfindet. Beim Entstehen dieser Beziehung wird die Oberfläche durchdrungen: „Wenn für das Kind eine durch Informationen und Emotionen befriedigende Annäherung erreicht ist, dann – so Malaguzzi – findet ein qualitativer Sprung statt, von dem völlig unerwartete graphische Darstellungen und verbale Beschreibungen zeugen" (Lay 1987, S. 46). Um diese Beziehung herzustellen, ist es notwendig, dass Kinder einen Gegenstand ganzheitlich erfassen und erfahren, das heißt begreifen können. Entscheidend sind also nicht die Gegenstände und Materialien, nicht sie haben Bedeutung, sondern die Beziehung, die Bewegung, der Prozess (vgl. Malaguzzi in Dreier 1993, S. 76). In Reggio wird der Dialog zwischen dem Kind und seiner Umwelt ernstgenommen und zum Ausgangspunkt für den Umgang mit Materialien. Dieser Dialog entsteht aus der Beziehung des Kindes mit dem Objekt: „Die Gegenstände und Objekte der Umwelt sind wichtige und aktive Gesprächspartner des Kindes. Wir können von einem Dialog zwischen Kind und Objekten und einem Lernen durch sie sprechen" (Rinaldi in Dreier 1993, S. 30f).

Die Lust am Lernen soll die Phantasie anregen. Es entspricht der Art der Kinder, Phantasie und Wirklichkeit ständig zu mischen: „Ihre Phantasie wird immer mehr angeregt, um die Welt und die Umgebung und sich selbst zu entdecken." Zum reinen Wissen, zur Rationalität gehört immer auch Phantasie, um geniale Lösungen zu entwickeln und um das Wissen anzuwenden: Auf die Mischung zwischen Rationalität und Phantasie kommt es an und darauf, die richtigen Fragen zu stellen (vgl. Dolci in Reggio HH 1990, S. 118).

Um dieses vergnügliche und phantasievolle Lernen anzuregen, ist es wichtig, dass den Kindern genügend Zeit gegeben wird und sie nicht zu früh von den Erwachsenen mit „ihrer" Zeit, „ihrem" Rhythmus und „ihren Maßen" eingeengt werden (Malaguzzi 1985, S. 5).

6.1.6 Lernen als Prozess oder: Lernen heißt forschen und neugierig sein …

„Wichtiger als das Finden einfacher Lösungen ist das Entdecken der richtigen Fragen" (Spaggiari in Dreier 1993, S. 94).

„Bei einem Projekt entstehen … Probleme und Fragen – und die Kinder merken das genau – die dem Interesse und dem Wissen Tür und Tor öffnen. Probleme haben eben diese außerordentliche Eigenschaft. Wenn eine Situation sich zuspitzt oder die Möglichkeit erhält, sich im Innern zuzuspitzen, wird alles viel leichter" (Malaguzzi 1985, S. 7).

Beim Lernen von Kindern geht es zunächst darum, sich an lebensnahen und prozessorientierten Lernschritten der Kinder auszurichten, das heißt, „dass die Wirklichkeit selbst in viel stärkerem Maße als realitätsferne Lernprogramme Anlass zum Forschen und Entdecken bietet" (Dreier 1993, S. 79f). Bei diesem Lernprozess sind nicht die Antworten wichtig, sondern der Prozess – dass Erwachsene und Kinder zusammen auf der Suche nach Antworten sind und gemeinsam lernen. Die Reggio-Pädagogik geht davon aus, dass Kinder nach dem wahren Sinn des Lebens suchen. Das pädagogische Personal glaubt an die Möglichkeiten der Kinder, zu wachsen. Deshalb geben sie keine vorschnellen Antworten, sondern laden die Kinder ein, nachzudenken, worin die Antwort liegen könnte. Die Herausforderung liegt darin, Kindern zuzuhören. So können gemeinsame Antworten gefunden, Wunder und Neugier geteilt werden (vgl. Rinaldi in Cadwell 1997, S. 63). Bei diesem Prozess, dem gemeinsamen Suchen nach Antworten, geht es darum, Kinder und ihre Antworten, Ideen und Vermutungen ernstzunehmen. Die Reggio-Pädagogik geht davon aus, dass der kindliche Lernprozess kein einfaches Ursa-

che-Wirkungsverhältnis ist, sondern ein komplexes Aneignungs-Wirkungsverhältnis. Die Annahme hat natürlich Konsequenzen für die Rolle der Erwachsenen, da es nun nicht mehr darum gehen kann, ein passives Kind
etwas zu lehren, sondern ein aktives Kind in seinen Lernprozessen zu unterstützen. Lernen erfolgt durch die Methode des Vermittelns als aktiver Prozess, vor allem durch Projekte (vgl. Filippini 1994, S. 10f).

Werden Lernprozesse bei Kindern angeregt, ist es notwendig, den Kindern
zu ermöglichen, „nichtbanale Sachen" zu machen. Das Banale entsteht,
wenn man sich zu wenig Fragen stellt, zu wenig Schwierigkeiten macht und
sich keinen eigenen Standpunkt aneignet. Banales entsteht auch durch eine
zu geringe bzw. unzureichende Entwicklung der Möglichkeiten, die Kindern und Erwachsenen zur Verfügung stehen. Es reicht nicht aus, dass Kinder mit Erwachsenen zusammen sind, damit das Banale überschritten wird.
„Es muss schon so sein, dass dieses Zusammensein Neugier erweckt, Bewegung, Austausch von Meinungen, sich loslösen von den Dingen, die man
schon weiß, und vertrauensvoll und mit den eigenen Mitteln auf das zugehen, was man noch nicht kennt" (Malaguzzi 1997, S. 201). Die Pädagogik
soll deshalb schon bei kleinen Kindern nicht vom ganz „Einfachen" ausgehen, sie muss von der Komplexität ausgehen, „… denn komplexe Situationen sind in Wirklichkeit für die Kinder die einfachsten, weil die Bedeutung
der Beziehung eine dynamische ist, weil der Zusammenhang der einen mit
der anderen Sache und ihre Reaktionen aufeinander deutlich wird" (Malaguzzi in FH Frankfurt 1987a, S. 22). Deshalb sollte die Pädagogik nicht
vom Isolierten ausgehen, sondern anregen, dass Kinder lernen, Beziehungen zu gestalten.

Die beliebteste Art der Kinder zu lernen ist die, als Fulltime-Forscher aktiv
zu sein, unermüdlich Aktionsumläufe, Ideen und Theorien umzuarbeiten.
So erobern sie sich die Welt und das Leben. Kinder lernen also empirisch
und erforschend und man bemerkt dabei meist große Veränderungen im
Verhalten der Kinder: „… eine genaue Beobachtung, eine Zunahme der Gesichtspunkte, eine wachsende Fähigkeit, geistige Handlungen zu koordinie-
ren … bis hin zur Schaffung hervorragender Sinngebungen und einer größeren Beweglichkeit im Urteil" (Malaguzzi 1990, S. 24-28). Um diese Prozesse anzuregen, muss sich das Personal immer wieder vergegenwärtigen, dass
Kinder Gaben, Potentiale und Kompetenzen haben, die sie gerne mit einbringen: Je weiter deshalb die Reihen der Möglichkeiten sind, die wir Kindern anbieten, desto intensiver wird ihre Motivation sein und desto reicher
ihre Entdeckungen. Aufgabe der Erwachsenen ist es, die Reihe von Themen
und Zielen zu erweitern, ebenso die Art der Situationen, die angeboten wer-

den, die Arten und Kombinationen der Ressourcen und des Materials und die möglichen Interaktionen mit Dingen, Gleichaltrigen und Erwachsenen (vgl. Malaguzzi 1993, S. 73). Erwachsene sollten die Kinder also bei ihren Forschungen unterstützen. Auch Versuch und Irrtum muss für die Kinder möglich sein. Dazu brauchen Kinder Freiheit, etwas zu erforschen, ausprobieren zu können, Fehler zu machen und zu korrigieren. Sie müssen wählen können, wofür und mit wem sie ihre Neugier, ihre Intelligenz, ihre Emotionen einsetzen und teilen, Verbindungen zwischen einzelnen Dingen herstellen und die Welt in Bewegung versetzen (vgl. Malaguzzi 1985, S. 5). Damit Kinder forschen und ihre eigenen Theorien entwickeln können, sind Zeit, Raum und Möglichkeiten notwendig (vgl. Malaguzzi 1992b, S. 115). Pädagogik muss also Situationen schaffen, in denen Kinder ihre entwickelten Theorien überprüfen können (vgl. Filippini 1994, S. 10). Deshalb sollten ihnen mehr Forschungsgelegenheiten geboten werden als traditionell gewohnt (vgl. Malaguzzi in FH Frankfurt 1987a, S. 24 ff). In Reggio versucht man, „… Kindern in ‚kleinen Situationen' die Möglichkeit zu geben, selbst die Lösung eines Problems zu finden". Dies wird zu einer geistigen Haltung: Probleme als Herausforderung zu sehen (vgl. Davoli in Reggio HH 1990, S. 86).

6.1.7 Prinzipien und Bedingungen für Lernprozesse

„Für das Leben lernen" ist eines der Prinzipien, die allen Lernprozessen in der Reggio-Pädagogik zugrunde liegen. Ebenso gilt als weiteres wichtiges Prinzip die Ausrichtung des Lernens an den Interessen der Kinder. Deshalb gibt es in Reggio keine festen Lernprogramme, sondern die Konzeptionen und Projekte entsprechen einem offenen Curriculum. Da kindliche Lern- und Aneignungsformen nie kollektiv erfolgen und jedes Kind sich auf ganz eigene Weise einen Zugang zur Welt schafft, ist es nötig, verschiedene, vielfältige Angebote, die zu Einzel- oder Gruppenaktivitäten anregen, zu entwickeln (vgl. Dreier 1993, S. 80). Den Kindern sollten, sowohl durch Interaktion mit Erwachsenen und anderen Kindern als auch durch eigenes Tun, individuelle und soziale Lernerfahrungen vermittelt werden. Dazu muss die Umgebung so gestaltet sein, dass der kognitive Bereich mit dem Bereich der Beziehungen und Affekte zusammentrifft, das heißt ein ganzheitliches Lernen möglich ist (vgl. Malaguzzi 1993, S. 61). Auch die Dokumentation trägt dazu bei, Lernerfahrungen anzuregen, indem sie Denk- und Lernprozesse sichtbar macht, Kinder können vergleichen, sich erinnern. So wird das eigene Wachsen und Lernen ebenso transparent wie das anderer Kinder und sie können verstandene Lernprozesse wiedererkennen und nochmals nachvollziehen, um eventuell neue Aspekte im Nachhinein zu entdecken (vgl. Schenker 1993, S. 91 u. 93).

Kinder müssen die Freiheit haben, ohne Angst oder Beunruhigung zu denken, zu verhandeln und zu handeln. Dazu braucht es eine Atmosphäre, in der Kinder mit ihren Ideen, Vorstellungen, Experimenten respektiert werden, auch wenn Erwachsene vielleicht schon wissen, wie es sich verhält, eine Atmosphäre in der Erwachsene ihnen vermitteln, dass sie die Lernprozesse begleiten, Kinder dabei beobachten und auch ihren Wegen folgen: Wir als Erwachse müssen „... versuchen herauszufinden, welche Entscheidungen und Ausrichtungen ihres Tuns und Denkens sie nach und nach erschließen möchten, welche sie für so bedeutsam und wichtig betrachten, dass sie dazu noch eingehendere Arbeits- und Ausführungsvorschläge haben möchten" (Malaguzzi 1985, S. 5). Es ist also die Aufgabe der Erwachsenen, herauszufinden, was Kinder lernen möchten und ihre Sachkenntnis durch eigene Vorschläge und Beiträge zu erweitern und so zu neuem Lernen anzuregen.

6.2 Lernen von Kindern: Der Bildungsaspekt im Situationsansatz

„Die Aufgabe vorschulischer Lernangebote sollte sein: Kinder verschiedener sozialer Herkunft und mit unterschiedlicher Lerngeschichte zu befähigen, Situationen ihres gegenwärtigen und zukünftigen Lebens zu bewältigen" (AG Vorschulerziehung 1974a, S. 14).

„Das ist wie bei Ali Baba ... Du stehst vor dem Berg. In ihm ist das Wissen dieser Welt enthalten. Du klopfst mit deinen Kindern an die Tür. Die Tür öffnet sich. Ihr holt das Wissen heraus, das ihr braucht, und zwar nur das, und macht die Tür wieder zu. Bis zum nächsten Mal" (eine Erzieherin in Zimmer 1998, S. 42).

Das Lernen spielt im Situationsansatz ebenfalls eine große Rolle. Deshalb wurde es in einigen Merkmalen und Prinzipien direkt verankert, zum Beispiel die Bestimmung von Situationen als Lerninhalte durch den Bezug zu Lebenssituationen, das Lernen in altersgemischten Gruppen, das soziale Lernen und die Verbindung mit instrumentellem Lernen, die Beziehung von Lernenden und Lehrenden und generationsübergreifendes Lernen.

6.2.1 Lernen in Lebenssituationen oder: Schlüsselsituationen gehören zum Leben

„Es wird grundsätzlich davon ausgegangen, ... dass Bildungsprozesse auf Lebenssituationen und deren Wandel vorbereiten sollen" (Gerstacker 1978, S. 189).

Der Situationsansatz bezieht sich auf die Curriculumtheorie von Robinsohn. Er forderte, zu untersuchen, welche Aufgaben des Lebens auf die Heranwachsenden warten. Durch die Analyse dieser Anforderungen können dann entsprechende Qualifikationen bestimmt werden. Das Lernen in Schlüsselsituationen geht vom Erfahrungshorizont und Sinnverständnis im Hier und Jetzt lernbereiter Menschen sowie von den aktuellen Anforderungen in der Lebenswelt aus. Im Unterschied dazu gibt es Lernformen, die auf die Zukunft ausgerichtet sind und abrufbares Wissen ansammeln.

Das Ziel der Erziehung im Kindergarten ist, mehr Lebensnähe zu erreichen: „Es geht darum, für Kinder erfahrbare Lebenswirklichkeit zum Lerngegenstand zu machen ... Kinder, die mit ihrer Umwelt dort vertraut gemacht werden, wo auch gelebt und gehandelt wird, behalten mehr über ihre Umwelt, sie lernen gleichzeitig mit Dingen und Menschen umzugehen" (Colberg-Schrader 1977, S. 69).

Sind Lebenssituationen Ausgangspunkt für Lernprozesse, so wird davon ausgegangen, dass die Beteiligten selbst die Lernmöglichkeiten und Erfahrungsräume in der konkreten Lebenswirklichkeit erschließen und durch die Auseinandersetzung mit ihrer Lebenswirklichkeit diese idealerweise mitgestalten können (vgl. Colberg-Schrader 1986, S. 35). Bezugspunkt des Lernens und Erfahrens ist die Lebenswirklichkeit von 3-5-jährigen Kindern „... mit all ihren Fragen, Ungelöstheiten, Widersprüchen und Problemen" (Gerstacker 1978, S. 189). Diese Lebenswirklichkeit bietet vielfältige Schlüsselsituationen, das heißt Themen, die die Beteiligten betreffen und unterschiedliche Lernmöglichkeiten enthalten, welche für die pädagogische Arbeit genützt werden können: Lernen in Lebenssituationen geht davon aus, dass diese Situationen bewältigt werden. „Bewältigen heißt nicht nur, in Situationen zu bestehen, sondern auch, sie als gestaltbar zu begreifen. Widersprüche und Momente der konkreten Utopie tauchen auf" (Zimmer 1991, S.9). Der Anregungsgehalt und Sinnbezug einer aktuellen Situation sichert ein höheres Maß an Eigenmotivation, Spontaneität und Selbstbestimmung (vgl. Hemmer 1979, S. 62).

Die Bedeutsamkeit der Lebenssituationen für Kinder und Erwachsene schafft Lernsituationen, die nicht isoliert, sondern in einem großen Zusammenhang stehen und vielfältige Anforderungen stellen. Deshalb ist Lernen in Lebenssituationen ganzheitlich und lässt verschiedene Betrachtungsweisen und Erlebnisebenen gleichermaßen zu. Darin wird im Situationsansatz eine große Chance gesehen.

6.2.2 Soziales Lernen oder: Der Erwerb von instrumentellen Fertigkeiten in sozialen Zusammenhängen

Im Situationsansatz spielt das soziale Lernen eine große Rolle. Der Begriff Soziales Lernen ist auch außerhalb des Situationsansatzes in verschiedenen Bedeutungsvarianten gebräuchlich, abgeleitet vom amerikanischen social learning. Sie beinhalten je nach Gesellschaftsverständnis Ziele von Anpassung und Konformität bis hin zu Kritikfähigkeit, Selbstbestimmung, Widerstand. Auch die Methoden können sich auf das Lernen in der Gruppe beziehen oder aber auch, ausgehend von psychologischen Lerntheorien, auf das Lernen am Modell (vgl. Wagner 1983, S. 304). Deshalb entstehen manche Missverständnisse und auch Kritik am Situationsansatz, da der Begriff Soziales Lernen verschiedene Bedeutungen hat. Aus diesem Grund soll genauer dargestellt werden, wie der Situationsansatz dieses Lernen definiert. Soziales Lernen ist der Vermittlung von Sachkompetenz übergeordnet, „der Erwerb von Sachkompetenzen und einzelnen Fertigkeiten wird damit instrumentell gesehen und auf soziale Zwecke und Zusammenhänge bezogen" (Zimmer 1979, S. 15). Lernen soll demnach in ganzheitlichen Verfahren erfolgen: „Im Situationsansatz wird der Anspruch erhoben, gegenüber punktuellen und aspekthaft isolierenden Programmen von einem für die Kinder sinnvollen Handlungszusammenhang auszugehen" (Hemmer 1979, S. 46). Das soziale Lernen ist eng mit den Zielen Autonomie und Kompetenz verbunden: Es will Kinder unterstützen, ihren Anspruch auf Selbstbestimmung zu vertreten und andererseits mit Kenntnissen und Fähigkeiten, Kompetenzen ausgerüstet zu werden, die notwendig sind.
Es geht beim Situationsansatz zum einen um eine stärkere Betonung sozialen Lernens, zum anderen um eine stärkere Berücksichtigung der sozialen Bedingungen und Formen des Lernens. Lernen wird als soziale Tätigkeit durchgeführt. Dabei spielen die altersgemischte Gruppe und die Person der Erzieherin eine besondere Rolle.
Die Frage entsteht, wie und ob bei einem solchen Lernprozess Wissensinhalte vermittelt werden. In den ursprünglichen Curriculummaterialien waren dafür in einigen Einheiten „didaktische Schleifen" vorgesehen. Sie sollten die Sachaufklärungen und Kompetenzen übermitteln, die zur Bearbeitung einer Situation nötig und Voraussetzung für ein Handeln der Kinder sind. Diese di-

daktischen Schleifen sollten sich nicht verselbständigen, sondern eingesetzt werden, „… wenn Kompetenzmängel sichtbar werden, und enden, wenn diese Mängel behoben sind … und das Projekt seinen Fortgang nehmen kann". Der Situationsansatz stellt jedoch die Bildungsinhalte in den Dienst der Situationsaufklärung und -bewältigung. Didaktische Schleifen dienen also dazu, dass bevor die Lösung des eigentlichen Problems angesteuert wird, Lernschritte vorgeschaltet werden, die dem Kind wichtige Einsichten dafür vermitteln (vgl. AG Vorschulerziehung 1974a, S. 47).

Der Erwerb von Kompetenz geschieht in den Curriculumeinheiten unterschiedlich. In vielen didaktischen Einheiten werden die Inhalte im Rahmen der Projekte vermittelt: „Instrumentelles Lernen wird hier nicht gesondert ausgewiesen, es wird als ein notwendiger Bestandteil sozialen Handelns in Projekten beschrieben." Hierbei bleibt die Verbindung von sozialem und instrumentellem Lernen bestehen, während bei den didaktischen Schleifen eine analytische Trennung vorgenommen wird (AG Vorschulerziehung 1974c, S. 122).

In neueren Veröffentlichungen werden didaktische Schleifen nicht mehr erwähnt und das soziale Lernen als ein Lernen in Erfahrungs- bzw. Sinnzusammenhängen beschrieben (vgl. Colberg-Schrader 1991, S. 76f; Zimmer 1998, S. 38ff). Kinder sollen nicht in künstlichen Arrangements lernen, sondern in realen Situationen, wozu die unmittelbare Umgebung gehört: „In einer anregungsreichen Umgebung können Mädchen und Jungen nicht nur sehr viel sehen, begreifen, ausprobieren, sondern auch im Zusammenleben mit anderen gemeinsames Handeln, Freude und Enttäuschungen erleben, und das Aushandeln von Interessen, das Lernen von anderen und Verantwortung für andere einüben. Kinder können im Kindergarten ernsthaftes Mittun und im Zusammenleben der Gruppe verantwortliches und folgenreiches Handeln lernen, wobei auch ihr Wissen und ihre Fertigkeiten gefördert werden" (Colberg-Schrader 1991, S. 76). Der Erwerb von Kompetenzen wird hier dem sozialen Lernen immanent vorausgesetzt.

Die starke Betonung des sozialen Lernens im Situationsansatz ist als Gegenbewegung zu den kognitiv ausgerichteten Lernprogrammen der Vorschuldiskussion der 60er und 70er Jahre zu sehen, bei der die sozialpädagogische Dimension vernachlässigt wurde (vgl. Hemmer 1979, S. 46).

6.2.3 Lernen in altersgemischten Gruppen

Das Lernen in altersgemischten Gruppen wurde schon als Merkmal des Situationsansatzes beschrieben, vor allem das gegenseitige Lernen der Kinder.

Es ist davon auszugehen, dass diese Lernprozesse weniger auf die Erziehe-rin zentriert, eher kindergruppenorientiert sind. Für die Erzieherin stellt sich die Frage, wie sie mit solchen Lernprozessen umgeht: „Erträgt man die ‚Pädagogen-Entthronung' und akzeptiert, dass sich die Kinder gegenseitig Wichtiges beibringen? Kann man Geduld aufbringen, eigenständigen Lern-prozessen von Kindern ihr eigenes Tempo zulassen? Behält man Gelassen-heit und Überblick, wenn Kleingruppen und einzelne Kinder jeweils Ver-schiedenes unternehmen, planen, spielen, lernen wollen?" (Colberg-Schra-der 1991, S. 94).

Unterstützen Erzieherinnen diese ständig ablaufenden Lernprozesse zwi-schen Kindern und heben Kooperation und gegenseitige Verantwortlich-keit hervor, dann bringt dies für sie eine beträchtliche Entlastung: „Die Kin-der organisieren vieles selbständiger, sie entwickeln ein Gefühl dafür, was sie einander zutrauen können und wo sie tatsächlich ohne Hilfe von Er-wachsenen nicht weiterkommen" (Colberg-Schrader 1977, S. 25). Organi-satorisch wird die Einteilung in Freispiel und gezielte Angebote aufgeho-ben zugunsten von Kleingruppenarbeit, so dass sich im Gruppenraum unter Umständen mehrere verschiedene Aktivitäten ereignen können (vgl. Col-berg-Schrader 1977, S. 25).

Die komplex organisierbaren Lernerfahrungen verschiedener Altersstufen fördern den Selbstregulierungs- und Bewusstwerdungsprozess bei Kin-dern.

6.2.4 Lernen durch Mitbestimmung

Kinder sollen in den Einrichtungen mitbestimmen können, um Erfahrungen darin zu sammeln, wie Lern- und Erfahrungsinhalte demokratisch entwickelt werden. Die Planung der pädagogischen Arbeit gehört nicht mehr zu den Ne-benarbeiten, sondern ist Teil eines Projektes: Über Projekte kann eine demo-kratische Willensbildung herbeigeführt werden. „Wo immer möglich, sollte versucht werden, Kindern die Regie zu übergeben, sie in ihrer planerischen Mitwirkung zu unterstützen" (AG Vorschulerziehung 1974c, S. 200).

Kinder können dabei lernen, dass sie zunehmend fähiger werden, an solchen Planungen und Willensbildungen mitzuwirken und versuchen, die im Rah-men des Projektes übernommenen Aufgaben zu erfüllen. Sie „... sollen die Projektaktivitäten anderer Kinder, über die zuvor Übereinstimmung erzielt wurde, respektieren und nicht willkürlich behindern. Um dahin zu kommen, sind sicher viele pädagogische Einzelbemühungen erforderlich. Möglich sind auch Formen der Gesamtdiskussion in der Gruppe, durch die Willensbildungen zustande kommen." Es ist davon auszugehen, dass, je mehr Kinder solche Fähigkeiten erwerben, die Erzieherin zunehmend weniger die Rolle einer konfliktregelnden und disziplinierenden Feuerwehr übernehmen muss, da Kinder auch selbständig ihren Interessen nachgehen und die Verantwortung mit tragen (vgl. AG Vorschulerziehung 1974c, S. 200).

In diese demokratischen Prozesse sind nicht nur Erzieherinnen und Kinder eingeschlossen, sie sollten mit allen beteiligten Personen, auch Eltern gestaltet werden. Nur so kann gewährleistet werden, dass Projekte und Inhalte von allen mitgetragen und in die konkrete Praxis übertragen werden können (vgl. Gerstacker 1978, S. 199).

6.2.5 Mit Erwachsenen lernen

Mit diesem Punkt werden zwei Merkmale des Situationsansatzes verbunden: Das generationsübergreifende Lernen und das „neue" Verhältnis von Lehrenden und Lernenden.

Nicht nur Kinder sollen an den ausgewählten Situationen lernen, sondern auch Erwachsene: Erzieherinnen, Eltern aber auch Erwachsene außerhalb des Kindergartens. Sie werden bei diesen Prozessen sowohl zu Erfahrungsvermittler(inne)n als auch zu Mitlernenden im Sinne eines lebenslangen Lernens. Unbestritten bleibt jedoch, dass Erwachsene einen Erfahrungsvorsprung und deshalb eine impulsgebende Rolle haben.

6.2.6 Lernen außerhalb des Kindergartens

Dieses Lernen bezieht sich auf das Merkmal „Gemeinwesenorientierung". Lernen ist nicht mehr auf den Bereich des Kindergartens begrenzt, sondern es werden Lernorte außerhalb der Einrichtung erschlossen. So wird eine direkte Beziehung zur Umwelt hergestellt, da Kinder dort unmittelbare Erfahrungen machen können. Sie behalten durch dieses Lernen „vor Ort" mehr über ihre Umwelt und lernen gleichzeitig, mit Dingen und Menschen umzugehen. Dies entspricht auch dem Lernen in Lebenssituationen.

6.2.7 Lernen in Alltagszusammenhängen

Hierbei geht es um die Aufwertung des „unpädagogischen" Alltags (vgl. Colberg-Schrader 1991; S. 88ff). Der Kindergarten ist zu verstehen als eine Institution, in der Kinder und Erwachsene zusammen leben. Wird davon ausgegangen, ist es möglich, „... neben curricularem Lernen auch in der

Realisierung dieses Zusammenlebens zu lernen. Die Lebenssituation von Kindern wäre nicht Anlass für pädagogische Aktivitäten und Projekte, sondern Lernen vollzöge sich gerade in der Auseinandersetzung mit der realen Situation und ihrer Gestaltung". Diese Form des Lernens geht davon aus, dass nicht intentionales und nicht veranstaltetes Lernen wichtig ist. Hier wird nicht die ständige Legitimation aller Aktivitäten im Kindergarten verlangt, die leicht zu einer Verengung und Einseitigkeit pädagogischer Aktivitäten führen kann (vgl. Hemmer 1979, S. 68).

Das Lernen in Alltagszusammenhängen ermöglicht Kindern Primärerfahrungen, lässt sie Zusammenhänge be-greifen: Kinder „... brauchen das Erlebnis, dass sie etwas ‚Richtiges‘ tun und bewirken können ..." Es geht darum, offen zu planen, um Kindern Freiräume zu ermöglichen. Dabei soll organisatorisch auf die Freispielphase ein größeres Augenmerk gelegt werden als auf „Beschäftigungen". So wird der unpädagogische Alltag aufgewertet, denn in ihm bietet sich überraschend viel Interessantes, zum Beispiel Gruppenräume umzugestalten, Pflanzen zu versorgen, Essen zuzubereiten, das Material für Werkarbeiten selbst vorzubereiten usw. Dazu gehört auch, über Regeln zu diskutieren. „So werden Kinder an den anfallenden Arbeiten beteiligt und können sie auf ihre Weise mitgestalten. – Damit werden Abläufe in der Institution durchsichtiger. Die Kinder entwickeln im Lauf der Zeit die Sicherheit, selbst verändernd eingreifen zu können und gemeinsam den Alltag zu tragen." Bei den Alltagstätigkeiten lernen Kinder, sich angemessen über Probleme zu verständigen, Abläufe zu planen und an Arbeitsteilungen mitzudenken, anspruchsvolle Handgriffe motorisch geschickt und sicher zu tun und anderen verständlich zu machen, warum man was tut und wo sie sich beteiligen können oder nicht (vgl. Colberg-Schrader 1991, S. 90f).

6.2.8 Organisation von Lernprozessen

Der Organisation von Lernprozessen liegen die allgemeinen Merkmale des Situationsansatzes zugrunde. Wichtig ist vor allem die offene Planung. Demnach ist der Lernstoff Element der Situation, die erkundet und gestaltet wird. Lernziele, im Situationsansatz Qualifikationen genannt, entstehen in der Situation. So können sie direkt bezogen werden auf Erfahrungen und Gelerntes: „Die Lernziele entstehen also in Situationen, in denen auch für Kinder klar ist, wozu man etwas kennen oder können sollte, und in denen sie zugleich den Vorteil der Kenntnisse und Fähigkeiten unmittelbar erfahren" (Krappmann 1983, S. 96). Die Qualifikationen und Inhalte, die in der pädagogischen Arbeit ausgewählt werden, sollten Kinder einen Schritt unabhängiger und selbstbewusster machen (vgl. AG Vorschulerziehung 1974a, S. 45). Ergebnisse der Motivationsforschung haben ergeben, dass Kinder langfristig vor allem durch Lernprozesse beeinflusst werden, die im Zusammenhang mit für sie wichtigen Erlebnissen oder mit ihren Interessen verlaufen, was auch dem „Lernen in Lebenssituationen" entspricht. Erzieherinnen haben die Aufgabe, herauszufinden, wo sinnvolle Lernsituationen für die Kinder in deren eigenem Erlebnisbereich entstehen können. „Es geht also darum, alltäglich Erfahrungen bewusst als Lernsituationen zu verstehen und weiterführende Lernmöglichkeiten daraus zu erschließen." Aktivitäten, seien sie von den Kindern spontan eingebracht oder von Erzieherinnen vorbereitet, sollten in einen für Kinder begreifbaren und überschaubaren Zusammenhang gebracht werden. Die Rolle der Erzieherin bei dieser Arbeit orientiert sich an der offenen Planung, das heißt, sie sollte Bedingungen schaffen, unter denen Lernen möglich ist, aber auch Gelegenheiten lassen für das Lernen der Kinder untereinander. Sie belehrt die Kinder nicht, sondern macht sie auf Lernsituationen aufmerksam, um ihnen „Lernenswertes" zu zeigen, auch, wo nötig, Hilfen zu bieten (vgl. Colberg-Schrader 1977, S. 22ff + S. 39).

Methodisch sieht der Situationsansatz für die Organisation der Lernprozesse Projekte vor in Zusammenhang mit Gesprächsförderung. Es wird kurz beschrieben, wie ein Projekt abläuft (vgl. AG Vorschulerziehung 1974a, S. 57): „Zunächst ist ein Anlass für das Aufgreifen eines Themas und anschließende Planung und Durchführung des Projektes nötig." Nachdem vielfältige Anlässe gesammelt wurden, werden in einem nächsten Schritt diese Anlässe in Gesprächen mit den Kindern aufgegriffen: „Sie werden ihre eigenen Erfahrungen und Meinungen zu diesem Thema mitteilen und all die Fragen und Vermutungen formulieren, die sie zu diesem Thema haben." Anschließend erfolgt die Durchführung der gemeinsam geplanten Vorhaben, um diese abschließend durch einen Erfahrungsaustausch auszuwerten. Dabei werden neue Vorschläge entwickelt und auch Kritik geäußert, um so Anregungen zu erhalten für Anschlussprojekte. Im Besonderen wird hier auf die Rolle der Erzieherin bei der Gesprächsförderung hingewiesen.

Hinsichtlich der möglichen Inhalte der pädagogischen Arbeit werden in den frühen Materialien noch Lernbereiche genannt: „Lebenssituationen zu nennen, die je nach Anlass in der Kindergartenarbeit thematisiert werden könnten [im „Curriculum Soziales Lernen", D.R.], bedeutet nun nicht, dass auf Inhalte, Methoden und Materialien herkömmlicher Lernbereiche verzichtet werden muss." Sie sollten jeweils befragt werden, ob sie Bedeutung für die Lebensbereiche haben, die die Kinder erfahren oder in näherer Zukunft zu bewältigen haben. Genannt werden Kommunikation, sozialkundliches Umweltlernen, naturwissenschaftlich-technisches Umweltlernen, Mathematik, ästhetische Erziehung, Bewegungserziehung, Sexualerziehung, religiöse Erziehung. Dieser Bezug zu Lernbereichen ist in den späteren Veröffentlichungen nicht mehr zu finden.

Berechtigterweise stellt Colberg-Schrader (1986, S. 80) die Frage, ob man jetzt nur noch soziale Themen aufgreifen soll? Sie beantwortet die Frage damit, dass die Lebenswirklichkeit der Kinder, wie auch unsere eigene, sich nicht nur in Begriffen mit sozialen Dimensionen fassen lassen. „Die Schwerlastigkeit des Curriculum Soziales Lernen in dieser Hinsicht muss auf dem Hintergrund seiner Entstehungszeit – als Gegenbewegung zu fachorientierten Lernprogrammen – gesehen werden und sie hat wohl auch heute noch ihre Berechtigung." Zwischenzeitlich gibt es inhaltliche Ergänzungen und Weiterentwicklungen, die nicht nur die sozialen Dimensionen von Lebenssituationen berücksichtigen, zum Beispiel wurden Feste im Jahreslauf, Beziehungen von Kindern zu Naturvorgängen und vieles mehr thematisiert (vgl. Colberg-Schrader 1986, S. 80).

6.2.9 Kritik am Lernverständnis des Situationsansatzes

Kritik am Situationsansatz wurde nicht erst durch die neueren Diskussionen formuliert. Schon Hemmer (1979, S. 76f) stellt Grenzen des inhaltlichen Schwerpunktes „Soziales Lernen" fest. Als Gegenbewegung zu Lernprogrammen, die die soziale Dimension sowohl hinsichtlich der Inhalte wie auch der Vermittlung vernachlässigt haben, wird im Situationsansatz der sozialen Dimension eine herausragende Bedeutung zugeschrieben. Die Auseinandersetzung mit der Umwelt, die Umweltbewältigung, ist aber nicht alleine auf diese soziale Dimension beschränkt. Fragen von Kindern, wenn man sie aufnimmt, gehen teilweise über eine eng gefasste soziale Dimension hinaus. Und gerade sie sollten ernstgenommen und nicht vorschnell beantwortet werden (vgl. Hemmer 1979, S. 76).

Auch der Grundsatz, dass pädagogische Arbeit zur Bewältigung von konkreten Lebenssituationen einen Beitrag leisten sollte, wird hier kritisch hinterfragt: „Zudem ist zu fragen, ob der Versuch, die Gesamtheit der Inhalte und Verfahren der pädagogischen Arbeit durch den Beitrag zu legitimieren, den diese zur Bewältigung von konkreten Lebenssituationen leisten, nicht den Blick für Inhalte und Verfahren verstellt, die sich in diesem Begründungszusammenhang nicht legitimieren lassen" (Hemmer 1979, S. 76f). In aktuellen Veröffentlichungen wird darauf hingewiesen, dass die Aufgabe des Situationsansatzes wäre, sogar wandelnde Situationen zunehmend zu gestalten: „Hyperchange … meint die Überlagerung und wechselseitige Durchdringung von linearen, exponentialen, diskontinuierlichen und chaotischen Wandlungsprozessen …", die durch gesellschaftliche und ökonomische Entwicklungen begünstigt werden. Lernen muss deshalb in Realsituationen erweitert werden, es müssen Zugänge zu situationsspezifischem und -überschreitendem Wissen gewonnen werden sowie die Kompetenz, Risiken abzuwägen, Transfermöglichkeiten zu nutzen und sich über normative Bezugspunkte des Handelns zu verständigen. Hier wird die Forderung nach konkreten Lebenssituationen, die an sich schon komplex und vielschichtig ist, vollends ins fast nicht mehr Fassbare, Feststellbare geführt und lässt erneut fragen, ob ein Konzept, orientiert an Situationen, noch praktikabel ist (Zimmer 2000, S. 97ff).

Die neuere Diskussion um den Situationsansatz merkt zum sozialen Lernen an, dass hier teilweise eine Verkürzung vorgenommen wird: Es wird primär definiert „als Regelung von sozialen Beziehungen", muss aber eigentlich verstanden werden „… als eine ständige Rekonstruktion sozialer Kontexte …" Durch diese Verkürzung ist sachbezogenes Lernen nicht mehr mit sozialem Lernen verbunden, sondern wird als beschäftigungspädagogisches Substrat abgespalten. In seiner Entstehungszeit „… passte der Situationsansatz – ungewollt – in eine verbreitete Vorurteilsstruktur, die nicht wahrhaben wollte, dass kognitive Fördermöglichkeiten auch jenseits behavioristischer Verengungen möglich sind, in einer spielerischen, an Situationen und Interessen der Kinder orientierten Weise – mit dem Ziel, effektive kognitive Strategien zu entwickeln und Kindern ein breites Experimentierfeld zu bieten, in dem sie solche Fähigkeiten in unterschiedlichen Konstellationen anwenden lernen". Der Bildungsanspruch des Situationsansatzes, mit der Grundlage, soziales und instrumentelles Lernen zu verbinden, müsste in Zukunft sehr viel deutlicher diese Verbindung betonen und genauer und systematischer auf die Einlösung dieses Anspruchs und seiner wichtigsten Kennzeichen zu achten. Es wird vorgeschlagen, curriculare Materialien zu erarbeiten, die die Entwicklung einer entsprechend akzentuierten Praxis erleichtern (Zimmer 1995, S. 25-27).

Die im Situationsansatz geforderte Verbindung von sozialem und instrumentellem Lernen darf nicht dazu führen, die Eigenart des kindlichen Lernens außer acht zu lassen, indem instrumentelles Lernen zwar verbunden wird mit sozialem Kontext, aber dennoch in der Form von Lernprogrammen abläuft, mit wenig Kenntnis darüber, was die Lernforschung über das Lernen von kleinen Kindern weiß: „Auch die angestrebte Offenheit und Flexibilität der Arbeit kann nicht davon entbinden, Lernprozesse optimal zu organisieren. Selten wird wahrgenommen, dass kognitive Förderung noch etwas ganz anderes sein könnte, als Fertigkeiten zu vermitteln, nämlich Förderung basaler Kompetenzen." Dabei geht es darum, kindliche Kompetenzen in spielerischer, vergnüglicher Form zu fördern, ausgehend von Grundlagen Piagetscher Forschung und dem entdeckenden Lernen. Der Situationsansatz nahm diese Entwicklungen zur kindlichen Kompetenzförderung nicht zur Kenntnis.

Die Vorstellung von sozialem Lernen, so wird kritisiert, bleibe vage und lenkt den Blick kaum auf die Entwicklung der kindlichen Identität, die unterschiedlich auf die Beziehungen zu Erwachsenen und anderen Kindern angewiesen ist, je nach Entwicklungsstand.

Es ist davon auszugehen, dass die innere Dynamik einer Gruppe auch einengen kann und Lernen durch Gruppenprozesse nicht nur erleichtert, sondern auch gestört und fehlgeleitet werden kann. Dies bedarf grundlegender Überlegungen, die auch für den Situationsansatz anzustellen sind, gerade bezüglich der Grenzen altersgemischter Gruppen bzw. der Frage, welche Unterstützung soziale Lernprozesse benötigen, um erfolgreich zu verlaufen (vgl. Krappmann 1995, S. 120).

Der sozial orientierte Bildungsbegriff des Situationsansatzes scheint die Selbstbildungsprozesse des Kindes aus seinem Interessenfeld auszuschließen, da er durch die Verengung der Wahrnehmungs- und Interessenswelt des Kindes auf vorwiegend sozial relevante Themen außer Acht lässt, dass „… Kinder einfach auch an Dingen und Sachproblemen interessiert sind, spielen, bauen oder malen wollen …" (Schäfer 1995, S. 85). Der Situationsansatz geht zwar von diesen kindlichen Aktivitäten aus, verarbeitet sie jedoch nicht explizit im Konzept. Der Situationsansatz kommt über die Trennung von instrumentellem, sachorientiertem Lernen und sinnvoll aufgeklärtem Lernen nicht hinaus. „Das Konzept des Sozialen Lernens bleibt jedoch ein Defizitkonzept: Wissen, Fertigkeiten, sachliche Kompetenzen erscheinen als Nebenerwerb. Ihr Beitrag zum Bildungsprozess des Kindes bleibt weitgehend unerörtert. Ebenso unerörtert bleibt das, was das Subjekt zu seinem Bildungsprozess beiträgt, es gibt nur Subjekte in der Gruppe" (Schäfer 1995, S. 86). Es wird zum Beispiel nicht thematisiert, dass bei Bildungsprozessen auch einmal Abgeschiedenheit, Vertiefung in eine Sache, soziales Ungestörtsein nötig ist. Der Situationsansatz formuliert im Konzept des sozialen Lernens zwar den Bezug zur sozialen Umwelt, der Bezug zur Sache wird nur am Rande behandelt, der Anteil des Subjektes an der Gestaltung seiner Beziehungen wird tendenziell übergangen: „Das Subjekt wird als Adressat ernst genommen. Als Täter aus eigenen Denk-, Verarbeitungs- und

Entscheidungsprozessen heraus bleibt es im Situationsansatz eine ‚black-box'." Deshalb wird vorgeschlagen, eine Erweiterung des Konzeptes Soziales Lernen um die Dimensionen des Sach- und Selbstbezuges vorzunehmen (vgl. Schäfer 1995, S. 88).

Auch das didaktische Konzept des Situationsansatzes greift zu kurz, da es das Subjekt an der Grenze seiner individuellen Situation erreicht, nicht jedoch seine individuellen Denk- und Erfahrungsweisen selbst aufnimmt. Die Lebenssituation des Kindes ist zwar Anlass für ein Vorhaben, wird dann aber eher allgemein bearbeitet. Dabei werden die individuellen Wirklichkeitsdeutungen der Kinder kaum einbezogen (vgl. Schäfer 1995, S. 92). Auch Fthenakis (2000b, S. 6) übt Kritik am Bildungsbegriff des Situationsansatzes: „Dass das Wissen problemorientiert organisiert werden muss, zeigt zwar den Weg für eine Curriculumentwicklung, ist aber weit davon entfernt, eine hinreichende Grundlage für eine Curriculumtheorie zu bieten." Er kritisiert, dass die Frage, was das Subjekt selbst zu seinem Bildungsprozess beiträgt, offen bleibt.

6.3 Vergleich der beiden Konzeptionen

Die Reggio-Pädagogik begründet ihre Annahmen über Lernen und Bildung mit dem sozialen Konstruktivismus, der den individuellen Wissenserwerb in Auseinandersetzung mit anderen Menschen und der Welt vorsieht. Individueller Erwerb von Wissen und der soziale Kontext spielen bei Lernprozessen eine Rolle. Im Zentrum von Lernprozessen stehen deshalb die Prozesse und Potentiale des kindlichen Lernens und Pädagogik soll den Kindern bei ihrer Auseinandersetzung mit der Welt helfen.

Im Situationsansatz ist ein theoretischer Bezug zum Thema Lernen kaum explizit erwähnt, ein kurzer Verweis auf die Motivationsforschung, die davon ausgeht, dass eigene Betroffenheit zum Lernen anregt und eher allgemeine Hinweise auf das Lernen in seinen unterschiedlichen Ausrichtungen, die durch Erfahrungen begründet werden, finden sich in den Materialien.

Konstitutiv für die Reggio-Pädagogik ist das Postulat, das Lernen zu lernen, das heißt dass Kinder in Lernprozessen grundlegende Strukturen entwickeln sollen für weitere Lernschritte. Das Kind wird grundsätzlich als Wissensträger akzeptiert, wobei davon ausgegangen wird, dass in Zukunft immer weniger geschlossenes Wissen vermittelt wird, sondern Strukturen, mit deren Hilfe Wissen angeeignet werden kann. Es geht darum, das menschliche Wesen und seine Beziehungen zu Dingen zu erforschen, wobei diese Beziehungen komplex sind. In der Reggio-Pädagogik lernen Kinder für das Leben, wobei die Freude und Neugier bei den Lernprozessen eine große Rolle spielen, was als vergnügliches Lernen bezeichnet wird. Im Unterschied dazu geht der Situationsansatz vom Lernen in Lebenssituationen aus, in denen exemplarisch zunächst für die Gegenwart aber auch für zukünftige Situationen gelernt wird. Ausgehend von Schlüsselsituationen werden Themen bearbeitet, die einen Bezug zu den Kindern und ihrem Umfeld haben. Auch hier geht es nicht um abrufbares Wissen, sondern das Lernen ist ausgerichtet auf einen Erfahrungshorizont, ein Sinnverständnis. Das Ziel der Lernprozesse ist die Bewältigung von Lebenssituationen. Damit haftet dem Situationsansatz etwas „Schweres" an, da Bewältigung zwar darauf verweist, dass etwas bearbeitet wird, aber auch eher auf Probleme und Schwierigkeiten hindeutet, die bewältigt werden müssen. Bewältigung weist auch auf Anstrengung hin und darauf, dass etwas Großes bearbeitet wird. Im Unterschied dazu hat die Reggio-Pädagogik in ihrem Lernverständnis etwas „Leichtes": Vergnügliches Lernen, Neugier und Freude dabei, die auch trotz Anstrengungen motiviert. Beide Konzepte gehen davon aus, dass Lernen nicht auf abrufbares Wissen ausgerichtet ist. Die Konsequenzen daraus sind jedoch unterschiedlich konkret formuliert: In der Reggio-Pädagogik wird die Vermittlung grundlegender Strukturen vorausgesetzt, verbunden mit der anthropologischen Annahme, dass das Kind Wissensträger ist, das sein Wissen in Zusammenarbeit mit anderen weiterentwickelt, ergänzt und mit ihnen teilt, um so zur Entwicklung eines größeren Wissens beizutragen. Hier wird vom einzelnen Kind und seinem Wissen ausgegangen. Von dieser Annahme lässt sich die weitere Voraussetzung zum Lernen, das Lernen als Prozess des Forschens und Neugierigseins ableiten, das wiederum zu konkreten pädagogischen Konsequenzen bezüglich der Organisation von Lernprozessen führt. Im Situationsansatz wird nur allgemein von der Ausrichtung auf den Erfahrungshorizont und das Sinnverständnis ausgegangen.

Beide Konzepte gehen von ganzheitlichen Lernverfahren aus, wobei die Reggio-Pädagogik ausführlich Bezug nimmt auf die Einbeziehung aller Sinnesorgane und die Förderung vielfältiger expressiver Ausdrucksformen, der hundert Sprachen, wie die Reggianer dies nennen. Es geht um einen Prozess des Sehens, Begreifens und Verstehens. Die Reggio-Pädagogik geht von einer Einheit der kognitiven und affektiven Entwicklung aus, die die Forderung nach Ganzheitlichkeit begründet. Auch hier wird die Verbindung zur konkreten praktischen Arbeit deutlich, die diese Ganzheitlichkeit fördern soll. Im Situationsansatz wird wiederum allgemein auf ganzheitliche Verfahren verwiesen, das heißt hier, dass Lernen nicht punktuell und isoliert stattfindet, sondern in Handlungszusammenhängen. Außer diesen allgemeinen Hinweisen fanden sich in den vorliegenden Materialien keine genaueren Ausführungen des Verständnisses von Ganzheitlichkeit.

Soziales Lernen bzw. Lernen durch Interaktion wird in beiden Konzeptionen ausgeführt, allerdings mit unterschiedlicher Schwerpunktsetzung und verschiedener Verbindung zum sachbezogenen Lernen. Im Situationsansatz spielt, wie ausführlich beschrieben, das soziale Lernen eine große Rolle. Ihm wird das sachbezogene Lernen untergeordnet. In der Reggio-Pädagogik steht das Lernen durch Interaktion neben dem sachbezogenen Lernen, das eine ebenso große Bedeutung hat. Im Lernen durch Interaktion sieht die Reggio-Pädagogik nicht nur die Beziehungen unter den Menschen als grundlegend an, sondern auch die Beziehungen zu Dingen, die zu Fragen und Forschungen anregen können. Das Kind steht im Dialog mit Menschen und Dingen, der Lernprozesse anregt. Theoretisch wird die Bedeutung des sozialen Lernens in der Reggio-Pädagogik mit den Erkenntnissen Wygotskis begründet: Durch den gegenseitigen Austausch wird gemeinsames Wissen erarbeitet, das eine andere Qualität hat wie das Wissen einzelner, welches immer begrenzt sein wird. Dazu ist es nötig, dass jede einzelne Person ihr Wissen und ihre Kompetenz mit einbringt.

Die Frage nach dem sachbezogenen Lernen wird im Situationsansatz in den frühen Materialien beantwortet durch sogenannte didaktische Schleifen, wobei die Lernformen dabei eher funktionsorientiert sind, allerdings mit dem Bezug zu einem sozialen Thema. In einigen Einheiten des Curriculum Soziales Lernen war es vorgesehen, Sachinformationen nebenbei zu vermitteln. In neueren Veröffentlichungen überwiegt diese Form des Lernens nebenbei und durch Erfahrungen im Alltag. Die Stellung des sachbezogenen Lernens ist im Situationsansatz zwar festgeschrieben: Es soll sozialem Lernen untergeordnet werden. In welcher Form dies geschehen kann, wird vor allem in neueren Veröffentlichungen nicht genauer beschrieben. Dies kann dazu führen, dass trotzdem isoliertes Lernen stattfindet, begründet durch den sozialen Bezug oder dass es vernachlässigt wird zugunsten sozialer Lernprozesse.

In der Reggio-Pädagogik wird ebenfalls davon ausgegangen, dass der kognitive und affektive Bereich beim Lernen aufeinandertreffen. Die beiden Bereiche sind jedoch nicht zu trennen und die Reggio-Pädagogik versucht, aus dieser Annahme konkrete Konsequenzen zu ziehen.

Der Situationsansatz sieht durch die Hervorhebung des sozialen Lernens große Chancen für Lernprozesse in altersgemischten Gruppen, die unterschiedliche Anregungen dafür bieten. Es wird allgemein beschrieben, wie ältere Kinder Jüngeren Anregungen geben, aber auch Rücksichtnahme lernen. Inwiefern durch die altersgemischten Gruppen kognitive Lernprozesse konkret angeregt werden, wurde in den vorliegenden Materialien explizit nicht beschrieben. In der Reggio-Pädagogik hingegen wird davon ausgegangen, dass Kinder die altersmäßige Nähe zueinander brauchen, da sie große Entwicklungsschritte im Kindergartenalter vollbringen. Diese Nähe regt zu kognitiven Konflikten an, die Kinder in ihrer Lerngeschichte weiterbringen. Deshalb gibt es dort altershomogene Gruppen, allerdings mit der Möglichkeit, zu bestimmten Zeiten des Tages auch mit Kindern aus anderen Altersstufen selbstorganisiert zu spielen. Hier werden also die beiden Aspekte soziales und sachbezogenes Lernen verbunden, indem der Austausch unter Gleichaltrigen angeregt wird, vor allem auch bei sachbezogenen Themen, aber auch die Kontakte zu jüngeren und älteren Kindern.

Hier ist kritisch anzumerken, dass durch die starke Hervorhebung des sozialen Lernens im Situationsansatz die individuellen Lernprozesse der Kinder zum Beispiel das Vertieftsein in eine „Sache" sowie ihre Fragen zu sachlichen Themen zu wenig bedacht werden. Der individuell-biographische Aspekt des Lernens wird durch die Ausrichtung auf soziale Prozesse vernachlässigt. Der Situationsansatz hat zwar den Anspruch, zwei Dimensionen kindlicher Lebenswelt aufeinander zu beziehen: Die individuell-biographische, das heißt lebensgeschichtliche Entwicklung, kindliche Bedürfnisse, individuelle und soziale Autonomie sowie einen sozial-gesellschaftlichen Bezug. Allerdings wird „der individuell-biographische Aspekt dieses Ansatzes – trotz anders lautender Beteuerungen – nur unzureichend eingelöst …, weil der Situationsansatz weder theoretisch noch praktisch ausreichend Sichtweisen und Verfahren entwickelt hat, mit denen man das individuelle Kind erreichen könnte. Das unterscheidet den Situationsansatz zum Beispiel wesentlich von der Reggiopädagogik" (Schäfer 1995, S. 80).

Das Verhältnis von Erwachsenen und Kindern, bzw. die daraus sich ergebenden Aufgaben für Erwachsene werden in beiden Konzepten zunächst als ein gemeinsames Lehren und Lernen beschrieben. Der Situationsansatz geht vor allem von Diskussionen aus, die zur Aufklärung von Situationen führen, jedoch verbunden mit anderen Aktionen. Es geht aus den Ausführungen nicht hervor, ob im Situationsansatz ein qualitativer Unterschied zwischen Kindern und Erwachsenen angenommen wird oder nicht. So besteht die Gefahr, dass Kinder im Kindergartenalter durch diese kognitive Aufklärung überfordert werden, da sie aufgrund ihrer Entwicklung nicht gleichrangig mit Erwachsenen kritisch diskutieren können, sondern Erwachsene als Beschützer brauchen.

Die Reggio-Pädagogik geht davon aus, dass Erwachsene Kindern bei ihren Lernprozessen assistieren, dass Kinder Unterstützung beim Lernen brauchen. Hier müssen Erwachsene Kinder aufmerksam beobachten, um sie zu verstehen und weiterführende Impulse geben zu können.

In der Reggio-Pädagogik wird, in Anlehnung an Theorien Piagets, davon ausgegangen, dass Kinder qualitativ verschieden sind im Vergleich zu Erwachsenen, was vor allem ihr Denken und Wahrnehmen betrifft. Dieser Unterschied muss auch beim Anregen von Lernprozessen beachtet werden, damit nicht Themen und Denkweisen von Erwachsenen die pädagogische Arbeit bestimmen, sondern die der Kinder. Dies wird in der Reggio-Pädagogik versucht, indem Erwachsene Kinder beobachten, dokumentieren, was Kinder beschäftigt, um diese Äußerungen zu analysieren und daraus Themen für die pädagogische Planung zu entwickeln. Beim Situationsansatz wird dieses Instrumentarium zum Verstehen kindlicher Wahrnehmung allenfalls erwähnt, indem beispielsweise auf Beobachtung und Gespräche mit Kindern verwiesen wird. Häufig definieren Erwachsene die Schlüsselsituationen, indem zum Beispiel Erzieherinnen über diese befragt werden. In der Interpretation durch den Situationsansatz scheint deshalb das Konzept der Schlüsselsituationen von einer deutlichen Unempfindlichkeit gegenüber der spezifischen Art und Weise des Denkens und Handelns von Kindern geprägt (vgl. Schäfer 1995, S. 83). Im Unterschied dazu hat die Reggio-Pädagogik ein Instrumentarium entwickelt, um die Fragen und Interessen der Kinder, ihre Art, die Welt wahrzunehmen durch individuelle Denk- und Verarbeitungsfiguren, zu dokumentieren und zu verarbeiten: „Man lese einmal zum Vergleich Berichte der Reggiopädagogen über ihre Arbeit und beachte, wie viel Mühe sie darauf verwenden, gerade die individuell unterschiedlichen Denk- und Verarbeitungsfiguren der Kinder zu dokumentieren, zum Anlass für Nachfragen zu nehmen und zum Ausgangspunkt der Arbeit im Kindergarten zu machen" (Schäfer 1995, S. 84). Hier liegt ein großer Unterschied der beiden Ansätze. Während die Reggio-Pädagoginnen aufmerksam die den Kindern eigenen Wahrnehmungen und Verarbeitungsmöglichkeiten bei Lernprozessen aufnehmen, geht der Situationsansatz z.T. von allgemeinen Themen der Kindheit aus (vgl. die Themen der „Praxisreihe Situationsansatz"), bzw. hat die Erstellung von Situationsanalysen zu wenig ausgearbeitet (vgl. Zimmer 1995, S. 25). Hier müsste am Situationsansatz weitergedacht werden.

Der Situationsansatz und die Reggio-Pädagogik gehen in ihren Vorstellungen über Lernorganisation beide von einem offenen Curriculum aus, wobei sich die Entwicklung von Themen in diesem offenen Curriculum unterscheidet: Im Situationsansatz wird ein Verfahren beschrieben, bei dem Situationsanlässe gesammelt, anschließend analysiert werden, um dann die Situation zu definieren und ihre Bearbeitung zu planen. Die Ermittlung der Situation ist Teil der offenen Planung. In der Reggio-Pädagogik gibt es ein Gesamtkonzept für alle Einrichtungen, das Grundlagen festschreibt. Ausgehend von diesen Grundlagen formulieren Erzieherinnen und Eltern, ausgehend von Beobachtungen der Kinder und Dokumentationen ihrer Interessen sowie den Situationen von Familien, ein Thema für ein Projekt. Es ist wichtig, die Fragen und Interessen der Kinder als Ausgangspunkt zu nehmen und als Erwachsene sensibel aufzunehmen, was Kinder beschäftigt. Auch hier wird wieder der schon beschriebene Unterschied der beiden Konzeptionen in der Formulierung der Begrifflichkeiten deutlich: Auf der einen Seite analysierte Situationen von Kindern als Ausgangspunkt, auf der anderen Seite Fragen und Interessen der Kinder. Situationen werden definiert als allgemeine Lage bzw. Zustand der Kinder, verbunden mit der Vorstellung, dass der soziale Kontext der Situationen wichtig ist und bearbeitet werden muss. Die Anliegen der einzelnen Kinder werden sofort in Verbindung gebracht mit Anforderungen der Gemeinschaft bzw. Gesellschaft. Fragen und Interessen der Kinder als Ausgangspunkt vermitteln einen anderen Blickwinkel, der den Fokus nur auf die Kinder und ihre Art des Wahrnehmens und Denkens richtet. Davon ausgehend wird mit ihnen geplant und dabei werden jeweils die den Kindern eigenen Wege der Verarbeitung beschritten. An den Projektthemen, die in Reggio bearbeitet werden, wird deutlich, dass es z.T. ein anderes Spektrum ist wie beim Situationsansatz: eher auf sachliche Inhalte bezogen, z.T. aber auch mit Themen, die sozial ausgerichtet sind. Im Unterschied dazu werden im Situationsansatz, v.a. im Curriculum Soziales Lernen, vorwiegend soziale, bzw. gesellschaftspolitische Themen (zum Beispiel Müll, Medien) formuliert. Es fragt sich, ob die Themen des Curriculum Soziales Lernen, wären sie von Kindern selbst formuliert, vielleicht ganz anders heißen würden. Der Verdacht liegt nahe, „… dass sachliche Themen bei einem solchen direkten Erfassen von Kinderwünschen gegenüber den sozialorientierten Themen weit überwiegen würden" (vgl. Schäfer 1995, S. 83).

Auch hinsichtlich der Methoden gibt es in den Begrifflichkeiten der beiden Konzepte Gemeinsamkeiten, die jedoch in der Schwerpunktsetzung und in den Ausführungen unterschiedlich dargestellt werden. Der Situationsansatz geht von den der Elementarpädagogik eigenen Methoden wie zum Beispiel Spiel, insbesondere Rollenspiel, aber auch den Lernbereichen wie zum Beispiel ästhetische Erziehung, Bewegungserziehung aus, wofür in den Modellversuchen Materialien entwickelt wurden. Es fehlen stärker auf den Elementarbereich beziehbare Studien „... über mögliche Verknüpfungen zwischen lernbereichsdidaktischen Ansätzen, die entdeckende, handlungsorientierte Bildungsprozesse befördern, und dem Situationsansatz". Zu untersuchen wäre weiterhin „... das Verhältnis des Situationsansatzes zu übrigen curricular fassbaren (beispielsweise Bewegungserziehung) oder extracurricularen Praxis des Kindergartens" (Zimmer 1995, S. 26).

Dies ist erforderlich, da die explizit geforderte Alltagsorientierung dazu führen kann, dass gezielte methodische Vorhaben mit Kindern vernachlässigt werden. In der Reggio-Pädagogik dagegen sind vor allem im Bereich ästhetischer Erziehung aber auch bezüglich Methoden des Forschens und Experimentierens konkrete Hinweise und Ausführungen vorhanden. Auch das Handpuppen- und Marionettenspiel, das Schattenspiel, das Geschichtenerzählen werden als Methoden beschrieben, die umfassende Lernprozesse anregen. Die Stärke der Reggio-Pädagogik liegt in der Wahrnehmungserziehung, die einen ihrer Schwerpunkte bildet.

Sowohl der Situationsansatz wie auch die Reggio-Pädagogik gehen beide davon aus, dass Projekte mit Kindern durchgeführt werden und beziehen sich theoretisch auf das Projektverständnis von Dewey. Der Situationsansatz erwähnt Projekte unter anderem und beschreibt nur kurz das Vorgehen. Ausdrücklich wird auf die Bedeutung von Gesprächen beim Projektverlauf hingewiesen (vgl. AG Vorschulerziehung 1974a, S. 57ff). Die Prinzipien bzw. Merkmale des Situationsansatzes und das Lernen durch Mitbestimmung spielen bei der Projektarbeit eine große Rolle, wobei kaum konkretere Ausführungen dazu zu finden sind. Erst neuere Veröffentlichungen haben die genauere Planung und Durchführung von Projekten zum Thema. Die Reggio-Pädagogik sieht Projekte ausdrücklich als Lernform vor. Die Entwicklung von Projekten sowie die Grundsätze bei der Durchführung sind ausführlich in den Materialien beschrieben.

Beide Konzeptionen gehen von einer Sozialraumorientierung aus (vgl. Thiersch & Thiersch 2001), wobei der Situationsansatz v.a. das Lernen in Lebenssituationen, das heißt auch außerhalb des Kindergartens betont. Die Reggio-Pädagogik fasst dieses Anliegen noch weiter, indem Erzieherinnen und Eltern gemeinsam die Verantwortung für die Lernprozesse der Kinder tragen und die Eltern sowie die Öffentlichkeit durch die Dokumentation der Lernprozesse Anteil haben an den Fragen, Forschungen und Erfahrungen der Kinder.

Konsequenzen aus dem Vergleich: Die Reggio-Pädagogik bezieht sich auf Theorien des Lernens, die sie entsprechend konzeptionell und in der pädagogischen Praxis umsetzt. Im Situationsansatz wird kaum ein theoretischer Bezug hergestellt, aus dem sich weitere Grundsätze und Konsequenzen ableiten lassen.

Auch die unterschiedlichen Grundsätze des Lernens verweisen darauf, dass die Reggio-Pädagogik aus ihrer Forderung, das Lernen zu lernen die Konsequenz ableitet, dass offenes Wissen zu erwerben ist. Dies wird versucht, in den Anregungen zum eigenständigen Forschen und Entdecken umzusetzen. Der Situationsansatz geht davon aus, Lebenssituationen zu bewältigen, wobei die Auswahl von Situationen nur durch allgemeine Kriterien begründet wird und die Situation die Struktur von Lernprozessen prägt. Kritisch ist anzumerken, dass bei der Bestimmung von Situationen die Eigenart des kindlichen Denkens und Verstehens zu wenig einbezogen wird. Schlüsselthemen werden in den Materialien in der Regel von Erwachsenen definiert. Sie bestimmen Schlüsselsituationen letztendlich und es besteht die Gefahr, dass die spezifische Art und Weise kindlichen Denkens und Handelns zu wenig einbezogen wird. An dieser Stelle müsste der Situationsansatz bearbeitet werden, um Verfahren zu entwickeln, die den Blick auf die einzelnen Kinder und ihre Situation und Entwicklung genauer ermöglichen. Deshalb wird gefordert, Erkenntnisse der Entwicklungspsychologie in den Situationsansatz zu integrieren. Aus diesen Ergänzungen können dann wiederum Konsequenzen für Lernprozesse und ihre Struktur gewonnen werden. Diese Verbindung ist in der Reggio-Pädagogik gewährleistet, da sie Vorstellungen über kindliches Lernen beispielsweise aus Theorien über kognitive Entwicklung von Piaget und Wygotski ableitet. Es könnte sein, dass beim Versuch, entwicklungspsychologische Erkenntnisse in den Situationsansatz einzuarbeiten und daraus Folgerungen für Lernprozesse abzuleiten, dieser entweder erweitert werden müsste oder ein neues Konzept entstehen würde. Möglicherweise würde man feststellen, dass die fehlende Theorie der Situation zu wenig trägt, dass eher kindorientierte bzw. kindzentrierte Ausrichtungen wichtig wären. Oder aber es könnte auf dieser Grundlage eine „Theorie bzw. Theorien der Kindersituationen" entstehen. Es müssten für den Situationsansatz noch genauere Verfahren formuliert und ausgearbeitet werden, wie das direkte Erfassen von Themen der Kinder erfolgen könnte.

Die Ausführungen zum ganzheitlichen Lernverständnis sind in den beiden Konzeptionen auf unterschiedlichen Ebenen angesiedelt. In der Reggio-Pädagogik wird ganzheitliches Lernen konkret umgesetzt, indem den expressiven Ausdrucksformen der Kinder eine große Bedeutung zugeschrieben wird und möglichst viele Sinnesorgane zum Be-greifen der Welt eingesetzt werden. Hier müsste der Situationsansatz sein Verständnis von Ganzheitlichkeit, die zwar erwähnt aber kaum ausgeführt ist, genauer ausarbeiten, um daraus Konsequenzen für die pädagogische Praxis ableiten zu können. Die Verbindung von sozialem und sachbezogenem Lernen mit der unterschiedlichen Gewichtung in den beiden Konzepten müsste für den Situationsansatz ebenfalls neu geprüft werden. Sie besteht zwar als Postulat an zentraler Stelle, es finden sich jedoch kaum Ausführungen, wie diese Verbindung hergestellt werden kann. Hierzu wäre es nötig, die individuellen Bildungsprozesse des einzelnen Kindes zu berücksichtigen und die Bedeutung des sachbezogenen Lernens innerhalb eines ganzheitlichen Konzeptes zu prüfen. Dabei wäre die Einbeziehung von Kenntnissen der Entwicklungspsychologie, hier der kognitiven Entwicklung von Kindern, wichtig. Möglicherweise würde sich dadurch eine Schwerpunktverschiebung dahingehend ergeben, dem sachbezogenen Lernen einen anderen Stellenwert zuzuschreiben und seine Umsetzung konkreter zu formuliert. Da es zur konkreten Umsetzung von sachbezogenen Lernprozessen innerhalb sozialer Kontexte in der neueren Literatur kaum Hinweise gibt, eher den Verweis auf das Lernen nebenbei, im Alltag, können hier Missverständnisse entstehen, die dazu führen, dass der Bildungsgedanke in den Hintergrund tritt. Unter Umständen könnte diese Prüfung des Verständnisses von sozialem Lernen ergeben, dass dieses in der vom Situationsansatz vorgesehenen Form nicht ausreicht und sachbezogenes Lernen daneben gestellt werden müsste. Hier muss gesehen werden, dass der Situationsansatz in seiner Entstehungszeit sich ausdrücklich von einseitig kognitiv orientierten Lernprogrammen absetzen wollte. Neuere Entwicklungen in der Lerntheorie gehen von komplexen Aneignungsprozessen aus, die diese Gefahr der einseitigen Auslegung von Lernen nicht mehr in dem Maße bergen. Hier müssten die ursprünglichen Annahmen erweitert und verändert werden durch neuere Erkenntnisse. Auch die Argumentation aus der Entstehungszeit müsste aufgrund der weitergeführten pädagogischen Diskussion um das Lernen von Kindern kritisch überprüft werden. Die aktuelle Diskussion um Bildung in Tageseinrichtungen zeigt, das es neue Erkenntnisse und Theorien gibt, um die der Situationsansatz erweitert werden könnte.

Auch bezüglich der Chancen altersgemischter Gruppen, die der Situationsansatz beschreibt, würden konkrete und praktikable Überlegungen weiterführen: Wie könnte eine pädagogische Entwicklungspsychologie für altersgemischte Gruppen fruchtbar gemacht werden, die ganzheitliche Förderung möglich macht? Hier hat die Reggio-Pädagogik eine nachvollziehbare Begründung für die von ihnen bevorzugten altershomogenen Gruppen, ausgehend von den Theorien Piagets, Wygotskis.

Das Verhältnis von Erwachsenen und Kindern wird in beiden Konzepten als gegenseitiges Lehren und Lernen beschrieben, wobei der qualitative Unterschied zwischen kindlichen und erwachsenen Denk- und Wahrnehmungsprozessen in der Reggio-Pädagogik eine große Rolle spielt, im Situationsansatz aber dagegen nicht explizit erwähnt wird.

Das Verhältnis von Erwachsenen und Kindern, das der Situationsansatz annimmt, müsste überprüft werden, denn es berücksichtigt dabei nicht explizit kindliche Entwicklung. Dabei sind entwicklungspsychologische Erkenntnisse über die Entwicklung der Wahrnehmung und des Denkens von Kindern einzubeziehen.

Hinsichtlich der Organisation von Lernprozessen ist das Verständnis von offenen Curricula beiden Konzepten immanent, allerdings mit unterschiedlichem Vorgehen, wobei Zimmer (1995, S. 25) für den Situationsansatz feststellt, dass die Analyse von Situationen genauer ausgeführt werden müsste, zum Beispiel Handreichungen dafür entwickelt werden müssten. Hier hat die Reggio-Pädagogik einen Weg gefunden, die Analyse der Projektthemen und Kinderfragen durch Beobachtung und Dokumentation vorzunehmen: Dabei ist das Personal des pädagogischen Zentrums einbezogen. Offensichtlich führt dieses Vorgehen dazu, kindzentrierte Themen für Projekte zu finden.

In der Reggio-Pädagogik ist die Durchführung von Projekten konkret anhand vieler Beispiele beschrieben. Auch die Grundlagen dazu sind in den Materialien zu finden. Im Situationsansatz dagegen wird die Projektarbeit nur allgemein erwähnt und das Vorgehen kurz beschrieben. Auch die neueren Materialien bieten nur allgemeine Anregungen dazu, zum Beispiel die „Praxisreihe Situationsansatz", die zwar eine Schrittfolge des Vorgehens vorschlägt und ihr bearbeitete Themen zugrunde legt. Sie bleibt jedoch pauschal. Zwischenzeitlich wurde das Projektverständnis des Situationsansatzes zum Teil ergänzt durch neuere Veröffentlichungen, die die Projektarbeit, ihre Grundlagen und die Vorgehensweise thematisieren. Sie wurden allerdings nicht von traditionellen Vertreter(inne)n des Situationsansatzes, zum Beispiel Mitarbeiter(innen) des DJI, verfasst, sondern von anderen Autoren. Weitgehend ungeklärt bleibt hier jedoch, welche Rolle die Lernbereiche spielen und welche Methoden für die Umsetzung angewendet werden können, da vorwiegend von ganzheitlichen Erfahrungen geschrieben wird, wobei diese nicht genauer ausgeführt werden. Die Reggio-Pädagogik integriert ihre Vorstellung von Wahrnehmungserziehung in die Projektarbeit: Ästhetische Erziehung, Hand- und Marionettenpuppenspiel, Geschichten erzählen usw. und zeigt sichtbare Ergebnisse kindlicher Lern-

und Wahrnehmungsprozesse durch die Wanderausstellungen und vielfältige Dokumentationen von Projekten. Sie versucht so, ihr Verständnis von
Projektarbeit zu vermitteln.

7. Lernen in Projekten

7.1 … IN DER REGGIO-PÄDAGOGIK: PROJEKTE MACHEN HEISST, DEN KINDERN ZU FOLGEN …

„Wir versuchen, eine Art Projektplan zu entwerfen, bzw. es ist so, als ob wir – wie Malaguzzi sagt – Pfähle und Querstreben für ein Haus montieren. Dann kommen die Kinder und die Ereignisse und auch die Erzieherinnen selbst und arbeiten den Plan des Hauses um" (Filippini 1994, S. 11).

„Projekt" ist ein Schlüsselbegriff in den reggianischen Einrichtungen. In der praktizierten Projektarbeit erfolgt die Umsetzung des Zieles, eine ganzheitliche Erziehung anzustreben.

Die reggianischen Pädagoginnen entwickelten ihren eigenen Weg, Projekte durchzuführen, wobei sie sich auch mit der pädagogischen Tradition der Projektarbeit beschäftigten (vgl. u.a. Dewey & Kilpatrick 1935). So suchten und fanden sie ihre Form der Arbeit in Projekten. Die Reggianer stellen sich die Frage: Ist es möglich, ein Projekt durchzuführen, das hauptsächlich mit den Interessen, der Neugier und Wissbegierde der Kinder verbunden ist? Kann dies erreicht werden durch den Versuch, die eigenen Methoden der Kinder, die Entwicklung ihrer Ideen, Worte, bildlichen Darstellungen und Spiele zu erforschen und zu entdecken? Anhand der Dokumentation von Projekten werden diese Fragen durch Beispiele beantwortet. Es wird dadurch belegt, wie die Grundlagen der Reggio-Pädagogik umgesetzt und bearbeitet werden. Meist sind es konkrete Fragen der Kinder oder Situationen, die sorgfältig beobachtet und dokumentiert werden, aus denen sich Themen für die pädagogische Arbeit entwickeln. Ziel der Projektarbeit ist, die Reflexions- und Kritikfähigkeit der Kinder anzuregen. Dies geschieht durch die vielseitigen Aktivitäten eines Projektes, zum Beispiel praktische Erfahrungen, auf das Thema bezogene, angeleitete Spiele, individuelle und gemeinsame gedankliche, verbalisierte und graphische Verarbeitung, die sich abwechseln. Kinder können ganz nebenbei beim Spiel eine andere Ebene erreichen, die alle ihre geistigen Fähigkeiten erfasst und daraus kann ein Projekt entstehen (vgl. Malaguzzi 1985, S. 9).

7.1.1 Fragen und Erlebnisse, die Situation der Kinder als Ausgangspunkt für Projekte

„In der Regel werden Fragen und Erlebnisse, kurz: die Situation der Kinder, aufgegriffen und zum Ausgangspunkt für gemeinsame Projekte und Aktivitäten gemacht. Die Erwachsenen nehmen somit die Interessen der Kinder auf: Es gilt, das Thema ganz einfach ausgehend von den unmittelbaren Erfahrungen der Kinder zu entwickeln. Wichtiger Bezugspunkt dabei ist das Kind, das die Erwachsenen vor sich haben, nicht eine theoretische Vorstellung von Kindern, in die Erwachsene ihre eigenen Einstellungen übertragen" (Malaguzzi 1992, S. 155).

7.1.2 Projekte entstehen in einem gegenseitigen Prozess

Grundlage der Projektarbeit ist eine Haltung gegenüber Kindern, die das gegenseitige Verhältnis von Erwachsenen und Kindern als Austausch vorsieht, bei dem jede Person lernen kann. Projektarbeit wird verstanden als Entwurf. Sie beinhaltet Momente wie Bewegung, Offenheit, Prozessentwicklung, Gegenseitigkeit „An der Entfaltung der Projektarbeit sind beide – Erzieherin und Kinder als Subjekte und Objekte beteiligt: als Gebende und Nehmende, als Lehrende und Lernende" (Rettig-Nicola in Amt für Jugend, Hamburg 1994, S. 5). Die Arbeit in Projekten bedeutet ein suchendes Forschen, eine Kommunikation aller Beteiligten, auch Eltern, über Werte, Mittel und Erfahrungen (vgl. Steenken 1998, S. 339).

Das kann für Erwachsene bedeuten, dass auch Umwege nötig sind, die dann nicht als Zeitverlust beklagt werden sollten (vgl. Malaguzzi in Reggio HH 1990, S. 42). Es geht darum, selbst offen zu sein für Aspekte eines Themas, die nicht geplant waren, aber für Kinder ihre Bedeutung haben können.

Wichtig ist, dass die Projektthemen „warm" sind. Ein Thema ist warm, wenn es Kinder längere Zeit beschäftigt (vgl. Malaguzzi in Cadwell 1997, S. 35).

Bei diesen Ausführungen könnte der Eindruck entstehen, dass viele Projekte und Aktivitäten spontan aufgrund des Interesses der Kinder gewählt werden. Das pädagogische Personal in Reggio spricht von Freiheit im Unterschied zu Spontaneität. Freiheit hat zu tun mit dem Respekt vor dem Kind, seinem Ernstnehmen: „Freiheit ist ein langer Weg mit vielen Schritten und keinem Resultat" (Schöneberg 1985, S. 84). Es geht darum, die pädagogische Arbeit sorgfältig zu planen und die Interessen der Kinder zu ermitteln und aufzunehmen. Dies darf nicht verwechselt werden damit, dass Themen spontan und zufällig, ohne weitere Hintergrundinformationen aufgenommen werden, weil zum Beispiel Erwachsene denken, sie wären für Kinder interessant, unter Umständen mit den besten Absichten, aber in einer Beliebigkeit, die die Reggio-Pädagogik ablehnen würde. Es geht eher darum, dass Erwachsene während des Prozesses selbst offen sind für Aspekte eines Themas, die sie nicht vorsahen, nun aber feststellen, dass sie die Kinder interessieren. Freiheit heißt dann, diese „Umwege" nicht als solche zu sehen, sondern sie als wichtigen Teil des Prozesses einzuordnen.

7.1.3 Verlauf von Projekten

Generell gilt, dass bei dieser Form der Projektarbeit ein qualitativ anderes Verständnis von Planung vorausgesetzt wird. Pädagogische Planung in diesem Sinne heißt, zunächst immer wieder genau hinzuschauen, welche Themen die Kinder uns Erwachsenen besonders nachdrücklich anbieten, uns aber auch sensibel einzufühlen, um ebenso die leisen Töne wahrzunehmen. „Planung sollte viel Raum lassen, damit die Theorien der Kinder darin ihren Platz finden können. Planung sollte einen Rahmen bilden, der Möglichkeiten für Fragen, Experimente und anderes zulässt. Einen Raum lassen für Aktivitäten, für wechselseitiges Lernen ..." (Malaguzzi 1992b, S. 107f). Um ein Projekt anzuregen, werden zunächst die beobachteten alltäglichen Erfahrungen der Kinder gesammelt. Diese Beobachtungen werden dann im Team diskutiert, wobei auch die Eltern in die Auswahl eines Themas einbezogen werden (vgl. Dreier 1993, S. 83). Ist das pädagogische Personal auf ein Thema vorbereitet und hat Beobachtungen und Gedanken gesammelt und aufgeschrieben, so ist dieses Personal offener für „Zufälliges", da es durch die eigene Vorbereitung die Grundzüge eines Themas erarbeitet hat. Dadurch können Pädagoginnen unvorhergesehene Aspekte des Themas, die Kinder einbringen, besser erfassen und in die pädagogische Arbeit aufnehmen.

Bei der Projektarbeit geht es darum, die Fragen der Kinder aufzunehmen und auch mehr darüber zu erfahren, wie Kinder mit einem Thema umgehen. Grundlage für die Erzieherin sind Theorien über das Kind und über Kinderkultur. Diese werden in Verbindung gebracht mit den Interessen der Kinder. Ein Thema für ein Projekt kann zustande kommen, indem es manchmal Erwachsene aufgrund von Beobachtungen und Diskussionen auswählen, ein anderes Mal entsteht ein Thema direkt durch die Kinder (vgl. Reggio HH 1990, S. 97).

Um die Arbeit an einem Projektthema mit Kindern zu beginnen, ist eine Möglichkeit des Einstiegs in das ausgewählte Thema, den Kindern ein Angebot zu machen. Dies wird in Reggio auch als „provokatorisches Element" bezeichnet (vgl. Dreier 1993, S. 128). Die Vorerfahrungen der Kinder werden in der Regel unter anderem in Form von mündlichen Aussagen, Zeichnungen, mitgebrachten Gegenständen gesammelt. Außerdem werden, wo möglich, Erkundungsgänge gemacht, damit die Kinder so direkt wie es geht mit dem Phänomen konfrontiert werden, es be-greifen, berühren, bewegen, zeichnen und bearbeiten können (vgl. Göhlich 1997, S. 192). In dieser Phase ist es Aufgabe des Personals, „die Interessen der Kinder zu wecken, um darauf aufbauend ihnen die Möglichkeit zu geben, eine Wahl zu treffen". Dabei können Pädagoginnen versuchen, den Kindern Vorschläge zu machen und beobachten (vgl. Cagliari in Schöneberg 1985, S. 107). Bei diesem Vorgehen geschieht viel selbstgesteuerte Erfahrung der Kinder. Großen Wert wird in Reggio auf die gegenseitige Anregung der Kinder gelegt, die sich untereinander korrigieren und in der Wahrnehmung und im Ausdruck bereichern können. Es ist jedoch auch wichtig, dass Erwachsene Fragen stellen, Beobachtungshinweise geben, um den Prozess zu strukturieren. Eine wichtige Rolle spielt hier auch die Dokumentation, durch die ein Prozess nochmals aufgearbeitet und dadurch anschaulich wird (vgl. Göhlich 1997, S. 192f).

Für Erzieherinnen heißt dies, das Projekt vor und während seinem Ablauf zu strukturieren (vgl. Spaggiari 1990, S. 8-9). Sie sollten bereit und offen auf das zugehen, was die Kinder darstellen und formulieren. Im Verlauf eines Projektes ist es wichtig, dass Regeln aufgestellt werden, die verbindlich sind und Grenzen abstecken.

7.1.4 Organisation von Projekten im pädagogischen Alltag

Die Arbeit am jeweiligen Projekt bildet zusammen mit anderen Elementen des Tagesablaufes strukturierende Momente im pädagogischen Alltag. Sie sind also regelmäßiger Bestandteil des Tagesablaufs. Die Projektarbeit findet in der Regel in altershomogenen Kleingruppen statt. Durch kleinere Gruppen kann das pädagogische Personal individuell auf jedes Kind eingehen und unterstützt jeweils die „eigenartige" Lösung jedes Kindes (vgl. Göhlich 1990, S. 160). Angebote zu Projektthemen werden sowohl von den Erzieherinnen als auch den Kunsterzieherinnen durchgeführt. Das pädagogische Personal plant gemeinsam, führt Projekte durch und wertet sie aus. Dies entlastet einerseits die einzelnen Pädagoginnen, erfordert andererseits aber eine gute Zusammenarbeit. Die Erzieherinnen sehen ihre Aufgabe darin, Möglichkeiten für die Kinder bereitzustellen, um unterschiedliche Erfahrungen zu sammeln. Die Entscheidungen der Kinder, vor allem der jün-

geren, was und wo sie sich beschäftigen, werden akzeptiert. Bei den 5-Jäh-
rigen wird jedoch eine Zeit verabredet, in der eine Aufgabe bearbeitet wird.
Ein wichtiges Merkmal der Projektarbeit in Reggio ist die Öffnung hin zum
Gemeinwesen: In zahlreiche Projekten gehen die Kinder hinaus aus der
Einrichtung und schließen Kontakt mit ihrer Umgebung und den Personen
ihres Lebensraumes (vgl. Gruber 1993, S. 24).
Projekte können, je nach Thema und Interesse der Kinder, unterschiedlich
lange dauern, einige Wochen oder Monate. Es gab schon Projekte, die über
drei Jahre hinweg bearbeitet wurden (vgl. Vea Vecci in Amt für Jugend HH
1994, S. 22-28).

7.1.5 Beispiel eines Projektes: Ein Vergnügungspark für Vögel

Grundlage aller Projekte sind konstruktivistische und sozialkonstruktivisti-
sche Theorien. „Die Grundidee ist, dass das Wissen sich wie ein System von
Beziehungen strukturiert, für die die einfache Assoziation zwischen zwei
Stimuli oder zwischen Stimulus und Antwort nicht ausreicht, um einen Lernprozess in Gang zu setzen. Dies gelingt nur … durch Prozesse des Wieder-
holens, des Reflektierens und des Neu-Erkennens, das, was sie [die Kinder,
D.R.] in einzelnen Erfahrungen gelernt haben, in ein umfassendes Bezie-
hungssystem einzuordnen." Dieses Neuerkennen kann durch Unterhaltun-
gen, Dialoge, Diskussionen, gemeinsamer Lektüre des Materials, Bearbeitung der Erfahrung, zum Beispiel beim Zeichnen, Tonen geschehen (vgl.
Forman in Reggio Children 1995a, S. 6ff).

7.1.5.1 Wie eine Idee entsteht oder Ausgangspunkt für Projekte
sind Fragen der Kinder

Im Tagesablauf der Einrichtungen hat die „Versammlung des Was-tun" einen festen Platz. Sie dient als demokratisches Forum mit dem Ziel, Kinder
darin zu unterstützten, zu reden, zu handeln und ihre Ideen zu organisieren.
Aufgabe der Erzieherin ist es, dabei zu vermitteln (vgl. Malaguzzi in Reggio Children 1995a, S. 14 und 20). In diesen Was-tun-Versammlungen entstehen Ideen, aus denen sich manchmal ein Projekt entwickelt. Nach einem
Aufenthalt im Garten und verschiedenen Beobachtungen fragen die Erzieherinnen die Kinder nach ihren Erlebnissen. Kinder erzählen u.a. von Vö-
geln. Simone hat eine Idee: „Hey, Kinder, und wenn wir einen Vergnügungspark für Vögel machen würden?", andere Kinder ergänzen, dass die
Vögel Spaß haben sollen, ein Karussell und ein Springbrunnen gebaut werden können, dass die Vögel die guten Ideen der Kinder hören. Andrea

merkt an, wie schwierig das in echt zu machen ist, aber Alice tröstet sie: „Die Lehrerinnen … werden uns helfen" (vgl. Reggio Children 1995a, S.25ff). Es entsteht ein reger Ideenaustausch. Anschließend stellen die Kinder ihre Ideen graphisch dar. Die Erzieherinnen machen Notizen und Videoaufnahmen und erstellen eine Sammlung der Ideen, eine „Vorgeschichte" (vgl. Performanetics 1992).

7.1.5.2 Die Auseinandersetzung mit den Ideen oder: Wie funktioniert ein Springbrunnen?

Am Beispiel der Auseinandersetzung einer Kleingruppe mit dem Springbrunnen soll nun das weitere Vorgehen beschrieben werden. Verschiedene Kleingruppen verfolgten andere Ideen innerhalb des Projektes zum Thema „Vergnügungspark für Vögelchen".

Die Kinder der Kleingruppe besichtigen verschiedene Springbrunnen in Reggio, beobachten Fontänen, den Lauf des Wassers, sie malen, fotografieren. „Es wird geguckt, geforscht und das, was gesehen wird, woran man sich erinnert, was einem einfällt, wird kommentiert." Anschließend werden die Erlebnisse, Erfahrungen und Ergebnisse diskutiert, auch mit den anderen Kindern der Einrichtung. Simone meint: „Wir können sagen, dass ein Springbrunnen etwas Nützliches ist. Er nützt für viele Sachen – Hunde, Katzen, Vögel. … Weißt du, ein Springbrunnen ist ein bisschen wie ein … man könnte fast sagen wie eine Skulptur, wie die, die wir aus Ton machen" (Reggio Children 1995a, S. 32 und 46).

Dann erfolgt die darstellende Auseinandersetzung mit den Springbrunnen. Die Kinder malen sie zunächst, die Erzieherin schreibt jeweils dazu, was das Kind erklärt. Die Kinder erzählen und erklären ihre Bilder den anderen, im Beispiel diskutieren drei Kinder, tauschen Ideen aus. Ein Kind fragt, wie denn das Wasser in die Fontäne kommt. Plötzlich entdeckt ein anderes, dass sie vergessen hat, dies zu malen. Sie stellt in ihrem Bild die Fontäne als „blueprint" (Muster) dar, bei dem man sieht, wie das Wasser seinen Weg nehmen könnte. Im nächsten Schritt stellen die Kinder ihre Ideen in Ton dar. Es entstehen sehr unterschiedliche Modelle. Ein Kind zählt, wie viele Wasserlöcher sie braucht nach ihrem Entwurf und lädt einen anderen Jungen ein, ihr zu helfen. Die beiden diskutieren eifrig. Nach einiger Zeit greift die Erzieherin ein und fragt, über was sie diskutieren. Die Kinder arbeiten z.T. eine Woche lang an ihrem Modell (vgl. Performanetics 1992).

7.1.5.3 Hypothesen und Theorien über die Arbeit der Brunnen oder: Welchen Weg nimmt das Wasser in den Springbrunnen?

Die Kinder gehen erneut in den Park, fotografieren die Fontäne und malen sie vor Ort. Anschließend werden die Fotografien betrachtet. Die Erzieherin befragt mehrere Kinder einzeln über ihre Vorstellungen und Meinungen: Wie kommt das Wasser im Brunnen hoch? Ein Kind vermutet einen Motor und malt auf, wie sie sich dies vorstellt. Die Erzieherin schreibt die Ideen mit. Wo kommt das Wasser her? Elisa meint: „In dem Springbrunnen ist ein Rohr... und das Wasser geht immer hoch ..." Es kommt von einem Äquadukt, das Regenwasser sammelt, meint Andrea, vielleicht gibt es aber auch unterirdische Behälter, aus denen das Wasser kommt, vermutet Simone ... (Reggio Children 1995 S. 59ff). Als ein Kind keine Idee hat, regt die Erzieherin an, andere Kinder zu fragen, weißt darauf hin, dass sie auch nicht genau weiß, wie der Brunnen funktioniert. Am nächsten Tag zeigt die Erzieherin den Kindern erneut Fotos, wiederholt die Ideen der Kinder und lässt die Kinder malen, woher das Wasser kommt. Die Fotos legt sie als Anregung auf den Tisch. Nun malen die Kinder das Innere des Brunnens. Zwei Kinder malen jeweils auf einer Folie, die auf ein großes Foto gelegt wird, den Weg des Wassers. Sie diskutieren, zum Beispiel wo der Motor sein könnte? Anschließend wird nur die Folie betrachtet, diskutiert und verglichen (vgl. Performanetics 1992).

7.1.5.4 Forschungen und Experimente oder: Lernen durch Versuch und Irrtum

Nachdem nun viele Fragen, Informationen, Erfahrungen, Hypothesen vorliegen, geht es darum, zu erforschen, wie ein Springbrunnen funktioniert. „Für viele Tage werden sich die Kinder mit dem Wasser, den Wasserhähnen, den Rohren, den Schleusen, den Spritzen, den kleinen und großen Becken, den Kanälen, den Mühlrädern, den Wasserbehältern und dem Zusammenhang zwischen der Neigung der Wasserkanäle und der Wassergeschwindigkeit beschäftigen ... Sie ... lernen, wie einem die direkte Erfahrung der Dinge weiterhilft" (Reggio Children 1995a, S. 72). Die Kinder entdecken ein Wasserbecken und verschiedene Gegenstände darin, konstruieren ein Schiff und ein Wasserrad. Dabei überlegen die Erzieherinnen, wie sie den Kindern noch Anregungen geben können. Ein Ausflug zu einer Mühle mit Wasserrad wird unternommen, es finden Diskussionen über seine Funktion statt: Bewegt der Fluss das Rad oder das Rad den Fluss? Es werden Wasserräder zunächst als Modell in Papier und Ton konstruiert, um anschließend eines in Plexiglas zu bauen, das im Wasser funktioniert. Nach mehrmaligen Versuchen, wie die Schaufeln anzubringen sind und wie dick eine Achse sein muss, klappt es. Hier finden Diskussionen statt, Kinder helfen mit und durch ein Lernen anhand von Versuch und Irrtum finden sie funktionstüchtige Lösungen. Dieser Projektteil mit seinen Enttäuschungen und Ermutigungen durch Erwachsene ist ein gutes Beispiel für die soziale Konstruktion von Wissen und Erfahrung (vgl. Performanetics 1992).

7.1.5.5 Wir bauen einen echten Springbrunnen oder: Die Umsetzung der Erfahrungen in die Realität

Nun wird der Vergnügungspark für Vögel konkret geplant. Ein Tisch wird bezogen mit Papier. Die Kinder entwerfen zunächst auf ihrem Blatt den Park, gehen immer wieder zum Fenster, sehen nach, wie der Garten aussieht. Dann begeben sich die Kinder mit ihren Plänen in den Garten und erklären ihre Ideen an Ort und Stelle (Performanetics 1992).

Andrea bemerkt dazu: „Wenn wir echte Springbrunnen bauen würden, sollten wir sie aus Eisen oder aus Holz oder aus Beton bauen, auf jeden Fall hart" und Simone stellt fest, dass ein hoher Druck benötigt wird. Aber zuerst brauchen die Kinder, wie Filippo feststellt, einen Wasserhahn. Was wäre, wenn Wasser fliegen könnte (Reggio Children 1995a, S. 87f)? Im nächsten Schritt stellen Arbeiter den Wasseranschluss her, die Kinder stellen ihnen viele Fragen. Es ist ein großes Ereignis, als zum ersten Mal Wasser läuft. Verschiedene Springbrunnen entstehen: „Mein Springbrunnen ist ein Rad, … ein Karussell für Vögel: es gibt … Holzsitze." Oder der Springbrunnen von Valentina ist aus Strohhalmen, aus denen Wasser sprudelt und hat eine Drehscheibe. Ein anderer Brunnen ist mit zwei Regenschirmen gemacht: „Von einem fällt das Wasser in den anderen."

Zum Abschluss wird der Vergnügungspark mit einem Fest für Kinder, Eltern, Erzieherinnen, Einwohnerinnen eingeweiht, aber auch mit den Tieren, die den Park bereits besuchen: Vögel, Katzen, Hunde … Giorgia stellt fest: „Kinder, was für einen schönen Vergnügungspark wir gemacht haben" (Reggio Children 1995a, S. 100ff).

Die Besucherinnen können die Entstehung des Parks anhand der ausgestellten Dokumentationen, v.a. Fotos (vgl. Reggio Children 1995a) und einem Videofilm (vgl. Performanetics 1992), nachvollziehen.

7.2 ... IM SITUATIONSANSATZ AM BEISPIEL DES PROJEKTES: ICH FINDE MICH IN MEINER GRUPPE NICHT MEHR ZURECHT

Projekte sind als Arbeitsform von Anfang an in den Materialien des Situationsansatzes vorgesehen, wobei es kaum konkrete Ausführungen dazu gibt (vgl. AG Vorschulerziehung 1974a, S. 57f; 1974c, S. 76). Eine besondere Bedeutung kommt während des Projektes den Gesprächen mit Kindern zu. Erst in jüngerer Zeit wurde dieses Thema aufgegriffen und das genaue Vorgehen in der pädagogischen Praxis erläutert (vgl. Textor 1995). Es wird versucht, die Projektarbeit und deren Prinzipien sowie den Verlauf eines Projektes für die Kindergartenarbeit aufzuarbeiten und anhand von Praxisbeispielen zu beschreiben. Textor nimmt kurz Bezug zum Situationsansatz (vgl. S. 28), wobei er die Projektarbeit mit ihren Prinzipien darstellt, die sich zum Teil mit Prinzipien und Grundlagen des Situationsansatzes decken, zum Beispiel Lebensnähe, Öffnung, entdeckendes Lernen, exemplarisches Lernen, Kindorientierung (vgl. S. 16ff).

Zentral ist der schematische Verlauf eines Projektes, ausgehend von der Projektinitiative, die von einer Situation, von Kindern, anderen Erwachsenen oder Erzieherinnen ausgehen kann. Anschließend erfolgt die Entscheidung der Gruppe hinsichtlich des Weiterverfolgens der Initiative und die Erstellung einer Projektskizze bzw. eines Projektplanes, wofür methodische Möglichkeiten beschrieben werden. Dann erfolgt die Vorbereitung und Durchführung des Projektes, wobei immer wieder Reflexionsphasen wichtig sind. Letztendlich erfolgt der Abschluss des Projektes, evtl. die Präsentation der Ergebnisse und die Auswertung (vgl. Textor 1995, S. 31ff).

Das ausgewählte Beispiel eines Projektes ist im Evangelischen Kindergarten Lorsch durchgeführt worden und wurde veröffentlicht und dokumentiert in Mühlum, Virnkaes & Reichle 1994, S. 11-23 sowie in der dazugehörenden Diaserie.

7.2.1 Die Situation und wie sie sich für die Beteiligten darstellt oder: Was ist los?

Zu Beginn des Projektes steht der Situationsanlass: Neuanfang der Kindergartengruppe nach den Sommerferien, eine neue Gruppe muss sich finden. Bei der Situationsanalyse, die in diesem Fall eine Analyse der Gruppensituation bedeutet, beobachten die Erzieherinnen, dass die neuen Kinder kaum Schwierigkeiten haben, sich selbstbewusst verhalten und wenig Kommunikations- oder Kontaktschwierigkeiten zeigen. Dagegen sind die

135

„Großen" verunsichert, die sich mit dreizehn neuen Kinder und einer neuen Mitarbeiterin zurechtfinden müssen. Folgende Beobachtungen führten zu dieser Interpretation: Anna zieht sich meist in sich zurück, geht nicht mehr gerne in den Kindergarten. Max war bis jetzt zuhause und in der Einrichtung der Jüngste und kommt mit seiner neuen Rolle als Großer nicht klar. Einige der Kinder hängen sich an die Erzieherin und nehmen kaum Beziehungen zu den neuen Kindern auf. Die Erzieherinnen erklären dies damit, dass die bisherigen Grossen besonders autonom, kompetent und selbständig waren und z.T. Führungsrollen einnahmen. Auch für die Erzieherinnen ist die Situation neu. Ihr Ziel ist, die neue Zusammenarbeit so zu gestalten, dass sich jede gleichberechtigt und kompetent fühlen kann und für die Kinder Kontinuität dabei herauskommt.

7.2.2 Was können die Beteiligten durch diese Situation lernen? oder: Qualifikationsbeschreibungen

Als Ergebnis der Situationsanalyse formulieren die Erzieherinnen Erfahrungen und Qualifikationen, das heißt Fähigkeiten, Fertigkeiten und Kenntnisse, um in dieser neuen Lebenssituation handeln und besser mit ihr umgehen zu können.
Die Kinder brauchen u.a. das Wissen um ihren Erfahrungs- und Entwicklungsvorsprung und die Fähigkeit, ihre Erfahrungen und ihr Wissen an die Jüngeren weiterzugeben, aber auch die Bereitschaft, für sich und andere Verantwortung zu übernehmen. Weiterhin brauchen sie ein gutes Selbstwertgefühl und Selbstvertrauen und das Bewusstsein, die gemeinsamen Erinnerungen sozusagen als „Besitz" der Gruppe zu begreifen (vgl. S. 14).
Zu Beginn des Projektes stehen also die Beobachtungen und Ziele, das konkrete Vorgehen im Projekt soll als Prozess mit den Kindern gestaltet werden.

7.2.3 Erst haben wir geredet, dann haben wir gemacht oder: Wie die Kinder das Projekt mitbestimmen

In Kinderkonferenzen als demokratischem Forum werden die Kinder in die Planungen mit einbezogen. Die Erzieherinnen legen den großen Kindern einen Plan vor und fragen nach den Wünschen der Kinder. In einer weiteren Konferenz geht es um Erinnerungen an die Ehemaligen anhand einer Fotowand. Die Kinder erzählen sich gegenseitig.
Es entstehen verschiedene Ideen, zum Beispiel gemeinsam zu kochen oder Häuser aus Riesenkartons zu bauen. Letzteres schlug ein Junge vor und

setzte seine Idee unter Einbeziehung interessierter Kinder parallel zum laufenden Projekt um.

7.2.4 Der Projektteil: Wir kochen und essen wie schon mal

Ein Kind bringt aufgrund der Idee, zu kochen, einen Kürbis mit, und äußert die Idee: Wir kochen eine Suppe, wie schon mal ... Seine Initiative wird aufgegriffen von den Erzieherinnen. In einer Gesprächsrunde überlegen die Großen angestrengt, wie das denn geht. Gemeinsam erstellen sie das Rezept auf einem Plakat und teilen Aufgaben ein, die außer dem Kochen noch zu übernehmen sind: „Während die einen den Tisch decken, suchen andere passende ‚Tafelmusik' aus, wieder andere kümmern sich um den Tischschmuck" (S. 19). Über die ausgewählte Musik zum Essen erinnern sich die Kinder daran, wofür sie schon einmal eingesetzt wurde, und es entstand der nächste Projektteil: Wir schauen die Wolken an. Bei diesen Aktionen wächst das Selbstbewusstsein der Großen und die Beziehungen zwischen Alten und Neuen wachsen.

7.3 Vergleich der Umsetzung von Projektarbeit in beiden Konzeptionen

Ausgehend vom Vergleich des verschiedenen Verständnisses von Lernen im vorangegangenen Kapitel sollen die dort entwickelten Aspekte nun am konkreten Beispiel der beiden Projektbeispiele überprüft werden.

Zunächst ist festzustellen, dass es zwei sehr unterschiedliche Projektthemen sind. Die Reggio-Pädagogik geht von einer Idee der Kinder aus, nimmt ständig ihre Fragen und Anregungen auf. Im Mittelpunkt steht ein sachliches Thema, bei dem die Kinder sich technische und naturwissenschaftliche Inhalte erarbeiten und in die Praxis umsetzen. Im Situationsansatz ist das Verhalten der Kinder in der Gruppe und der Wunsch der Erzieherin, dass die Gruppe sich findet, Anlass für das Projekt. Ausgangspunkt ist ein offensichtliches Problem der Gruppe. Es zeigt sich ein grundlegender Unterschied zwischen den beiden Konzeptionen: Im Situationsansatz wird zunächst eine Situationsanalyse vorgenommen. Dann wird das Anliegen der Kinder sofort in Verbindung gebracht mit den Anforderungen der Gruppe. Dies bestätigt die Kritik, dass die Themen eher sozial oder gesellschaftspolitisch formuliert und gedacht werden. Hier liegt der Verdacht nahe, dass, wenn man die Kinder nach Themenwünschen direkt fragen würde, sachliche Themen gegenüber sozialen dominieren würden. In der Reggio-Pädagogik dagegen sind Fragen und Interessen der Kinder im Mittelpunkt. Der Fokus liegt auf den Kindern und ihrer Art des Wahrnehmens und Denkens. Die Themen, auch anderer Projekte, die dokumentiert sind, sind fast ausschließlich auf sachliche Inhalte bezogen. Kurz zusammengefasst ist der Ausgangspunkt des reggianischen Projektes der individuelle Wissenserwerb in Auseinandersetzung mit anderen Menschen und der Welt. Beim situationsorientierten Projekt ist die Situation der Gruppe grundlegend.

Das Vorgehen während des Projektes ist verschieden. In der Reggio-Pädagogik werden anschauliche, gegenständliche Themen erforscht. Kinder werden zu Fragen, Hypothesen und Theoriebildung angeregt, führen Versuche am Modell durch. Die Erzieherinnen geben Anregungen, dokumentieren die Antworten und Ideen der Kinder, um sie festzuhalten und wieder in die Gruppe einzubringen. Das Vorgehen, vor allem die Orientierung an den Fragen der Kinder, wird differenziert beschrieben. Im Situationsansatz wird von Beobachtungen zur Gruppensituation ausgegangen. Anschließend formulieren die Erzieherinnen Qualifikationen und aus den Erinnerungen an früher wird eine Idee entwickelt und durchgeführt. Bei diesem Projekt wird vor allem die Beteiligung der Kinder beschrieben, dagegen die Orientierung an den konkreten Fragen der Kinder wird kaum erwähnt. Die Beteiligungsmöglichkeiten der Kinder bei der Planung und Durchführung, die im Mittelpunkt stehen, liegen auf einer anderen Ebene wie die unmittelbare Orientierung an den Fragen der Kinder. Dabei spielen die Beobachtungen und Ziele der Erzieherinnen eine große Rolle, die hier offensichtlich richtig waren. Darin liegt jedoch eine große Gefahrenquelle, dass Erwachsene Interpretationsfehler machen bzw. ihre Ideen auf die Kinder übertragen.

Auch die schon erwähnte Verbindung von sozialem und instrumentellem Lernen wird bei den beiden Beispielen unterschiedlich gelöst. Es wurde kritisch angemerkt, dass durch die Dominanz des sozialen Lernens im Situationsansatz die Gefahr besteht, die Eigenart kindlichen Lernens außer Acht zu lassen. Das Lernen in der Gruppe kann einengen und die Selbstbildungsprozesse der Kinder zu wenig fördern. Das Projekt vermittelt den Eindruck, als ob es vor allem um das Lernen und den Prozess als Gruppe geht. Es werden kaum Sachthemen erwähnt. Sie sind nur am Rande behandelt. Die Feststellung, dass Kinder einfach an Dingen interessiert sind, wird durch diese Dokumentation nicht so deutlich wie beim reggianischen Projekt. Die Situation wird allgemein bearbeitet, was weitgehend fehlt, sind die individuellen Wirklichkeitsdeutungen der Kinder.

Im Beispiel der Reggio-Pädagogik hingegen wird der Dialog des Kindes mit Menschen und Dingen detailliert dokumentiert. Auch die immer wieder neuen Anregungen zu Fragen und Forschungen, das Lernen durch Interaktion wird dargestellt. Diese Lernform steht neben dem sachbezogenen Lernen: Durch die gemeinsame Arbeit an Sachfragen, zum Beispiel „wie funktioniert ein Springbrunnen?" werden soziale Erfahrungen angeregt, findet soziales Lernen statt. Auch Beispiele von Zusammenarbeit Gleichaltriger sind festgehalten, die zeigen, wie Kinder sich gegenseitig anregen. Im Situationsansatz findet sich auch im vorliegenden Beispiel eine Unterordnung des instrumentellen unter das soziale Lernen. Unklar bleibt, ob durch das Projekt kognitive Lernprozesse angeregt wurden und welche. Dies wird in der Dokumentation nicht konkret beschrieben.

Interessant ist beim situationsorientierten Projekt, die Diskussionen zur Aufklärung der Situation, wie sie die Theorie vorsieht, hier in der Praxis wiederzufinden. Offensichtlich haben die Erzieherinnen im Prozess der Themenbearbeitung durchaus die Interessen einiger Kinder getroffen. Dies hängt von den Kompetenzen des Erziehungspersonals ab, nicht vom Instrumentarium der Konzeption. Es besteht jedoch ständig die Gefahr, dass einzelne Kinder mit ihren entwicklungspsychologischen Voraussetzungen zu wenig im Blick sind und Erwachsene die Themen interpretieren. Im reggianischen Projekt haben die Erzieherinnen ganz klar die Aufgabe, Kinder bei ihren Lernprozessen zu unterstützen, was am Beispiel konkret dokumentiert wird: sie beobachten, versuchen immer wieder zu verstehen, fragen nach, dokumentieren und geben weiterführende Impulse. Ideen der Kinder werden festgehalten und wieder in die Gruppe eingebracht. Ihre Äußerungen werden sorgfältig analysiert, um wieder Themen für die pädagogische Planung zu erhalten. Im Situationsansatz dagegen definieren die Erwachsenen die Schlüsselsituation aufgrund ihrer Beobachtungen. Sie beteiligen die Kinder zwar an der Planung. Aber die kritisch angefragte Unempfindlichkeit gegenüber der spezifischen Art und Weise des Denkens und Handelns von Kindern wird hier nicht widerlegt. Der Projektbeschreibung kann nur in wenigen Beobachtungen entnommen werden, wie es Kindern geht. Was die Kinder konkret denken, geht daraus nicht hervor.

Die Forderung nach ganzheitlichem Lernen, die beiden Konzeptionen zugrunde liegt, ist anhand der Beispiele unterschiedlich umgesetzt. In der Reggio-Pädagogik werden verschiedene Ausdrucksformen und ihre Bedeutung innerhalb des Projektes dokumentiert. Vermittelt über Sachthemen wird ganzheitliche Erziehung durchgeführt, wobei das Lernen der Kinder durch eigene Fragen, durch Ausprobieren und Erfahrung angeregt wird.

Soziales Lernen als Co-Konstruktion hat eine andere Qualität als Themen aus dem sozialen Bereich, die hauptsächlich soziales Lernen anregen. Die Co-Konstruktion, die Auseinandersetzung mit Anderen orientiert sich an den Kindern und ihrem Wissen, das sie gemeinsam erarbeiten. Soziale Themen enthalten immer, oft implizit, Werte und Normen des Zusammenlebens, im Beispiel die Bedeutung der Gruppe für die Kinder. Deshalb ist immer zu fragen, ob das jeweilige Thema nicht zu stark „erwachsenengesteuert" ist und einen „heimlichen Lehrplan" transportiert.

Der Anspruch des Situationsansatzes, in Handlungszusammenhängen ganzheitlich zu lernen, ist im Beispiel teilweise gelungen, schwerpunktmäßig im sozialen und emotionalen Bereich, begleitend dazu auch in anderen Bereichen. Ob und wie der kognitive Bereich umfassend angesprochen wurde, was beispielsweise Neues gelernt wurde, kann der Beschreibung nicht entnommen werden.

Zusammenfassend kann festgestellt werden, dass die Reggio-Pädagogik ein „vergnügliches Lernen" anregt, das leicht wirkt, bei Kindern Freude und Neugier weckt, um eigene Wege zu suchen. Dies wird anhand der Analyse des vorgestellten Projektes konkret beschrieben, zum Beispiel durch Zitate von Kindern. Dem Situationsansatz haftet schon in seiner Zielsetzung etwas „Schweres" an: Die Bewältigung von Lebenssituationen. Dies wird auch in der Projektdokumentation bestätigt, da die veränderte Gruppensituation ein offensichtliches Problem für einen Teil der Kinder darstellt. Dieses Problem und seine Bearbeitung ist Inhalt des Projektes.

Dass die festgestellten Unterschiede in den Projektthemen nicht nur für die zwei ausgewählten Beispiele zutreffen, soll belegt werden anhand der Projektthemen, zu denen Materialien in beiden Konzeptionen vorliegen:

(a) Eine Auswahl an Projektthemen aus der Reggio-Pädagogik:

- „Wie lernen Kinder sich mitzuteilen und Botschaften zu senden?" (vgl. Amt für Jugend HH 1994, S. 22-28)
- „Was ist eine Menge?" (vgl. Krieg 1999)
- „Die Stadt und der Löwe" (vgl. Hermann 1993, S. 29f)
- „Die Stadt und der Regen" (vgl. Reggio Children, S. 25)
- „Alles hat einen Schatten, außer der Ameise" (vgl. Behörde Hamburg 1990)
- „Die Geburt zweier Pferdchen" (vgl. Reggio Children, S. 19)
- „Katzenkinder" (vgl. Krieg, H. 1995)

- „Die Kinder und die Bäume" (vgl. Cadwell 1997, S. 36-57)
- „Pusteblume" (vgl. Hermann 1993, S. 41f)
- „Georgia entdeckt den Garten" (vgl. Hermann 1993, S. 26f)
- „Dinosaurier" (vgl. Edwards 1998, S. 215-237)
- „Weinlese" (vgl. Göhlich 1990 S. 121ff)
- „Wir kaufen dir deine Schuhe ab" (vgl. Gruber 1993, S. 32-36)
- „Traube, Traktor und Wolf" (vgl. Krieg 1993, S. 75-80)
- „Licht und Farben" (vgl. Reggio HH 1990, S. 86-95)
- „Weitsprung" (vgl. Reggio HH 1990, S. 77-82)

(b) Eine Auswahl an Themen aus dem Situationsansatz

am Beispiel der Praxisreihe Situationsansatz: Die aufgeführten Themen wurden als Schlüsselthemen in der Praxis eines Modellprojektes entwickelt und dokumentiert. Das jeweilige Thema ist nach den Planungsschritten des Situationsansatzes gegliedert: Situationen analysieren, Ziele festlegen, Situationen gestalten, Erfahrungen auswerten. Sie werden hier anstelle von konkreten Projektthemen genannt:

- „Wer ist hier der Bestimmer?" (vgl. Doye & Lipp-Peetz 1998a)
- „Gut, dass wir verschieden sind" (vgl. Heller 1998a)
- „Und wer bist du? Interkulturelles Leben in der Kita" (vgl. Preissing 1998)
- „Hier spielt sich das Leben ab. Wie Kinder im Spiel die Welt begreifen" (vgl. Naumann 1998b)
- „Was heißt hier schulfähig?" (vgl. Naumann 1998a)
- „Etwas unternehmen. Kinder und Erzieherinnen entwickeln Eigeninitiative" (vgl. Heller 1998b)
- „Das soll einer verstehen? Wie Erwachsene und Kinder Veränderungen erleben" (vgl. Doye & Lipp-Petz 1998b)
- „Natürlich von klein auf. Ökologische Lebensgestaltung in der Kita" (vgl. Naumann 1998c)
- „Was zählt? Vom Umgang mit Geld und anderen Werten." (vgl. Heller & Naumann 1998)

Die Gegenüberstellung der Themen bestätigt, was der Vergleich der beiden konkreten Projekte ergab: Die Projekte haben unterschiedliche Schwerpunkte in ihrer Zielsetzung und in ihrem Anregungspotential von Lernprozessen. Die reggianischen Themen sind auf Sachverhalte und Gegenstände bezogen, die erforscht werden. Die Dokumentationen enthalten meist sehr konkrete Beschreibungen der Kinderfragen und der Art und Weise, damit umzugehen. Die Materialien des Situationsansatzes formulieren dagegen soziale und gesellschaftspolitische Themen. Diese werden eher erzählend dargestellt, wobei Erwachsene die Schlüsselsituationen definieren und die Hintergründe erarbeiten. Ob Kinder von alleine sich Fragen nach ökologischen Zusammenhängen oder Veränderungen stellen? Oder eher anhand der Bearbeitung von Sachthemen mit anderen zusammen sich nach und nach an die Probleme der Erwachsenen heranarbeiten?

8. Entwicklung von Kindern: Der entwicklungspsychologische Aspekt in beiden Konzeptionen

Die Frage nach der Entwicklung von Kindern wird unter anderem unter der Fragestellung kontrovers diskutiert, welche Rolle Dispositionen bzw. Anlagen und welche Rolle die Umwelteinflüsse dabei spielen. Dies wird schon in der Definition des Duden (o.J., S. 711) deutlich, die beschreibt, dass Entwicklung bedeutet: „durch das Wirken bestimmter Kräfte allmählich entstehen, sich stufenweisen herausbilden ..." Auf der anderen Seite heißt Entwicklung auch „... in seinem ... körperlichen oder geistigen Wachstum allmählich ein Stadium erreichen, in dem die in dem betreffenden Lebewesen angelegten Möglichkeiten verwirklicht werden". Diese allgemeine Definition weist auf die Vorstellung von Phasen hin, die in einem fortlaufenden Prozess aufsteigend durchlaufen werden. Sie enthält einen Hinweis darauf, dass durch Einwirkung eine Person auf ein höheres Niveau gehoben werden kann. Im Wort „Entwicklung" sind nach Scholz (1993, S. 401) drei lateinische Begriffe miteinander verwoben: „explicatio", „complicatio" und „evolutio". Evolutio meint die Entfaltung eines Gedankens oder einer Vorstellung, die entrollt wird, in Anlehnung an die ursprüngliche Bedeutung von evolutio als „Aufrollen einer Handschriftenrolle", später dann „Aufschlagen eines Buches". Voraussetzung dafür ist, dass etwas „Eingerolltes" vorhanden ist. Die beiden anderen Begriffe verweisen auf „die Entfaltung des in der Einheit des Grundes eingefalteten". Im Unterschied zum Begriff „Schöpfung" setzt der Begriff „Entwicklung" etwas Vorhandenes voraus und weist auf eine Veränderung hin, der eine Richtung innewohnt, die nicht zufällig und auch keine bloße Wiederholung ist.

Aus dieser Definition lassen sich Fragen ableiten, die verschiedene Theorien unterschiedlich beantworten:

- „Was steht am Anfang der Entwicklung?
- Worin besteht das Ziel der Entwicklung?
- Worin besteht die Kraft, die die Entwicklung in die Richtung bringt und in ihr hält?"

Hier wird schon deutlich, dass Entwicklung in der Pädagogik zumeist als Voraussetzung und Ziel angenommen wird. Je nach dem, wie die oben genannten Fragen theoretisch beantwortet werden, wird der Einfluss der vorgegebenen Anlage oder der Umwelteinflüsse als mehr oder weniger angenommen. „Eine Vereinigung dieser beiden Standpunkte wird dort vollzogen, wo Entwicklung als Ergebnis von Anlage und Umwelt, von Reifungs- und Lernprozessen definiert wird" (Scholz 1993, S. 401). Schon Scheiermacher spricht gegen den Versuch, die Bedeutung von Anlage und Umwelt zu bestimmen, indem er davon ausgeht, dass der Mensch von Geburt an untrennbar mit seiner Kultur verbunden sei. Kant formuliert, dass der Mensch nur Mensch werden kann durch Erziehung: „Er ist nichts, als was die Erziehung aus ihm macht" (Kant 1968, S. 698). Hier entsteht eine Differenz, die darauf hinweist, dass der Mensch Natur- und Geistwesen ist. Man kann ihn einmal als das betrachten, als was die Natur aus ihm macht, in Anlehnung an Rousseau (1993) und als das, was er selbst aus sich macht. Diese Differenz bleibt Desiderat jeglicher Entwicklungspsychologie, die versucht, durch immer neue Untersuchungen die Wechselwirkung zwischen Natur und Umwelt zu erforschen (vgl. zum Beispiel ökologischer Ansatz nach Bronfenbrenner in Oerter 1995, S. 84ff). Bronfenbrenner spricht bezüglich der menschlichen Entwicklung „vom sich verändernden Individuum in einer sich wandelnden Umwelt". Stand der neueren Forschung ist demnach, ein Wechselwirkungsmodell zwischen Individuum und Umwelt anzunehmen. Entwicklung kann offenbar nicht bestimmt werden, ohne nach ihrem Ziel beziehungsweise ihrer Richtung zu fragen. Das heißt, Entwicklung kann nicht ohne Berücksichtigung von Erziehung begriffen werden (vgl. Scholz 1993, S. 402).

Entwicklung ist, wenn sie beobachtet wird, immer auch eine Änderung des Verhaltens und Verhaltensänderungen gehen mit vielfältigen Formen des Lernens einher (vgl. Heckhausen 1976, S. 105). Auch diese Annahme ist wieder der Hinweis auf die Verbindung von Entwicklung und Lernen, angeregt durch Erziehung.

Dem Entwicklungsbegriff ist ein Fortschrittsgedanke immanent und die Vorstellung einer zielgerichteten Entwicklung hin zu etwas „Höherem". Neuere Diskussionen in den Sozialwissenschaften, wie zum Beispiel die Ausführungen zur „Risikogesellschaft" von Beck (1986; 1996), gehen davon aus, dass der Fortschrittsgedanke, ein typisches Merkmal der Moderne, obsolet geworden ist. Die andere, zweite Moderne oder Postmoderne geht nicht mehr davon aus, dass die Gegenwart das Ergebnis einer quasi natürlichen Höherentwicklung ist und die Zukunft mehr sein wird als die Gegenwart. So wird auch der Entwicklungsbegriff allgemein in Frage gestellt. Es müssen andere Formen des Umgangs mit den Folgen der Moderne, sogenannte reflexive Formen (vgl. Beck 1986; 1996) gefunden werden. Dies hat Folgen für eine pädagogische und psychologische Betrachtungsweise.

Das Modell der Vervollkommnungsfähigkeit des Individuums als Voraussetzung und Mittel gesellschaftlichen Fortschritts scheint obsolet zu werden, wenn der gesellschaftliche Fortschrittsgedanke sich auflöst. Ein Entwicklungsbegriff, in dem nicht ein Fortschrittsgedanke enthalten ist, ist zur Zeit nicht erkennbar. „Dies könnte pädagogisch zu der Einstellung führen, das andere des Kindes, das an ihm nicht Erklärbare und nicht Verstehbare bestehen zu lassen. Das würde pädagogisches Handeln nicht aufheben, wohl aber den Gedanken der Beherrschbarkeit von äußerer und innerer Natur – ebenso wie den von Beherrschbarkeit der Gesellschaft" (Scholz 1993, S. 403).

Es wird im Vergleich der beiden Konzeptionen zu prüfen sein, welche Vorstellung von Entwicklung jeweils vorliegt und ob die neueren Erkenntnisse der Wissenschaft integriert wurden.

Die Entwicklungspsychologie beschreibt mit ihren grundlegenden Erkenntnissen zur Entwicklung die Vorbedingungen für pädagogisches Handeln. Pädagogisches Personal muss über die Entwicklung von Kindern Bescheid wissen, um den richtigen Zeitpunkt für eine pädagogische Maßnahme zu finden (vgl. Diederich 1977, S. 29). Schon vor Entstehen der Psychologie als eigener Wissenschaftsdisziplin wurden Fragen zu den Beziehungen zwischen der menschlichen Natur und Vorgängen von Erziehung und Lernen gestellt. Viele Pädagogen vergangener Jahrhunderte haben ihre didaktischen Lehrmeinungen auch durch psychologische Anschauungen, Erfahrungen und Überzeugungen begründet, wie zum Beispiel Comenius, Pestalozzi und Fröbel. Fröbel (in Schmutzler 1994, S. 25f) als „Klassiker" der Elementarpädagogik, verwies im Besonderen auf die Bedeutung der Entwicklung von Kindern und formulierte Entwicklungsstufen als Bewusstseins- und Bildungsgrade. Aus seinen Vorstellungen über die Entwicklung von Kindern entstanden seine pädagogischen Theorien sowie seine methodisch-didaktischen Vorstellungen und Materialien. Er ging davon aus, dass alle Erziehung mit der Beobachtung beginnt. So verbindet er die für seine Zeit bekannten „entwicklungspsychologischen Kenntnisse" mit pädagogischen Zielen und einem Konzept. Martha Muchow stellt in den 20er Jahren fest, „dass wir eigentlich für alle neuen Entdeckungen kinderpsychologischer Forschung eine intuitiv geahnte Einsicht schon bei Fröbel vorgebildet finden: Da wo er als Psychologe spricht, oft radikaler formuliert, als wir es heute noch wagen" (Muchow in Strnad 1949, S.13f).

Auch Maria Montessori (vgl. Kramer 1977; Montessori 1978) und Rudolf Steiner für die Waldorfpädagogik (vgl. Schneider 1987) haben Vorstellungen über die Entwicklung von Kindern formuliert, auf deren Grundlagen

sie ihre Konzepte entfalten. In der neueren Diskussion der Elementarpädagogik wurden Erkenntnisse aus der Entwicklungspsycholgie vor allem in
den 60er Jahren verwendet, um Förderprogramme im kognitiven Bereich,
wie die Frühlesebewegung, mit damals neuen psychologischen Forschungen zu belegen (vgl. Weinert & Hofer 1976). Trotz ständig neuer Befunde
in der Entwicklungspsychologie wird in der aktuellen Diskussion um neuere Konzepte der Elementarpädagogik nur selten Bezug darauf genommen
oder nur sehr allgemein auf Ziele der Entwicklung verwiesen. Beispiele dafür sind aktuelle konzeptionelle Entwicklungen der Elementarpädagogik
wie Wald- und spielzeugfreier Kindergarten oder offener Kindergarten, die
vorwiegend aus der Praxis heraus entwickelt wurden. Da die Verbindung
von Entwicklung und Lernen, von Entwicklung und Erziehung grundlegend für pädagogische Konzepte ist, sollen die beiden ausgewählten Konzeptionen daraufhin verglichen werden, was sie über Entwicklung von Kindern aussagen und welche pädagogischen Konsequenzen daraus folgen.

8.1 Der entwicklungspsychologische Aspekt in der Reggio-Pädagogik

„Die Reggio-Pädagogik orientiert … sich in ihrer Arbeit an den Bedürfnissen
und persönlichen Interessen der Kinder, die im Unterschied zu den Erwachsenen eine eigene, spezifische Art der Wahrnehmung haben. Insofern stehen das
Kind und die Gesetze seiner Entwicklung im Vordergrund der theoretischen und
praktischen Weiterentwicklung des Erziehungsmodells" (Möhring in Berlin
1992, S. 165).

Die Entwicklung von Kindern spielt als Grundlage der pädagogischen Arbeit in der Reggio-Pädagogik eine wichtige Rolle. Sie bezieht sich auf konkrete theoretische Grundlagen und entwickelt daraus pädagogische Konsequenzen, wie Entwicklung gefördert wird.

8.1.1 Theoretische Grundlagen aus der Entwicklungspsychologie

Die Reggio-Pädagogik bezieht sich auf allgemeine entwicklungspsychologische Grundannahmen: Kinder haben einen aktiven, lebendigen Verstand
von Geburt an. Sie haben ebenfalls von Geburt an grundlegende Dispositionen, um die Umwelt zu erkunden. Diese angeborenen Dispositionen können sich bei richtigen Konditionen verstärkt entfalten. Ausgangspunkt ist

das von Geburt an aktive Kind, das in Interaktion mit seiner Umwelt seine Dispositionen entwickelt. Des Weiteren bezieht sich die Reggio-Pädagogik auf die kognitive Entwicklungspsychologie, vor allem auf ihre beiden Vertreter Piaget und Wygotski (vgl. Katz 1994, S. 8).

8.1.1.1 Die Reggio-Pädagogik und „ihr" Piaget

Malaguzzi traf mehrfach mit Piaget zusammen und setzte sich intensiv mit dessen Theorien zur kognitiven Entwicklung des Kindes auseinander. Grundsätzlich erkennt Malaguzzi (1993, S. 75f) an, dass Piaget der erste war, der den Kindern eine Identität gab und sie ernst nahm, fundiert auf einer genauen Analyse ihrer Entwicklung. Er würdigt Piaget als jemand, der zeigte, dass die internen Prinzipien der Logik, die Kinder leiten, dieselben Prinzipien sind, die Wissenschaftler bei ihren Fragen leiten.

Folgende Grundannahmen erkennt Malaguzzi (1993, S. 76) an: „Tatsächlich wissen wir in Reggio, dass Kinder Kreativität nützen können als Werkzeug, um zu erkunden, ordnen und die vorhandenen Entwicklungsstufen zu überschreiten. Sie können Kreativität auch nutzen als Werkzeug für ihre eigene Entwicklung, die zwischen Notwendigkeiten und Möglichkeiten oder anders formuliert zwischen Anpassungen und Veränderungen stattfindet." Zentral ist für die Reggianer Piagets Erkenntnis, dass sich das Kind in seiner geistigen Struktur qualitativ unterscheidet von der des Erwachsenen. Es sieht und erlebt die Welt aus einer anderen Perspektive. Der qualitative Unterschied bezieht sich vor allem auf das Denken und die Sprache (vgl. Ginsburg 1985, S. 275). Daraus ergeben sich Folgen für das pädagogische Personal, vor allem im Hinblick darauf, Kinder mit ihrer besonderen Erfahrung und Denkweise zu verstehen. Die Reggio-Pädagogik bezieht sich jedoch nicht auf alle theoretischen Erkenntnisse Piagets. Malaguzzi (1998, S. 82) übt auch Kritik an Piagets Theorie. Hauptsächlich kritisiert er, dass Piagets Konstruktivismus das Kind isoliert. Daraus ergeben sich folgende Aspekte, die kritisch betrachtet werden: Die Unterbewertung der Rolle von Erwachsenen beim Fördern der kognitiven Entwicklung; die geringe Aufmerksamkeit hinsichtlich sozialer Interaktion und Gedächtnis; der Abstand, der zwischen Denken und Sprache ist; die in ihrer Abfolge festgelegte Entwicklung; die Art und Weise, wie kognitive, affektive und moralische Entwicklung wie separate, parallele Schienen behandelt werden; die Überbetonung der Struktur von Entwicklungsstufen, des Egozentrismus und zugordneten Fähigkeiten, die erworben werden; der Mangel an Anerkennung von Teilkompetenzen; die große Bedeutung des mathematisch-logischen Denkens und der häufige Gebrauch von Theorien aus der Biologie und Physik.

Ein Kritikpunkt ist die Klassifizierung, die die Psychologie teilweise vornimmt, u.a. auch Piaget. Malaguzzi glaubt weder an die egozentrische Sprache der Kinder noch findet er den Animismus der Kinder abträglich. Ihm geht es darum, auf der Seite des Kindes zu stehen und es nicht in viele Begriffe und Konzepte zu zerstückeln (vgl. Malaguzzi in FH Frankfurt 1987a, S. 23). Viele der heutigen Konstruktivisten richten ihre Aufmerksamkeit auf die Rolle der sozialen Interaktionen in der kognitiven Entwicklung. Um diesen Aspekt muss die Theorie Piagets nach Meinung der Reggianer ergänzt werden.

8.1.1.2 Exkurs: Wygotski und die kulturhistorische Schule

„Das Bewusstsein spiegelt sich im Wort, wie die Sonne in einem Wassertropfen … Das sinnvolle Wort ist der Mikrokosmos des Bewusstseins" (Wygotski 1977, S. V).

Da die kulturhistorische Schule, deren wichtiger Vertreter Wygotski ist, nicht so bekannt ist, die Reggio-Pädagogik sich jedoch wesentlich auf diese Grundlagen bezieht, erfolgt ein kleiner Exkurs. Die kulturhistorische Schule entstand nach der russischen Revolution und beschäftigte sich mit den in der Folge eintretenden gesellschaftlichen Veränderungen. In diesem Zusammenhang entwickelte auch die Psychologie eine marxistische Orientierung. Sie führte schon damals das Verständnis vom Menschen als aktivem Gestalter seiner Entwicklung ein, allerdings mit der Einschränkung, dass dieser Akteur sich die kulturellen Inhalte der Gesellschaft aneignet (vgl. Oerter 1995, S. 91).

Ein besonderes Interesse Wygotskis galt der Entstehung von Bewusstseinsvorgängen und Denkprozessen aus sozialer Interaktion. Er geht im Unterschied zu Piaget aber davon aus, dass Sprache von Anfang an sozial ist. Um das Individuum zu verstehen, muss man zuerst die sozialen Beziehungen verstehen, in denen das Individuum lebt. Wygotski geht davon aus, dass die soziale Dimension des Bewusstseins primär ist, die individuelle sekundär und daraus abgeleitet. Von diesem Standpunkt aus kritisiert er die zeitgenössische Psychologie, die versucht, soziales Verhalten aus individuellem Verhalten abzuleiten. Deshalb ist es notwendig, soziale Situationen und die psychologischen Strukturen, die Menschen darin entwickeln, genau zu untersuchen (vgl. Oerter 1995, S. 91ff).

Wygotskis Untersuchungen bezogen sich vor allem auf den Bereich, wie Lernen und Entwicklung zusammenhängen: „Wir gehen davon aus, dass Lernen und Entwicklung nicht zwei voneinander unabhängige Prozesse oder ein und denselben Prozess darstellen, sondern dass zwischen ihnen komplizierte Beziehungen bestehen" (Wygotski 1977, S. 222).

Bei seinen Untersuchungen stellte Wygotski (1977, S. 233) fest, dass sich Entwicklung in einem anderen Tempo vollzieht als Lernen. Sie hat ihre eigene innere Logik. Er erforschte nicht nur den aktuellen Entwicklungsstand der Kinder, sondern ihre potentielle Entwicklung. Wygotski (1977, S. 236) stellte ihnen Aufgaben, die nicht selbständig gelöst werden können, nur durch Hilfsfragen, die die Lösung andeuten. So fand er heraus (vgl. 1977, S. 337), dass Kinder gemeinschaftlich, unter Anleitung und mit Hilfe anderer immer mehr leisten und schwierigere Aufgaben lösen können, als selbständig. Das Kind kann jedoch nicht unendlich mehr leisten, sondern nur in gewissen Grenzen, die durch seinen Entwicklungsstand und seine intellektuellen Möglichkeiten genau gezogen sind. „Die Untersuchung zeigt, dass die Zone der nächsten Entwicklung für die Dynamik der intellektuellen Entwicklung und den Leistungsstand eine unmittelbarere Bedeutung besitzt als das gegenwärtige Niveau ihrer Entwicklung" (Wygotski 1977, S. 237f). Wygotski geht davon aus, dass das Kind das, was es heute in der Zusammenarbeit macht, in Zukunft selbständig machen kann. Deshalb ist pädagogische Arbeit im Kindesalter gut, die der Entwicklung vorauseilt und sie lenkt. Die Hauptsache an der pädagogischen Arbeit ist demnach das, was das Kind neu lernt. Deshalb ist die „Zone der nächsten Entwicklung" maßgebendes Moment, da sie das Gebiet der dem Kinde zugänglichen Übergänge bestimmt. „Die Pädagogik muss sich nicht auf die kindliche Entwicklung von gestern, sondern auf die von morgen beziehen. Nur dann wird sie imstande sein, im Unterricht die Entwicklungsprozesse auszulösen, die jetzt in der Zone der nächsten Entwicklung liegen" (Wygotski 1977, S. 240f). Lernen ist demnach nur gut, wenn es Schrittmacher der Entwicklung ist. Hier liegt der große Unterschied zu Piaget, der die Entwicklung als Motor sieht, die durch die Auseinandersetzung mit der Umwelt angeregt wird.

Wygotskis Verdienst ist es, auf die Bedeutung von sozialen Prozessen für Entwicklung und Lernen hinzuweisen. Die Entwicklung des kindlichen Denkens läuft nach seiner Theorie vom Sozialen zum Individuellen, im Unterschied zu Piaget. Deshalb versteht Wygotski Lernen als einen sozialen Prozess (genauer vgl. Wygotski 1977; Newman & Holzman 1993, zusammengefasst und kritisch gewürdigt in Miller 1993, S. 339ff).

8.1.1.3 Die Reggio-Pädagogik und „ihr" Wygotski

Die Reggio-Pädagogik bezieht sich vor allem auf Wygotskis Theorie, die untersucht, wie Denken und Sprache beim Lösen einer Aufgabe oder Tätigkeit zusammenwirken. Diese Verbindung ist die Grundlage, um Ideen zu formen und Pläne für Tätigkeiten zu erstellen. Diese Tätigkeit wird dann anschließend ausgeführt, kontrolliert, beschrieben und diskutiert. Dies ist eine kostbare Einsicht für die Erziehung. Entscheidend sind für die Reggianer die Vorteile der Theorie der Zone der nächsten Entwicklung. Diese Zone der nächsten Entwicklung ist die Distanz zwischen dem Niveau der Leistungsfähigkeit, die Kinder haben und dem Niveau ihrer potentiellen Entwicklung. Diese potentielle Entwicklung kann erreicht werden mit Hilfe Erwachsener oder noch besser durch Gleichaltrige, die Anregungen bieten (vgl. Malaguzzi 1993, S. 79f).

Diese Erkenntnis hat vielfältige Konsequenzen und führt zu der Frage: Kann jemand einem anderen Kompetenzen vermitteln, die dieser nicht hat? Wie weit reicht der Einfluss pädagogischer Anregungen? Das Risiko besteht, zu traditionellen Vermittlungsformen zurückzukehren, um Entwicklung anzuregen, obwohl Wygotski dies ausdrücklich nicht vorsieht. Die Reggio-Pädagogik sieht eine gute Möglichkeit, sich auf die Theorie Wygotskis zu beziehen: Wir suchen Situationen, in denen das Kind erkennen kann, was die Erwachsenen bereits wissen. Die Lücke ist groß zwischen dem, was eine Person sieht, der Aufgabe, festzustellen, was möglich erscheint und den Fähigkeiten und Dispositionen des Kindes, den nächsten Entwicklungsschritt zu vollziehen (vgl. Malaguzzi 1993, S. 80). In dieser Situation hat der Erwachsene die Verantwortung, er kann und muss dem Kind sein Verständnis und sein Wissen leihen. Die Schwierigkeit liegt darin, dass die Bereitschaft des Kindes, sich in die nächste Zone hinein zu entwickeln, schwer zu beobachten ist.

Wygotskis Erkenntnisse haben ihren eigenen Wert und rechtfertigen weitgefasste Interventionen des Erziehungspersonals. Der Ansatz Wygotskis stimmt für unseren Teil in Reggio damit überein, wie wir das Dilemma von Lehren und Lernen und den ökologischen Weg, wie jemand sich Wissen aneignen kann, sehen (vgl. Malaguzzi 1993, S. 80).

Bedeutsam sind Wygotskis Einsichten auch für die Annahme der Reggianer, dass die Auseinandersetzung mit Gleichaltrigen eine wichtige Rolle im Lernprozess spielt.

Nachdem die Reggio-Pädagogik nur Teile von Piagets Theorie übernimmt, andere Teile kritisiert, scheint die Theorie Wygotskis diese Lücke zu füllen.

8.1.1.4 Weitere theoretische Grundlagen

Die Reggio-Pädagogik bezieht sich auf weitere Entwicklungspsychologen, zum Beispiel Jerome Bruner (vgl. 1974) und seine Vorstellungen von kindlichem Lernen ebenso wie auf Bronfenbrenner mit seinem sozialökologischen Ansatz (vgl. Oerter 1995, S. 84ff). Es werden unter anderem auch Bezüge zum Konstruktivismus und zur Systemtheorie hergestellt. Anhand der vorliegenden Literatur konnte nicht festgestellt werden, auf welche Aspekte der jeweiligen Theorien sich die Reggio-Pädagogik bezieht.

Ausgehend von kognitiven Entwicklungspsychologen wie Piaget und Wygotski ist die Reggio-Pädagogik der Auffassung, „dass das Niveau der kognitiven Entwicklung des Kindes die Wahl der Informationen und der Qualität der Wahrnehmungsforschung bestimmt" (Göhlich 1990, S. 51).

Sie nimmt eine enge Beziehung und eine effektive Wirkung zwischen sozialer und kognitiver Entwicklung an, eine Art von Spirale, deren Grundlage kognitive Konflikte sind, die beides ändern, das kognitive und das soziale System (vgl. Rinaldi 1998, S. 115).

Weiterhin nimmt die Reggio-Pädagogik ein rasantes Entwicklungstempo im Kindergartenalter an. Ein Kind in diesem Alter erbringt enorme Entwicklungsleistungen, hat einen unglaublichen Erfahrungszuwachs, es denkt, ordnet, strukturiert, forscht, fühlt, verarbeitet … Deshalb ist es eine wichtige Voraussetzung, dass die Kinder von ihrer Entwicklung und ihrem Alter her eine große Nähe zueinander haben, damit kognitive Konflikte aufbrechen können (vgl. Malaguzzi 1992b, S. 129). Deshalb gibt es in Reggio altershomogene Gruppen.

Kinder sind verschieden in ihren Erbanlagen und ihrem Entwicklungstempo. Um den gesamten Anlagen eines Kindes Entwicklungsraum geben zu können, „… muss eine Umgebung vorhanden sein, die jeglichen Möglichkeiten und Verschiedenheit im Entwicklungsrhythmus, in den Übergängen von Phase zu Phase, in den Ausprägungen so viel wie nur irgend möglich bietet. Nur das bietet die totale Chancengleichheit in der breitesten Vielfalt" (Malaguzzi in FH Frankfurt 1987a, S. 25).

Die Reggio-Pädagogik bezieht sich auch auf die Gehirnforschung, die feststellte, dass das Fassungsvermögen des Gehirns eines vierjährigen Kindes praktisch doppelt so groß ist wie das eines ausgewachsenen Menschen. Dies bedeutet eine ungeheure Chance, Intelligenz und Phantasie bei Kindern zu fördern, indem diese Ressourcen mobilisiert werden (vgl. Malaguzzi in Reggio HH 1990, S. 20).

8.1.2 Identität des Kindes als Ausgangspunkt und Ziel

Die Identitätsfindung ist ein Prozess, durch den der Mensch ein Bild von sich selbst gewinnt. Identitätsfindung bedeutet zum einen das Erkennen von Ähnlichkeiten und Unterschieden der eigenen Identität in Bezug auf andere. Zum anderen bedeutet das Finden der eigenen Identität die Entwicklung eines inneren Kerns, der erworben wird durch Erfahrungen, Erkenntnisse und Gewissheiten.

Die Reggianer gehen davon aus, dass der Prozess der Identitätsfindung sofort, das heißt von Geburt an, beginnt. Er wird umso intensiver im Umgang des Kindes mit Dingen und Personen, durch die es Realitäten deuten und beeinflussen kann. Der Prozess der Identitätsfindung ist ein langer, nie abgeschlossener Prozess, der sich nicht im Alleingang fortentwickelt und der Beachtung erfordert. „Der Prozess des Findens der eigenen Identität unterstützt eine lange Gewohnheit, sich auszudrücken, sich anzuschauen, die anderen anzuschauen, zu denken, mit allen verfügbaren Ausdrucksmitteln zu erzählen: in Worten, Bildern, Gesten und Mimik." Dabei sind Freundschaften mit Gleichaltrigen wichtig. Deshalb sollte beim Kind das Interesse und das Beherrschen seiner eigenen Geschichte, seines Körpers, seiner sprachlichen, kommunikativen und analytischen Fähigkeiten gefördert werden. Ziel der Pädagogik muss es sein, Prozesse der Identitätsfindung zu begünstigen, das heißt, jedes Kind in seiner Eigenart und Unverwechselbarkeit anzuerkennen. „Sie muss dem Kind helfen, eine authentische, echte, eigene Persönlichkeit zu werden" (Berlin 1992, S. 167-168).

Konstitutiv für die Identitätsbildung ist das vorgelebte gemeinsame Zusammenleben, das heißt, die als Vorbild fungierende Zusammenarbeit der Erwachsenen im Team und mit den Familien (vgl. Göhlich 1997, S. 194).

Die Reggio-Pädagogik geht davon aus, dass Identitätsbildung auch angeregt wird, indem die Pädagogik entgegen den bisherigen gesellschaftlichen Kräften für eine neue Lebensform eintreten muss, auch Probleme aus dem Umfeld aufnimmt, sowie für eine bereichernde Vielfältigkeit eintritt. Beides ist besonders bei der Identitätsbildung eine große Chance für die Pädagogik (vgl. Malaguzzi in Göhlich 1990, S. 55).

Weitere Voraussetzungen für eine gelingende Identitätsbildung sind außerdem eine reichhaltige Körper- und vor allem Gesichtserfahrung (Musatti in Göhlich 1990, S. 55), wofür der Spiegel als pädagogisches Mittel wichtig ist. Zentral für die Identitätsbildung ist die Sicherheit, die die Einrichtung ausstrahlen sollte: „Erst in einem sicheren Alltag können unsichere Situationen, die für die Identitätsbildung … notwendig sind, zugelassen und geschaffen werden … Ein unsicheres Kind ist nicht neugierig" (Malaguzzi in Göhlich 1990, S. 56).

Die Reggio-Pädagogik wird charakterisiert durch zwei wichtige Elemente, die entscheidend zur Identitätsentwicklung beitragen: Aktion und Sozialisation durch die Gruppe. Wir gehen davon aus, dass dies grundlegende, strukturierende Elemente sind, damit ein Kind seine Identität entwickeln kann (vgl. Rinaldi 1998, S. 115).

Kinder entwickeln auch Identität, indem sie sich Wissen aktiv aneignen und dieses Wissen wieder anderes Wissen hervorbringt. Als Grundannahme geht die Reggio-Pädagogik davon aus, dass die Identität selten oder niemals die Gleiche bleibt, sie ist Teil der Kontinuität eines Fluges, in dem „das Bestehende wächst und weiter erstarkt, und zwar durch die Veränderung selbst" (Malaguzzi 1985, S. 5 und 10). Hier wird deutlich, dass Entwicklung, vor allem der Identität, als lebenslanger Prozess gesehen wird. Es ist davon auszugehen, dass die Identität eines Kindes heute komplexer ist als je zuvor: „Das Kind kann viele Masken aufsetzen und in seinen unterschiedlichsten Beziehungen viele Verhaltensweisen annehmen, stärker als in früheren Zeiten" (vgl. Malaguzzi 1992, S. 112). Interessant wäre hier eine vergleichende Studie darüber, wie sich Kinder aus reggianischen und anderen Einrichtungen hinsichtlich der Identitätsbildung entwickeln.

8.1.2.1 Der Spiegel als Mittel zur Förderung der Identitätsbildung

Die Verwendung des Spiegels ist in Reggio ein wichtiges funktionales Hilfsmittel im Prozess der Identitätsbildung des Kindes, das heißt beim Aufbau des eigenen Selbstbildes. Durch den Spiegel wird das Erkennen des eigenen Selbst, die Selbstwahrnehmung sowie das Erkennen der Dinge und anderer Menschen gefördert. Deshalb gehören Spiegel zur Raumausstattung aller reggianischen Einrichtungen. Bekannt sind Spiegelzelte, in die sich die Kinder hineinlegen oder hineinsetzen und sich selbst beobachten können. Dadurch werden ihnen neue Perspektiven eröffnet. Auch an den Wänden in den Gruppenräumen sowie im Sanitärbereich und den Fluren befinden sich Spiegel. „Der Spiegel bereichert die kindlichen Sinneseindrücke, seine emotionale und intellektuelle Sensibilisierung, so dass es vielfältigere Beziehungen zu seiner Umwelt herstellen kann." Es bieten sich viele Möglichkeiten für Kinder zu vergleichen, zu entdecken, sich selbst zu sehen und zu erproben mit unterschiedlicher Mimik und Gestik, etwas aus einer anderen Perspektive zu sehen, optische Spiele zu erleben, zum Beispiel Verzerrungen, Vergrößerungen, Verkleinerungen, Reflektieren des Lichtes usw. (vgl. Berlin 1992, S. 169). „Sich selbst anzusehen, sich zu spiegeln, ist wichtig", vor allem das Gesicht im Spiegel zu betrachten, ist wie ein Zauberwerk: Das Gesicht entdeckt unter anderem die Veränderlichkeit seiner einzelnen Teile, seine Beweglichkeit und die unendliche Vielfalt seine Rollen, die beliebig dargestellt werden können. Doch trotz aller Veränderungen enthält das Gesicht wesentliche Züge, einen bleibenden Gesichtsausdruck, der die Identität trotz aller Veränderungen wiedererkennen lässt (Malaguzzi 1985, S. 8).

Das Kind wird durch die Spiegel angeregt zur Selbstwahrnehmung und -beobachtung und dies trägt entscheidend zur Entwicklung seiner Identität bei, indem es sich auf vielfältige Weise kennen lernen kann (vgl. Dreier 1993, S. 33).

Die Spiegel sind häufig das äußere Erkennungszeichen für die Reggio-Pädagogik. Dahinter stecken jedoch wichtige Überlegungen zur Entwicklung von Identität, mit denen diese Gestaltungselemente theoretisch begründet werden.

8.1.2.2 Marionetten und Handpuppen als Mittel zur Förderung der Identitätsbildung

Ein weiteres Mittel, um die Identitätsbildung zu fördern, sind Marionetten und Handpuppen. In Reggio ist gemeinsam für alle Einrichtungen ein Puppenspieler angestellt, der eine eigene Werkstatt hat, um Puppen und Marionetten herzustellen. Er kommt in der Regel einmal in der Woche in die Tageseinrichtung. Der Puppenspieler Mariano Dolci geht davon aus, dass es bei seiner Arbeit mit Puppen und Figuren um Identitätsfindung geht: „Es handelt sich um ein Spiel mit der eigenen Identität. Wenn die Kinder eine Sache kennen lernen wollen, müssen sie damit spielen. Um ihre eigene Identität kennen zu lernen, sollen sie damit spielen." Er arbeitet an der Entwicklung der Identität, gibt Anregungen. Bei jüngeren Kindern geht es darum, sie zu formen und bei den Großen heißt es, ihre Identität zu finden. Kinder können bezüglich ihrer Entwicklung durch die Identifikation mit einer Puppe Empathie üben. Spielen sie selbst, ist es möglich, so zu tun „als-ob" und Dinge zu sagen, die im direkten Kontakt mit Personen nicht gesagt würden. Kinder mischen ständig Phantasie und Wirklichkeit und das Puppen- oder Marionettenspiel regt sie dazu an, da es realistische und phantastische Momente enthält (vgl. Dolci in Reggio HH 1990, S. 113ff und 133f).

In den Einrichtungen gibt es zum Teil Gruppen-Puppen oder -Marionetten, die regelmäßig kommen und die als Hilfsmittel dienen, den Kindern den Prozess der Selbstwahrnehmung zu erleichtern. Die Puppe nimmt Gefühle und Wahrnehmungen der Kinder auf und drückt sie aus. Sie hilft dadurch dem Kind, sich selbst und seine Gefühle zu verstehen und zu akzeptieren.

Dolci (in Hermann 1993, S. 55) geht davon aus, dass sich das kognitive und emotionale Wachstum nicht von selbst vollzieht, sondern Anregungen aus der Umgebung braucht. Dazu dienen auch Puppen und Marionetten. Kinder können so mit Begriffen spielen wie echt und unecht, ich und der Andere und sie sich dadurch aneignen.

8.1.3 Die kindliche Entwicklung wird in Reggio gefördert ...

8.1.3.1 ... durch konzeptionelle Grundlagen

Die Reggio-Pädagogik hat nach ihrer Satzung das Ziel, dass die Einrichtungen zur ganzheitlichen Entwicklung der Kinder beitragen. Sie räumt dem Kind das volle Recht ein, sich zu entwickeln (vgl. Rinaldi in Reggio HH 1990, S. 102). Die Entwicklung des Kindes sollte Ausgangspunkt sein für pädagogische Überlegungen. Es gibt zu viele Projektionen von Seiten der Erwachsenen auf die Kinder. Deshalb wird in den reggianischen Einrichtungen das Kind als Mittelpunkt gesehen. Man hat dort ein umfassendes Wachstum des kindlichen Wesens im Blick und es ist das Ziel, „dass das Kind eine Befreiung und Entwicklung seiner potentiellen Fähigkeiten erfährt". Kinder brauchen ein vielfältiges Spektrum, um sich entwickeln zu können (Bertani in Reggio HH 1990, S. 29).

8.1.3.2 ... durch pädagogische Maßnahmen

Dazu zählt die anregungsreiche Raumgestaltung und die Förderung der Wahrnehmung. Es ist wichtig, „... eine anregende Atmosphäre herzustellen, für ein Reizklima zu sorgen". Dabei sollte der Entwicklungsstand des jeweiligen Kindes ernst genommen werden. Für die intellektuelle Entwicklung ist die Zusammenarbeit mit anderen Kindern und Erwachsenen wichtig (vgl. Edwards 1994, S. 76). Die Projektarbeit in Kleingruppen und die altershomogene Gruppenstruktur sollen diese Entwicklung durch Zusammenarbeit mit anderen fördern.

Für das Erziehungspersonal bedeutet das Ernstnehmen der Entwicklung der Kinder, auch historische, ökonomische und politische Hintergründe analysieren und interpretieren zu können. Es geht darum, die positiven Aspekte im Auge zu behalten, aber auch die negativen, die das Wohlbefinden und die Entwicklungs- und Lernprozesse behindern können (vgl. Malaguzzi 1997, S. 197).

Um die Entwicklung der Kinder zu fördern, nimmt die Erziehungsperson eine passiv beobachtende ebenso wie auch eine aktiv anregende Rolle ein, je nach Situation. Sie assistiert Kindern bei ihren Entwicklungs- und Lernprozessen. So kann die Erzieherin kindliche Entwicklung bezeugen. Auch die Dokumentation von Entwicklungsprozessen spielt in Reggio eine wichtige Rolle.

Hier wird deutlich, dass die ausführlich beschriebenen Prinzipien sich fast alle auch auf die Entwicklung von Kindern und ihre Förderung beziehen, auch die Zusammenarbeit mit Familien, die sich in der Einrichtung regelmäßig über die Entwicklung ihrer Kinder informieren können.

Erwachsene sind in Reggio aufgefordert „zu noch größeren Anstrengungen, um die Bedürfnisse von Kindern zu ergründen und die Erfordernisse zu benennen, die es in verschiedenen Entwicklungsphasen der Kinder zu beachten gilt. [Es ist (D.R.)] ... zunächst grundlegend, dass die den Kindern eigenen und nötigen Entwicklungszeiten respektiert werden" (Malaguzzi in Senatsverwaltung 1992, S. 155).

Die Reggio-Pädagogik geht von einem engen Zusammenhang zwischen Entwicklung und Lernen aus, wobei die Annahmen über Entwicklung grundlegend sind für die pädagogische Arbeit und die dabei anzuregenden Lernprozesse. Die Prinzipien der Reggio-Pädagogik sind auf der Grundlage der geschilderten Vorstellungen und Theorien über Entwicklung verfasst und fördern sie deshalb in der pädagogischen Arbeit (vgl. Malaguzzi 1993, S. 62).

8.1.4 Kritik an den Entwicklungsvorstellungen der Reggio-Pädagogik

Die Reggio-Pädagogik formuliert ihr Verständnis von Entwicklung, wobei die Entwicklung der Identität Ausgangspunkt und Ziel ist. Grundlagen sind theoretischen Annahmen, u.a. der Entwicklungspsychologie von Piaget und Wygotski. Zimiles (2000, S. 206) merkt kritisch an, dass Malaguzzi, ausgehend von seinem reichen Bild vom Kind, sich auch bei seinen gelehrten und differenzierten Erörterungen über Entwicklungspsychologie auf viele wichtige Theoretiker beruft – mit Ausnahme von Freud, der gerade die dunklen, schwer erklärbaren Seiten der menschlichen Entwicklung betont: „In ihrem Bemühen, Kleinkinder glücklich zu machen, neigen Erzieher/innen dazu, manche Aspekte der Wirklichkeit hinter einem Schleier zu verbergen, der ihnen den freien Blick auf den Entwicklungsverlauf beim Kind verstellt." Die Kritik ist sicherlich berechtigt. Da sich die Reggio-Pädagogik auf aktuelle Forschungen bezieht, spielt dieser Aspekt keine große Rolle, ist aber durchaus zu ergänzen bzw. zu erweitern.

8.2 Entwicklung von Kindern: Der entwicklungspsychologische
Aspekt im Situationsansatz

Im Hinblick auf Entwicklung gibt es nicht viele Ausführungen in den vorliegenden Materialien zum Situationsansatz. Dies wird in einigen Veröffentlichungen (vgl. zum Beispiel Hemmer 1979) und den Gutachten zum
Erprobungsprogramm (vgl. Krappmann 1982 und 1983) festgestellt. Als
Fazit des Erprobungsprogramms wurde angemerkt, dass weitere Forschungen im Bereich der Psychologie in Bezug auf den Situationsansatz erfolgen
müssten. Es werden dort Fragen zur Entwicklung von Kindern gestellt. Gefordert wird, dass sie durch die Psychologie in Bezug auf die Elementarpädagogik bearbeitet werden. Wichtig ist zum Beispiel nicht nur wahrzunehmen, was ein Kind kann, sondern auch festzustellen, wie es sich fühlt, wie
es reagiert und diese Reaktionen zu deuten usw. (vgl. Wagner 1982, S. 36).
Es ist davon auszugehen, dass Vorstellungen über kindliche Entwicklung in
den Situationsansatz einfließen, die aber kaum ausformuliert sind. „Damit
stellt sich die Frage, wie innerhalb situationsorientierter Verfahren das Verhältnis von wechselnden Situationen und kindlicher Identität bestimmt wird
…" Die situative Erschließung von Persönlichkeitsmerkmalen und Qualifikationen ist immer auf entwicklungsgeschichtlich orientierte Funktionsbe-
schreibungen und Funktionsförderungen angewiesen. „Ohne diese grundlegende Dimension des Sozialisationsvorgangs, ohne deutliche Vorstellung
über Genese von Persönlichkeitsmerkmalen und -funktionen im Bereich der
Sprache etwa, der Motorik oder des Sozialverhaltens, ist weder eine kontinuierliche Förderung noch die Beschreibung von Entwicklungsfortschritten
möglich" (Hemmer 1979, S. 79f). Im Situationsansatz sind eher Vorstellungen enthalten, die davon ausgehen, einzelne Bereiche nebenbei und im konkreten Handlungsvollzug zu fördern. Sicher ist der Situationsansatz in dieser
Hinsicht zeitgeschichtlich einzuordnen, da er sich bewusst absetzen will gegenüber funktionsorientierten Ansätzen. Sie nahmen Bezug auf psychologische Theorien, die zwar formal schlüssige, aber doch unzureichende Vorstellungen entwickelten, wie einzelne Funktionen bei Kindern gefördert
werden können.
Zimmer verweist darauf, dass sozialisatorische Voraussetzungen auf Seiten
der Kinder bei der Bestimmung von Qualifikationen berücksichtigt werden
müssen, stellt aber fest, dass dies nur als Aufgabe formuliert wird. „Bishe-
rige Versuche, Situations- und Sozialisationsvariablen in konvergierender
Form bei der Bestimmung von Qualifikationen zu berücksichtigen, verlie-
fen unbefriedigend." Da offene Fragen und ein Defizit an Theoriebildung

über das Verhältnis von Situations- und Sozialisationsvariablen konstatiert werden, „… kann gegenwärtig nur versucht werden, im Curriculum Rahmenbedingungen balancierter Interaktionsprozesse mit ihren kognitiven, affektiven und motivationalen Entwicklungschancen herzustellen …" (Zimmer 1973, S. 43 und 45). Hier wird deutlich, dass die Entwicklung von Kindern im Situationsansatz kaum ausformuliert ist. Auch Krappmann (1995, S. 116) stellt fest, dass die Entwicklungsdimension im Situationsansatz weitgehend ausgeblendet wird. Begründet wird dies damit, dass Kinder sich nicht auf eine Zukunft hin entwickeln sollen, sondern ihre jetzige Lebenssituation in selbstbestimmter Weise bewältigen sollen.

8.2.1 Entwicklung von Identität im Sozialisationsprozess

Es wurde die Frage aufgeworfen, wie innerhalb situationsorientierter Verfahren das Verhältnis von wechselnden Situationen und Identität bestimmt wird. Identität wird definiert „… als die Übereinstimmung einer Person mit sich selbst, die sich trotz aller wechselnden Lebenssituationen, Rollen und sozialen Beziehungen als mehr oder weniger stabil erweist" (Hemmer 1979, S. 79). In der Theorie beziehen sich die Vertreter des Situationsansatzes auf die kritisch erweiterte Rollentheorie mit ihren Vertretern Habermas, Dreitzel, Krappmann und andere, sowie auf einige Grundlagen der Psychoanalyse, wie die Entwicklung des Ich-Bewusstseins bei Erikson (vgl. AG Vorschulerziehung 1974a, S. 19 und 25).

Es werden anhand von Beispielen aus dem Kindergartenalltag Grundbegriffe der Rollentheorie eingeführt: „Rollendistanz" ist demnach, wenn ein Mensch die augenblicklich auf ihn gerichteten Erwartungen nicht erfüllt. Dabei kann er erfahren, „dass es sinnvoller ist, an diesen Erwartungen nicht starr festzuhalten". Weiterhin zentral sind die Begriffe „Rollenflexibilität" und „Frustrationstoleranz". Um in der Kommunikation die eigenen Bedürfnisse ausdrücken zu können, ist die „Bedürfnisrepräsentation" als Fähigkeit wichtig, manchmal auch Empathie, um sich auf das Gegenüber einzustellen. Ziel wäre, dass Kinder zunehmend autonom bestimmen und sich dementsprechend verhalten.

Die Grundqualifikationen des Rollenhandelns entwickeln sich: „Um sich – gemessen an den jeweils besonderen Bedingungen einer Situation – autonom, das heißt relativ selbstbestimmt verhalten zu können, muss man wissen, was man möchte und was nicht (Bedürfnisrepräsentation), und das auch anderen mitteilen können (Kommunikation), muss man die Erwartungen der anderen wahrnehmen können (Empathie) und teilweise akzeptieren können, auch wenn sie gegen die eigenen Wünsche verstoßen (Frustrationstoleranz) oder bei mehreren Partnern unterschiedlich sind (Ambiguitätstoleranz) ..." (AG Vorschulerziehung 1974a, S. 20f).

Im Sozialisationsprozess lernt das Individuum zunehmend, mit dem Widerspruch zwischen seinen individuellen Bedürfnissen und den Erwartungen der Gesellschaft in einer angemessenen Art und Weise umzugehen. Dazu sind die Grundqualifikationen des Rollenhandelns notwendig. Dabei gibt es Entwicklungen, die diesen Prozess prägen. Ausgehend vom Ich-Bewusstsein, das sich bei kleinen Kindern entwickelt, Erikson nennt es Urvertrauen und Autonomie, lösen sich Kinder zunehmend von ihren Elternteilen und nehmen Geschlechts- und Verhaltensunterschiede zwischen den Eltern wahr. Hier wird Bezug genommen auf die Entwicklung der kindlichen Sexualität, wie sie die Psychoanalyse vorsieht.

Als Ziel der Entwicklung wird formuliert, was das Heranwachsen der Kinder beinhaltet, nämlich „dass sie mit Hilfe ihrer Bezugspersonen lernen, sich zunehmend besser und selbständiger in ihrer Umwelt zu orientieren und diese Umwelt zu bewältigen" (vgl. AG Vorschulerziehung 1974a, S. 23ff).

Das Konstrukt autonomer Ich-Organisation in der neueren Sozialisationstheorie, zum Beispiel dem Symbolischen Interaktionismus ist also Grundlage des Sozialisationsprozesses, wie ihn der Situationsansatz als Grundlage annimmt. Dieses Konstrukt „... definiert einen Komplex von Fähigkeiten, die den Menschen in die Lage versetzen soll, seine Identität im Verhältnis zu anderen zu finden und immer wieder neu herzustellen. Ich-Identität wird dabei als strukturelles Erfordernis des Interaktionsprozesses verstanden und durch Eigenschaften wie die Fähigkeit zum Rollenerwerb, zur Rollendistanz, Ambiguitätstoleranz und Empathie gefasst". Der Rückgriff auf dieses Konstrukt wird damit begründet, dass vermieden werden soll, Persönlichkeitseigenschaften zu Lernzielen umzustilisieren (Zimmer 1973, S. 44).

In neueren Veröffentlichungen ließen sich Hinweise auf diese theoretischen Grundlagen explizit nicht mehr finden.

8.2.2 Entwicklung von Kindern in altersgemischten Gruppen

Die altersgemischte Gruppe, davon geht der Situationsansatz aus, bietet Entwicklungsimpulse für jüngere und ältere Kinder. Man verspricht sich „... Entwicklungsfortschritte, wenn Kinder in anregenden Situationen mit Personen, Themen und Materialien konfrontiert würden, die sie zu selbständiger Auseinandersetzung mit Fragen und Problemen ... verlocken" (Krappmann 1983, S. 31).

Vorteil der altersgemischten Gruppe ist, dass die Entwicklungsunterschiede für die Kinder erlebbar sind. Sie lernen dadurch, mit solchen Unterschieden umzugehen, einander zu unterstützen, sich um Rat zu fragen. Es wird
angenommen, dass Kinder in altersgemischten Gruppen mehr Spielraum
für individuelle Entwicklungsabläufe haben und weniger durch die Konkurrenz einer Gleichaltrigengruppe überfordert werden. Die Chancen dieser Organisationsform für Gruppen liegen darin, dass sie elementare soziale
Erfahrungen erleichtert, die für die Identitätsfindung grundlegend sind (vgl.
Colberg-Schrader 1991, S. 77f). Daraus folgt, dass inhaltliche Angebote
auf die Entwicklungsunterschiede unter den Kindern hin differenziert sein
müssen. Das heißt, nicht jedes Angebot muss für alle Kinder stattfinden, da
die unterschiedlichen Entwicklungsvoraussetzungen und Erfahrungen der
Kinder berücksichtigt werden sollten. Für Erziehende geht es also um die
Frage, wie sie mit Entwicklungsunterschieden und individuellen Eigenschaften in der Gruppe umgehen können (vgl. Colberg-Schrader 1977, S.
24).

8.2.3 Kritik am unzureichenden Bezug zur Entwicklung von Kindern

Wie durch die Ausführungen deutlich wurde, sind die Theorien und Grundlagen hinsichtlich der Entwicklung von Kindern kaum auf entwicklungspsychologische Aspekte, eher auf soziologische Dimensionen bezogen. Auch
die Entwicklungsanregungen in altersgemischten Gruppen sind recht allgemein gehalten. In der neueren Diskussion werden weiterführende konkrete
und praktikable Überlegungen gefordert, „… wie eine pädagogische Entwicklungspsychologie für die Arbeit mit altersgemischten Gruppen so
fruchtbar gemacht werden kann, dass das intellektuelle, soziale, emotionale
und körperliche Anspruchsniveau stimmt und Kinder zwar gefordert, aber
nicht über- oder unterfordert werden". Es wird auch konstatiert, dass seit
dem Erprobungsprogramm nicht versucht worden ist, die detaillierten entwicklungspsychologischen Forschungen zu den Grundqualifikationen des
Rollenhandelns zu untersuchen. Wichtig wären hier Fragen, wie kindgemä-
ßes, die Entwicklungsschritte berücksichtigendes Lernen im Situationsansatz unter Einbezug auch kognitiver Aspekte gestaltet werden kann. Fazit
ist, dass vom Situationsansatz aus eine entwicklungsorientierte Didaktik des
Elementarbereichs ausformuliert werden müsste, „… die die Kinder in ihren
entwicklungsoffenen mentalen Zonen erreicht und nicht nur kognitive Fähigkeiten fördert, sondern auch die Ziele und Vermittlungsweisen sozialen
Lernens systematischer in den Blick nimmt" (Zimmer 1995c, S. 32f).

Auch Krappmann übt Kritik am weitgehend fehlenden Bezug des Situationsansatzes zur Entwicklungsdimension. Er stellt in Frage, ob die Aushandlungsprozesse von Erzieherinnen, Eltern und Kindern, um eine Situation zu ermitteln, dem Entwicklungsstand der Kinder im Vorschulalter entspricht. Auch die unterschiedliche Qualität von kindlicher und erwachsener Wahrnehmung wird seines Erachtens im Situationsansatz übergangen, indem auf die kognitive Aufklärung von Sachverhalten gesetzt wird, die Kindern angeboten werden, als läge ihr Denken auf einer Linie mit dem der Erwachsenen (vgl. Krappmann 1995, S. 117f). Hier kommt zum Tragen, dass der Situationsansatz die individuell-biographische Dimension auch der Entwicklung nur unzureichend berücksichtigt. Er verfügt weder über theoretisch noch praktisch ausreichende Sichtweisen und Verfahren, mit denen man das individuelle Kind erreichen kann (vgl. Schäfer 1995, S. 80). Die Ausführungen zu den Grundqualifikationen des Rollenhandelns sind sehr allgemein. Es wird nur kurz Bezug genommen auf psychoanalytische Konzepte. Ansonsten sind sie kaum verbunden worden mit Entwicklungstheorien von Kindern.

8.3 Vergleich: Theorie eröffnet neue Perspektiven oder: Grau ist alle Theorie?

Vergleicht man die beiden Konzeptionen im Hinblick auf ihre theoretischen Grundlagen, so wird deutlich, dass die Reggio-Pädagogik sich konkret auf die Entwicklungspsychologie bezieht, im Besonderen auf Piaget und Wygotski, aber auch auf Bruner. Der sozialökologische Ansatz von Bronfenbrenner, Konstruktivismus und die Systemtheorie bilden weitere Grundlagen, die auf ein vielseitiges theoretisches Interesse der Reggianer verweisen. Vor allem in den angelsächsischen Veröffentlichungen wird genau ausgeführt, welche Aspekte von Piaget und Wygotski in die Reggio-Pädagogik Eingang fanden und wie beide Konzepte sich in Reggio ergänzen können. Die Reggio-Pädagogik, ihrem Prinzip der „esperianza reggiana" verpflichtet, integriert auch neue Erkenntnisse zum Beispiel der Gehirnforschung und zieht daraus die Konsequenz, dass die Chance, Intelligenz und Phantasie bei jungen Kindern zu fördern, ergriffen werden und die Pädagogik Anregungsmöglichkeiten dafür bieten muss. Im Situationsansatz dagegen findet sich kaum ein Bezug zur Entwicklungspsychologie, nur ein kurzer Verweis auf das psychoanalytische Konzept Eriksons. Der Situationsansatz bezieht sich auf die kritische Rollentheorie und beschreibt Grundqualifikationen des Rollenhandelns, wobei diese nicht explizit auf Kinder bezogen sind. Es wird zwar begründet, warum der Situationsansatz der Entwicklungspsychologie kritisch gegenübersteht. Er grenzt sich bewusst ab gegen Theorien der 60er Jahre, die in ihrem Optimismus von einfachen Zusammenhängen zwischen Entwicklung und Lernen ausgingen. Daraus wurden funktionsbezogene Lernprogramme entwickelt. Dies ist für den Zeitraum der Entstehung des Situationsansatzes nachvollziehbar. Zwischenzeitlich gibt es jedoch wichtige Erkenntnisse der Entwicklungspsychologie, die von einem komplexen Bedingungsgefüge der Entwicklung ausgehen, zum Beispiel systemtheoretische Ansätze oder die Kognitionspsychologie. Zimmer (1995, S. 32) stellt selbst fest, dass weiter daran gearbeitet werden muss, psychologische Grundlagen zu integrieren. Krappmann (1995, S. 118) versucht sogar zu beschreiben, dass der Situationsansatz mit seinen Vorstellungen von kognitiver Aufklärung der Situationen durch Erwachsene und Kinder Entwicklungsthemen der Kinder übergeht. Hier leistet die Reggio-Pädagogik viel, indem sie die qualitativen Unterschiede des Denkens und Wahrnehmens von Kindern mit Theorien von Piaget und Wygotski begründet und daraus auch die Aufgaben der Erwachsenen formuliert, die diese Entwicklung begleiten. Die Integration von neueren Forschungen zum Beispiel der Systemtheorie zeigen, dass die Reggio-Pädagogik die Veränderungen und Neuerungen im Bereich der Entwicklungspsychologie diskutiert und gegebenenfalls Aspekte davon integriert.

Ein weiterer Punkt, in dem sich die beiden Konzepte unterscheiden, ist die Annahme, wie soziale und kognitive Entwicklung sich gestaltet. Die Reggio-Pädagogik geht von einer engen Verbindung der sozialen und kognitiven Entwicklung aus, in Anlehnung an Theorien von Wygotski. Im Situationsansatz wird nur die soziale Entwicklung anhand des Rollenkonzeptes beschrieben, wobei hier allenfalls allgemeine Begriffe und Ziele der Entwicklung beschrieben werden. Unklar bleibt, wie Kinder sich entwickeln. Dies ist jedoch wichtig, um entsprechend dem Entwicklungsstand der Kinder die pädagogische Arbeit auszurichten. Hier ist es nötig, dass entwicklungspsychologische Theorien geprüft werden, ob sie bezüglich bestimmter Aspekte in den Situationsansatz integriert werden können. Möglicherweise ist eine Erweiterung des Situationsansatzes nötig oder müsste ein neues Konzept aus den Grundlagen des Situationsansatzes und Erkenntnissen der Entwicklungspsychologie erarbeitet werden. Die kognitive Entwicklung wird im Situationsansatz nicht explizit erwähnt, da die soziale Entwicklung im Vordergrund steht. Auch dieses Postulat ist mit den zeitgeschichtlichen Entwicklungen während der Entstehung des Situationsansatzes zu begründen. Er wendet sich ausdrücklich gegen jede Isolierung von kognitiven Lernprozessen in Lernprogrammen und einseitigen Funktionstrainings, aber auch gegen die entwicklungspsychologischen Theorien, die dem zugrunde liegen. Die kognitive Entwicklung von Kindern wird deshalb bewusst nicht mitgedacht, um einem einseitigen Missbrauch vorzubeugen. Auch hier wäre es erforderlich, neuere Erkenntnisse der Entwicklungspsychologie zu überprüfen und gegebenenfalls zu integrieren, da die kognitive Entwicklung des Kindes im Kindergartenalter eine große Rolle spielt, wie Piagets und Wygotskis Theorien zeigen.

Die Reggio-Pädagogik verweist auch auf ein rasantes Entwicklungstempo im Kindergartenalter, mit enormen Entwicklungsleistungen. Deshalb brauchen Kinder eine große Nähe zueinander, damit kognitive Konflikte entstehen können, die die Kinder weiterbringen. Dies wird theoretisch begründet. Um diesem Anspruch gerecht zu werden, gibt es in Reggio altershomogene Gruppen. Der Situationsansatz dagegen verweist auf die großen Entwicklungschancen, die im Anregungspotential altersgemischter Gruppen liegen. In der hier vorliegenden Literatur fanden sich keine theoretischen Begründungen aus der Entwicklungspsychologie zu dieser Annahme. Zimmer (1995, S. 32) fordert, dass dazu weitergehende Überlegungen angestellt werden.

Beide Konzepte beschreiben Vorstellungen davon, wie sich die Identität des Kindes entwickelt und mit welchem Ziel. In ihrer Ausrichtung sind sie jedoch verschieden. Die Reggio-Pädagogik geht davon aus, dass der Mensch durch die Ich-Findung ein Bild von sich selbst gewinnt. Deshalb muss die Identitätsfindung unterstützt werden. Konstitutiv sind in der Reggio-Pädagogik u.a. das Vorleben durch die Erwachsenen, die reichhaltige Körper- und Gesichtserfahrung und die Sicherheit, die die Einrichtung vermitteln sollte. Identitätsentwicklung findet statt durch Tätigsein und soziale Erfahrungen. Wichtige Mittel, um Identität zu fördern, sind Spiegel und Marionetten bzw. Handpuppen. In der Reggio-Pädagogik wird die Förderung der Identitätsentwicklung durch konzeptionelle und pädagogische Maßnahmen praktisch umgesetzt. Im Situationsansatz findet Identitätsfindung durch das Rollenkonzept und den Erwerb von Grundqualifikationen statt. Genauere Ausführungen dazu fanden sich in der vorliegenden Literatur nicht. Auch hier wird wieder deutlich, dass der Situationsansatz nur allgemeine Annahmen formuliert, diese kaum theoretisch begründet sind und sie so auch kaum ihre Fortführung in den konzeptionellen und pädagogischen Bereichen finden. Es ist davon auszugehen, dass die Rollentheorie zwar Hinweise auf die Entwicklung sozialer Kompetenzen gibt, jedoch

163

nicht ausreicht, um den Prozess der Identitätsfindung zu begründen. Es wird nur die soziale Entwicklung berücksichtigt. Andere Bereiche der Entwicklung werden nicht erwähnt. Es ist nötig, Erkenntnisse über die Entwicklung von Identität zu ergänzen. Vor allem aktuelle entwicklungspsychologische Theorien müssten daraufhin geprüft werden.

Konsequenzen aus dem Vergleich: Der Vergleich des entwicklungspsychologischen Aspekts ergibt, dass sich Reggio-Pädagogik und Situationsansatz in dieser Hinsicht erheblich unterscheiden. Es wird deutlich, dass die Reggio-Pädagogik ihre entwicklungspsychologischen Grundlagen in die konzeptionelle und pädagogische Arbeit einbeziehen kann. Beim Situationsansatz kann hier nur auf die knappen Ausführungen zum Rollenkonzept und den Annahmen, dass altersgemischte Gruppen Entwicklung fördern, zurückgegriffen werden. Es ist notwendig, dass neuere Erkenntnisse, vor allem der Entwicklungspsychologie geprüft werden, um eventuell Aspekte daraus zu integrieren, den Situationsansatz zu erweitern oder vielleicht auch ein neues Konzept aus den Erkenntnissen von Entwicklungspsychologie und Situationsansatz zu formulieren.

Da die entwicklungspsychologischen Bezüge kaum ausformuliert sind, besteht hier, ähnlich wie bei der Anthropologie, tendenziell die Gefahr, dass das einzelne Kind in seiner individuellen Entwicklung nicht genau wahrgenommen wird. Dabei sollte es Ausgangspunkt und Ziel der pädagogischen Bemühungen sein.

Vermutlich ist der Situationsansatz auch deshalb eher schwer in die Praxis zu übertragen, weil die theoretischen Grundlagen für die Entwicklung von Kindern größtenteils nicht ausformuliert sind. Aus ihnen können weitergehende Konsequenzen für konzeptionelle und pädagogische Arbeit entstehen.

Ein pädagogisches Konzept sollte von den Entwicklungsvoraussetzungen der Kinder ausgehen, da eine angemessene pädagogische Förderung nur möglich ist, wenn auch Kenntnisse über die Entwicklung und Entwicklungsthemen von Kindern vorliegen, die Maßstab sind. Es kann die These formuliert werden, dass der Situationsansatz, da er kaum die Entwicklung von Kindern in sein Konzept explizit einbezieht, eher an Voraussetzungen von Erwachsenen orientiert ist, zum Beispiel was die kognitive Aufklärung von Situationen angeht, die möglicherweise Kinder in ihren Entwicklungsvoraussetzungen überfordern (vgl. Krappmann 1995, S. 118).

Zu überprüfen wäre zudem, ob einige der Grundqualifikationen des Rollenhandelns, wie zum Beispiel Empathie oder Ambiguitätstoleranz als Ziel tatsächlich dem Entwicklungsstand von Kindergartenkindern entsprechen, indem Entwicklungstheorien zum Beispiel von Piaget und Wygotski dahingehend überprüft werden. Hier wäre die Frage, welche Voraussetzungen und Kompetenzen bezüglich sozialer Entwicklung dort festgestellt wurden und ob dies in Verbindung zu bringen wäre mit den Grundqualifikationen. Die allgemeinen Qualifikationen haben den Vorteil, dass sie nicht auf bestimmte Entwicklungsvorstellungen und daraus abgeleitete Konsequenzen einengen, sondern weit gefasst sind. Damit wenden sich die Vertreter des Situationsansatzes gegen die zuvor verbreiteten Entwicklungstheorien, aus denen scheinbar auf einfachem Wege pädagogische Konsequenzen zu ziehen sind. Die Erkenntnis, dass diese Ableitungen so einfach nicht herzustellen sind und sowohl Entwicklungsvorgänge wie Lernprozesse komplex sind, wird heute allgemein in der Wissenschaft anerkannt. Insofern ist es nicht mehr nötig, sich gegen die damals möglichen „Gefahren" der engen Interpretation zu wenden und es wäre wichtig, neuere Erkenntnisse der Entwicklungspsychologie zu prüfen: Können sie in Teilen integriert werden? Die Reggio-Pädagogik bringt eine Offenheit gegenüber neuen Erkenntnissen mit und ist auch bereit, sie teilweise zu integrieren. Wichtig ist, ob sie zu den vorhandenen Grundlagen passen und unter Umständen neue Möglichkeiten eröffnen.

Die Rollentheorie ist allgemein formuliert, nicht auf Kinder übertragen. Es fällt auf, dass die wenigen theoretischen Bezüge, die der Situationsansatz herstellt, sich nicht unmittelbar auf Kinder beziehen. Hier wäre es wichtig, eine genauere Übertragung vorzunehmen, indem geprüft wird, ob zum Beispiel das Konzept der Rollentheorie beim Übertrag auf die Kinder verändert oder ergänzt werden bzw. konkreter formuliert werden muss. Die Reggio-Pädagogik hat nachvollziehbare Bezüge, die zum Teil aus Theorien entnommen sind, welche sich auf kindliche Entwicklung beziehen, zum Teil aber auch nur in Aspekten übernommen wurden, die dann auf die Situation der Kinder übertragen wurde. Es wird anhand der Literatur deutlich, dass die Reggio-Pädagogik einen aufmerksamen Blick auf Kinder in ihrer individuellen Entwicklung richtet. Sie versucht, diese Entwicklung durch konkrete Maßnahmen in der Praxis zu fördern.

Fazit: Der Situationsansatz verweist vor allem auf Theorien, die für Erwachsene bzw. für Schulkinder entwickelt wurden. Sie müssten entweder noch mehr übersetzt werden auf die Entwicklungsvoraussetzungen der Kindergartenkinder oder es müsste anhand von Theorien über Kindheit und entwicklungspsychologischen Erkenntnissen geprüft werden, ob dieser Theoriebezug so haltbar ist bzw. erweitert werden müsste oder ob ein ganz neues Konzept entstehen würde. Im Gegensatz dazu verweist die Reggio-Pädagogik auf Theorien über Kindheit und Entwicklung von Kindern aber auch auf allgemeine Erkenntnisse aus dem interdisziplinären Wissenschaftsgeschehen, die dann jeweils dahingehend geprüft werden, ob sich Aspekte auf die Kinder übertragen lassen.

9. ... und die Moral von der Geschicht oder: Konsequenzen aus dem Vergleich

9.1 DAS VERDIENST DES JEWEILIGEN KONZEPTES ODER: WAS ERREICHT WURDE

Dem Situationsansatz kommt das Verdienst zu, Standards für reformierte Kindergärten formuliert zu haben, um dadurch Veränderungen in der Praxis in Gang zu setzen. Im Zuge seiner Entwicklung während der Bildungsreform wurde der Kindergarten zum Elementarbereich des Bildungssystems.

Die Verbreitung und Einbeziehung der ausgearbeiteten Standards in den pädagogischen Alltag der Einrichtungen allerdings gelang nicht im gewünschten Umfang. Durch die Betonung des Alltags als Chance für pädagogische Prozesse und der Abkehr von funktionsorientierten Lernprogrammen hat der Situationsansatz in der Zeit seiner Entwicklung wichtige Anstöße gegeben für eine sozialpädagogische Orientierung des Kindergartens. Allerdings wurde seine Weiterentwicklung kaum im theoretischen Bereich vorgenommen. Deshalb muten manche bewussten Abgrenzungen zu pädagogischen Gedanken aus der Entstehungszeit heute überholt an und sollten aktualisiert werden.

Die Reggio-Pädagogik hat sich verdient gemacht um die ästhetische Erziehung und die Einbeziehung des kindlichen Potentials in die pädagogische Arbeit. Es geht darum, so formulieren es die Reggianer in ihrem berühmt gewordenen Bild, im Kind die hundert Sprachen zu fördern.

9.2 KONSEQUENZEN AUS DEM VERGLEICH ODER: DER WEITESTE WEG BEGINNT MIT DEM ERSTEN SCHRITT

Der Vergleich zeigt, dass es nötig ist, den Situationsansatz mindestens im Hinblick auf alle beschriebenen Aspekte weiterzuentwickeln, Theorien zu integrieren, um pädagogische Konsequenzen daraus formulieren zu können.

Mit Krappmann (1995, S. 123) ist zu konstatieren, dass der Situationsansatz einsehen muss, dass er nicht alles integrieren kann: „Aber der Situationsansatz muss nicht nur sich selber weiterentwickeln, sondern auch einsehen, dass der Anspruch, alles integrieren zu können, eher Schwächen des Konzepts offenbart. Kein künftiges Vorhaben kann hinter die grundlegenden Einsichten, die der Situationsansatz in den Bereich der Pädagogik ge-

tragen hat, zurück. ‚Nach vorn‘ gibt es jedoch viele Varianten, diese Grund-
vorstellungen zu präzisieren und sie in der Praxis zu konkretisieren. Es ist
daher von großer Bedeutung, dass nicht nur Vorhaben, die sich dem Situationsansatz erklären, Unterstützung für ihre weitere Ausarbeitung und
praktische Realisierung erhalten, sondern viele weitere Konzepte die pädagogische Arbeit des Kindergartens bereichern.“

Hier ist sowohl Wissenschaft wie auch Praxis gefragt, an diesen Entwicklungen mitzuarbeiten, wobei die Frage nach der Vermittlung von wissenschaftlichen Erkenntnissen und Praxis zu klären wäre. Hier ist Reggio mit
seinem Modell der Beratung, die schwerpunktmäßig für konzeptionelle
Fragen zuständig ist, ein gutes Beispiel von gelungener Vermittlung und
dadurch ständiger Weiterentwicklung der pädagogischen Arbeit. In den
Modell- und Erprobungsprogrammen gab es ein ähnliches System, allerdings nicht so fest verankert und nur in wenigen Einrichtungen, die an den
Programmen teilnahmen. Vielleicht könnte eine solche Arbeit auch durch
eine Fachberatung mit dem Schwerpunkt der konzeptionellen Arbeit übernommen werden, wie zum Teil schon üblich. Oder aber ein für konzeptionelle Arbeit teilweise freigestelltes Teammitglied könnte diese Aufgabe
übernehmen, allerdings mit dem Nachteil, im System Kindergarten involviert zu sein, was für die Reflexion nicht immer sinnvoll ist. Daraus ergeben sich weitere Fragen der Finanzierung und Organisation auf die hier nur
hingewiesen werden kann.

Es ist sicher nicht möglich und von den Reggianern nicht intendiert, ihre
Pädagogik ins Ausland, beispielsweise nach Deutschland zu übertragen.
Sie weisen ausdrücklich auf den Projektcharakter ihrer Arbeit hin und dar-
auf, dass diese pädagogischen Projekte vor Ort entwickelt werden müssen.
Einige Hinweise zur Frage des Transfers der Reggio-Pädagogik nach
Deutschland sind zu finden, wobei sie alle darauf verweisen, dass es darum
geht, über die Grundlagen der Reggio-Pädagogik nachzudenken, zum Beispiel über das eigene Verhältnis zu Kindern. Es geht also darum, nicht äußere Bedingungen zu ändern, sondern den eigenen Standort und das eigene
Bewusstsein, was die Pädagogik angeht (vgl. Dreier 1993, S. 191; Krieg
1993, S. 117ff; Schöneberg 1985, S. 85). Vorschläge zur Umsetzung der
Reggio-Pädagogik in andere Länder und ihre Traditionen und Zusammenhänge finden sich in der amerikanischen Literatur, wobei hier aufgezeigt
wird, dass die Lösungen individuell verschieden sind (vgl. Katz 1994, Cadwell 1997, Hendrick 1997).

Deshalb ist zu wünschen, dass die konzeptionelle Entwicklung der Elementarpädagogik in Deutschland weiterentwickelt wird. Im Augenblick wird

eine konzeptionelle Diskussion um Bildung geführt, ein Aspekt dieses Vergleichs, was erfreulich ist, und der Praxis hoffentlich zum Vorteil gereichen wird. Auf der anderen Seite stehen die Fragen nach der Qualität der Einrichtungen, die großen Raum einnehmen u.a. eine Nationale Qualitätsinitiative (vgl. Bundesministerium 2001), welche jedoch die konzeptionelle Debatte nur in einigen Punkten berührt (vgl. Tietze 1999).

Vielleicht kann der bearbeitete Vergleich mit seinen aufgeworfenen Fragen eine Anregung sein. Wohin der Weg führt, wird sich zeigen: Ob weiterentwickelte oder neu entworfene konzeptionelle Grundlagen manche Ähnlichkeit aufweisen mit der Reggio-Pädagogik oder ganz anders sein werden, bleibt offen und wäre interessant festzustellen. Nachdem der Situationsansatz bisher eher in die „Breite" entwickelt wurde und die ursprünglich formulierten Grundlagen so unreflektiert bestehen blieben, wäre es wichtig, in die „Tiefe" zu gehen, das heißt theoretische Grundlagen besser auszuarbeiten, zum Beispiel eine „Theorie der Situation", wie sie schon Hemmer 1973 (!) forderte. Problem hierbei ist unter anderem die deutsche Praxis der Vergabe von Forschungsgeldern für Modellprojekte im Kinderbetreuungsbereich (vgl. Haberkorn 1998). Hier werden bestimmte Themen, je nach Trend in der Wissenschaft vergeben. Erst in neueren Modellversuchen gelang es, die Multiplikation der Ergebnisse vorzusehen, indem die Moderator(inn)en weiterbeschäftigt wurden mit der Aufgabe, die Ergebnisse zu verbreiten (vgl. Haberkorn 1998, S. 11f).

Wichtig wäre auch eine kritische Prüfung des Situationsansatzes „von außen", das heißt von Wissenschaftler(inne)n, die nicht an seiner Entwicklung beteiligt waren. Liegle (1998, S. 323) weist darauf hin, dass zum Beispiel beim Evaluationsprogramm die prinzipielle Tragfähigkeit des Konzeptes nicht in Frage gestellt wurde, da die Mitglieder der Projektgruppe mit einer Ausnahme alle dem Situationsansatz sehr nahe stehen: „Es fehlt daher der Blick von außen." Die Mehrzahl der Veröffentlichungen und die Projekte zum Situationsansatz wurden vom ehemaligen oder jetzigen Personal des DJI verfasst und begleitet. Gäbe es diesen Blick von außen, könnten eventuell „blinde Flecken" entdeckt werden, die bei zu großer Nähe nicht wahrgenommen werden. So könnten auch Grundlagen kritisch hinterfragt werden.

Es wurde zwar unter der Leitung von Wolf der Versuch unternommen, den Situationsansatz unter bestimmten Zielsetzungen zu evaluieren, was positiv zu werten ist. Forschungsmethodisches Problem bei diesem Unternehmen war jedoch, dass man nicht kontrolliert hat, ob in den Einrichtungen, in denen das Projekt „Kindersituationen" durchgeführt wurde, das Grundlage der Evaluation war, auch tatsächlich der Situationsansatz zur Anwendung kam (vgl. Fthenakis 2000b, S. 128). Insofern bleibt die Kritik und Forderung nach weiterer Forschung erhalten.

Aufgrund der Ergebnisse des Vergleichs ist zu fragen, ob der Situationsansatz als Konzept in der vorliegenden Form ausreicht, um ihn in der vorfindlichen pädagogische Praxis der Tageseinrichtungen umsetzen und ihn vor allem in der Ausbildung vermitteln zu können. Hier bietet die Reggio-Pädagogik ein gutes Beispiel, wie die konzeptionelle Entwicklung mit den Beteiligten erfolgt und durch sie auch in der pädagogische Praxis umgesetzt wird und dies mit einer sorgsamen Ausrichtung auf das Potential der Kinder und ihrer Art, die Welt zu entdecken.

Es ist zu wünschen, dass, unter Einbeziehung der bisherigen Erkenntnisse des Situationsansatzes, eine Weiterentwicklung desselben stattfindet. Vielleicht kommt bei der Überprüfung des Situationsansatzes eine neue konzeptionelle Entwicklung in Gang? Zu prüfen wäre er vor allem hinsichtlich seiner Tragfähigkeit und der Integration von neuen wissenschaftlichen Erkenntnissen, die die Entwicklung und das Lernen von Kindern betreffen. Möglicherweise müssen noch weitere Aspekte überarbeitet und ergänzt werden, ist der Prozess erst einmal in Gang. Aber: Jeder Prozess beginnt mit kleinen Schritten. Gerade sie sind wichtig, denn: „Auch der weiteste Weg beginnt mit dem ersten Schritt" (aus China).

10. Literatur

Abschlusstagung des Modellprojektes „Zum Bildungsauftrag von Kindertagesein-richtungen" (Pressemitteilung), In: KiTa aktuell BW 7-8/2000, S. 148-150.

Almstedt, Lena & Hans-Dieter Kammhöfer 1980: Situationsorientiertes Arbeiten im Kindergarten. Bericht über ein Erprobungsprogramm. München. (Juventa Materialien).

Amt für Jugend, Hamburg 1994: Zum neuen Bild vom Kind: Eine Auseinanderset-zung mit dem „Modell Reggio" in Hamburg und Berlin. Hamburg. (Reihe Sozi-alpädagogische Aus- und Fortbildung, Dokumente und Materialien, H. 44).

ArbeitsGruppe Vorschulerziehung 1974a: Anregungen I: Zur pädagogischen Arbeit im Kindergarten. 2. Aufl. München. (DJI aktuell).

ArbeitsGruppe Vorschulerziehung 1974b: Anregungen II: Zur Ausstattung des Kin-dergartens. München. 2. Aufl. (DJI aktuell).

ArbeitsGruppe Vorschulerziehung 1974c: Anregungen III: Didaktische Einheiten im Kindergarten. 2. Aufl. München. (DJI aktuell).

ArbeitsGruppe Vorschulerziehung 1974d: Vorschulische Erziehung in der Bundes-republik. Eine Bestandsaufnahme zur Curriculumentwicklung. München. (DJI aktuell).

ArbeitsGruppe Vorschulerziehung 1981: Situationsansatz – Schlagwort oder päda-gogische Tradition? In: WdK 59.1981, S. 294-298.

Arnold, Karl-Heinz 1981: Der Situationsbegriff in den Sozialwissenschaften. Zur Definition eines erziehungswissenschaftlichen Situationsbegriffs. Weinheim, Basel. (BELTZ Forschungsberichte).

Beck, Ulrich 1986: Risikogesellschaft. Auf dem Weg in eine andere Moderne. Frankfurt. (edition suhrkamp, 1365 = Neue Folge, Bd. 365).

Beck, Ulrich; Anthony Giddens & Scott Lash 1996: Reflexive Modernisierung. Eine Kontroverse. Frankfurt. (edition suhrkamp, 1705 = Neue Folge, Bd. 705).

Beek, Angelika van der 1990: Nido: Nester zum Wohlfühlen. In: Klein & Gross 43.1990, H. 9, S. 13-16.

Beek, Angelika van der 1998: Ich habe mit der Statue getanzt. Wie Kinder die Stadt sehen. (Impulse aus Reggio Emilia- Ansätze in Deutschland, Teil 1). In: Klein & Gross 51.1998, H. 11/12, S. 15-18.

Beek, Angelika van der & Hans-Joachim LAEWEN 1998: Reggio ist kein Modell … In: Klein & Gross 51.1998, H. 10, S. 15-18.

[Behörde Hamburg] = Behörde für Schule, Jugend und Berufsbildung, Amt für Ju-gend, Aus- und Fortbildung, Hamburg 1990: Tutto ha un ombra meno le formi-che = Alles hat einen Schatten, außer der Ameise: Entdeckendes Lernen in den Kindertagesstätten in Reggio Emilia, deutsche Übersetzung. (Reihe Sozialpäda-gogische Fortbildung, Dokumente & Materialien, H. 39).

Berentzen, Detlef 1987: … Dieses Land gehört mir nicht! Im Gespräch mit Loris Malaguzzi über die Reggio-Pädagogik. In: Päd. Extra 1987, H. 6., S. 9-16.

Berentzen, Detlef 1988: Sechs Jahre Glück. Ein Gespräch mit Loris Malazuzzi ... In: WdK 66.1988, H. 2, S. 20-21.

Berger, Irene; Hedi Colberg-Schrader, Marianne Krug & Theresa Wunderlich (Hrsg.) 1992: Land-Kinder-Gärten. Ein Projektbuch des Deutschen Jugendinstituts. Freiburg.

[Berlin] = Senatsverwaltung für Jugend und Familie Berlin (Hrsg.) 1992: Hundert Sprachen hat das Kind: Wie Kinder wahrnehmen, denken und gestalten lernen. Dokumentation der Veranstaltung zur Ausstellung aus Krippen und Kindergärten in Reggio Emilia/Italien 1991 in Berlin. Berlin. (Berliner Beiträge zur Kindertagesstätten-Erziehung).

BLK = Bund-Länder-Kommission für Bildungsplanung 1976: Fünfjährige in Kindergärten, Vorklassen und Eingangsstufen. Bericht über eine Auswertung von Modellversuchen. Stuttgart.

BLK = Bund-Länder-Kommission für Bildungsplanung und Forschungsförderung 1982: Stellungnahme ... zu dem Bericht der Sachverständigen über die Auswertung der Modellversuche zum Erprobungsprogramm im Elementarbereich. In: Krappmann 1982, S. 6-10.

Bollnow, Otto Friedrich 1975: Selbstdarstellung. In: Pongratz, Ludwig J. 1975: Pädagogik in Selbstdarstellungen. Band 1. Hamburg, S. 95-144.

Brecht, Bertholt 1980: Prosa, Bd. 2. Frankfurt am Main. (edition suhrkamp, 183).

Bree, Stefan 1999:. Surfen in Reggio oder die Lust zu lernen – Annäherungen an eine andere Lernkultur. In: Klein & Gross 52.1999, H. 11/12, S. 6-11.

Bruner, Jerome S. (Hrsg.) 1974: Lernen, Motivation und Curriculum. Ein Konferenz-Bericht. Frankfurt. (Fischer Athenäum Taschenbücher Erziehungswissenschaft, Nr. 3014).

Bundesministerium für Familie, Senioren, Frauen und Jugend (Hrsg.) 2001: Nationale Qualitätsintitative im System der Tageseinrichtungen für Kinder. Berlin.

Cadwell, Louise Boyd 1997: Bringing Reggio Emilia home. An innovative approach to Early Childhood Education. New York und London.

Colberg-Schrader, Hedi 1978: Der Erzieher vor den Ansprüchen von Bildungspolitik und Bildungsplanung. In: Mörsberger 1978a, S. 285-300.

Colberg-Schrader, Hedi; Marianne Krug & Susanne Pelzer 1991: Soziales Lernen im Kindergarten. Ein Praxisbuch des Deutschen Jugendinstituts. München.

Colberg-Schrader, Hedi 1991a: Der Situationsansatz. In: Klein & Gross 44.1991, H. 1, S. 28-31.

Colberg-Schrader, Hedi 1993: Institutionen für Kinder. Reservate eigenständigen Kinderlebens? In: DJI 1993, S. 346-353.

Colberg-Schrader, Hedi 1994: Der Situationsansatz. In: Kinderzeit 45.1994, H. 4, S. 40-43.

Colberg-Schrader, Hedi & Marianne Krug 1976: Situationsansatz im Kindergarten. In: WdK 54.1976, S. 390-396.

Colberg-Schrader, Hedi & Marianne Krug 1977: Arbeitsfeld Kindergarten. Planung, Praxisgestaltung, Teamarbeit. München. (DJI aktuell).

Colberg-Schrader, Hedi & Marianne Krug 1986: Lebensnahes Lernen im Kindergarten. Zur Umsetzung des Curriculum Soziales Lernen. 3. Aufl. München.

Colberg-Schrader, Hedi & Marianne Krug 1999: Arbeitsfeld Kindergarten. Pädagogische Wege, Zukunftsentwürfe und berufliche Perspektiven. Weinheim u.a.

Derschau, Dietrich von & Renate Thiersch 1999: Überblick über die Ausbildungssituation im Bereich Tagesbetreuung von Kindern. In: Thiersch 1999, S. 13-29.

Deutscher Bildungsrat 1970: Empfehlungen der Bildungskommission. Strukturplan für das Bildungswesen. 2. Aufl. Stuttgart.

Deutscher Bildungsrat, Bildungskommission 1973: Zur Errichtung eines Modellprogramms für Curriculum-Entwicklung. Empfehlungen der Bildungskommission. Bonn.

Dewey John & William Heard Kilpatrick 1935: Der Projekt-Plan. Grundlegung und Praxis. Weimar.

Diederich, Jürgen 1977: Entwicklungspsychologie als Beispiel für die Funktion psychologischer Voraussetzungen in der Erziehungswissenschaft. In: Klafki 1977, S. 29-61.

DJI = Deutsches Jugendinstitut, Arbeitsbereich Vorschulerziehung 1980: Kindheit, Kindergarten – offene Fragen in Forschung und Praxis. Berichte und Materialien von einem Fachkolloquium im Deutschen Jugendinstitut vom 12.-14. Dezember 1979. München. (DJI Materialien).

DJI = Deutsches Jugendinstitut, Projektgruppe Erprobungsprogramm 1981a: Das Erprobungsprogramm im Elementarbereich. Teil 1: Bericht zur überregionalen wissenschaftlichen Begleitung. München. (DJI Forschungsbericht).

DJI = Deutsches Jugendinstitut, Projektgruppe Erprobungsprogramm 1981b: Das Erprobungsprogramm im Elementarbereich. Teil 2 und 3: Materialien zum Bericht. München. (DJI Forschungsbericht).

DJI = Deutsches Jugendinstitut (Hrsg.) 1993: Was für Kinder. Aufwachsen in Deutschland. Ein Handbuch. München.

DJI = Deutsches Jugendinstitut (Hrsg.) 1994: Orte für Kinder. Auf der Suche nach neuen Wegen in der Kinderbetreuung. München.

Doyé, Götz & Christine Lipp-Peetz 1998a: Wer ist denn hier der Bestimmer? Das Demokratiebuch für die Kita. Ravensburg. (Praxisreihe Situationsansatz).

Doyé, Götz & Christine Lipp-Peetz 1998b: Das soll einer verstehen! Wie Erwachsene und Kinder mit Veränderungen leben. Ravensburg. (Praxisreihe Situationsansatz).

Dreier, Annette 1993: Was tut der Wind, wenn er nicht weht? Begegnung mit der Kleinkindpädagogik in Reggio Emilia. Berlin.

Dreier, Annette 1994: Ein Provokateur in Sachen Kindheit: Loris Malaguzzi, Begründer der Reggio-Pädagogik ist tot. In: TPS 1994, H. 3, S. 167-168.

Dreier, Annette 1996: Der Flirt mit der Welt: Wie Kinder lernen und gestalten. Ästhetische Bildung in Reggio Emilia. In: TPS 1996, H. 2, S. 62-66.

Dreier, Annette 1997a: Kinder und Erwachsene forschen gemeinsam: Zum Fortbildungskonzept der Reggio-Pädagogik (Reggio-Pädagogik). In: Göhlich 1997, S. 202-208.

Dreier, Annette 1997b: Wenn Wände sprechen. Planung und Dokumentation als Elemente qualifizierter Vorschulpraxis. In: WdK 75.1997, H. 2, S. 12-16.

Dreier, Annette & Michael Göhlich 1987: Der Flirt zwischen Bär und Igel: Die Reggios sind in West-Berlin. In: Päd. Extra 1987, H. 12, S. 36-39.

Duden. Das große Wörterbuch der deutschen Sprache in sechs Bänden. 1976-1981. Mannheim, Wien, Zürich.

Edwards, Carolyn P., Lella Gandini & George Forman 1993: The hundred languages of children: the Reggio Emilia approach to early childhood. Norwood.

Edwards, Carolyn P.; Lella Gandini & John Nimmo 1994: Promoting collaborative learning in the early childhood classroom: Teachers contrasting conceptualizations in two communities. In: Katz 1994, S. 69-88.

Edwards, Carolyn P., Lella Gandini & George Forman 1998: The hundred languages of children: the Reggio Emilia approach – Advanced Reflections. 2. ed. Greenwich.

Elschenbroich, Donata 1999: Rechtzeitig das Verlernen lernen. Die Milchstraße am Horizont des Kindergartens: Neue Ausbildungsformen und Bildungsinhalte in der Frühpädagogik. In: Klein & Gross 52. 1999, H. 2, S. 50-52.

Elschenbroich, Donata 1999a: Forscher, Künstler und Erfinder. Ein Vorschlag zum Welt-Wissen von Siebenjährigen. In: WdK 77.1999, H. 3, S. 20-25.

Elschenbroich, Donata 2001: Weltwissen der Siebenjährigen. Wie Kinder die Welt entdecken können. München.

Elschenbroich, Donata 2001a: Verwandelt Kindergärten in Labors, Ateliers, Wälder. In: DIE ZEIT, 56.2001, Nr. 44 vom 25.10.2001, S. 36.

Erning, Günter; Karl Neumann & Jürgen Reyer (Hrsg.) 1987a: Geschichte des Kindergartens. Band 1: Entstehung und Entwicklung der öffentlichen Kleinkindererziehung in Deutschland von den Anfängen bis zur Gegenwart. Freiburg i. Br.

Erning, Günter; Karl Neumann & Jürgen Reyer (Hrsg.) 1987b: Geschichte des Kindergartens. Band 2: Institutionelle Aspekte, systematische Perspektiven, Entwicklungsverläufe. Freiburg i. Br.

FH = Fachhochschule Frankfurt a.M. 1987a: Wenn das Auge über die Mauer springt: Dokumentation. Hintergründe, Materialien, Workshops. Frankfurt.

FH = Fachhochschule Frankfurt a.M. 1987b: Wenn das Auge über die Mauer springt: Dokumentation. Hintergründe, Materialien, Workshops. Anhang. Frankfurt.

Filippini, Tiziana 1994: Zum neuen Bild vom Kind: Grundlagen der Reggio-Pädagogik. In: Amt für Jugend, Hamburg 1994, S. 8-14.

Filtzinger, Otto 1984: Der Kindergarten in Italien. In: Sozialpädagogische Blätter. Paderborn 35.1984, H. 7/8, S. 113-119

Filtzinger, Otto 1995: ErzieherInnen in Italien. In: Rauschenbach, Thomas u.a. 1995: Die Erzieherin. Ausbildung und Arbeitsmarkt. Weinheim und München. (Veröffentlichungen der Max-Traeger-Stiftung, Bd. 22), S. 413-440.

Fthenakis, Wassilios E. & Martin R. Textor (Hrsg.) 1998: Qualität von Kinderbetreuung. Konzepte, Forschungsergebnisse, internationaler Vergleich. Weinheim u.a. (Das Jahrbuch der Frühpädagogik und Kindheitsforschung, Bd. 2).

Fthenakis, Wassilios E. & Martin R. Textor (Hrsg.) 2000a: Pädagogische Ansätze im Kindergarten. Weinheim u.a. (Das Jahrbuch der Frühpädagogik und Kindheitsforschung, Bd. 3).

Fthenakis, Wassilios E. 2000b: Kommentar: Die (gekonnte) Inszenierung einer Abrechnung – zum Beitrag von Jürgen Zimmer. In: Fthenakis 2000, S. 115-131.

Fthenakis, Wassilios, E. 20000c: Wohin mit Erziehung und Bildung unserer Kinder? In: Klein & Gross 53.2000, H.6, S. 6-14.

Fuchs, Ina 1990: Wagnis Jugend. Zu Geschichte und Wirkung eines Forschungsinstituts 1949-1989. Weinheim, München.

Gerstacker, Ruth & Jürgen Zimmer 1978: Der Situationsansatz in der Vorschulerziehung. In: Dollase 1978b, S. 189-205.

Ginsburg, Herbert & Sylvia Opper 1985: Piagets Theorie der geistigen Entwicklung. Stuttgart.

Göhlich, Michael 1990: Reggiopädagogik – Innovative Pädagogik heute: Zur Theorie und Praxis der kommunalen Kindertagesstätten von Reggio Emilia. Frankfurt, 3. aktual. Aufl. (Schriften zur Soziologie der Erziehung, Bd. 3).

Göhlich, Michael (Hrsg.) 1997: Offener Unterricht – Community Education – Alternativschulpädagogik – Reggiopädagogik: Die neuen Reformpädagogiken. Geschichte, Konzeption, Praxis. Weinheim u. Basel (Beltz Grüne Reihe).

Göhlich, Michael 2000: Eine Frage ist ein Anfang. Selbstbestimmtes Lernen und pädagogische Unterstützung. In WdK 78.2000, H. 4, S. 6-11.

Grah, Erika ... Jürgen Zimmer u.a. 1985: Acht Fragen zu vier Ansätzen der Pädagogik im Kindergarten, Antworten aus der Sicht der Waldorf- und Montessori-Pädagogik, des Situationsansatzes und der Psychoanalytischen Pädagogik. In: TPS 1985, H. 5, S. 242-252.

Gruber, Rosemarie; Annemaire Ibisch & Elsbeth Krieg 1993: Das Bild des Kindes. Grundlagen der Reggio-Pädagogik. In: Krieg 1993, S. 18-31.

Haberkorn, Rita 1994: Situationsansatz: Erfahrungen ermöglichen. Öffnung statt Rückzug ins Private. In: TPS 1994, H. 1, S. 5-8.

Haberkorn, Rita 1998: Eine Einladung, sich mit Kindern auf das Leben einzulassen. Neue Arbeitsmaterialien zum Situationsansatz. In TPS 1998, H. 6, S. 53-54.

Haberkorn, Rita; Hans-Joachim Laewen; Jürgen Zimmer, Eva Grüber 1998: Wahrscheinlich guckt wieder kein Schwein. Über den Sinn und Unsinn von Modellprojekten in der Kita-Landschaft. In: Klein & Gross 49.1996, H. 1, S. 11/12.

Heck, Anne 1995: Frühling, Sommer, Herbst und Winter – die alte und neue Beliebigkeit. In: Neue Sammlung 35.1995, H. 4, S. 57-64.

Heckhausen, Heinz 1976: Entwicklung, psychologisch betrachtet. In: Weinert 1976, S. 67-99.

Heller, Elke 1998a: Gut, dass wir so verschieden sind. Zusammenleben in altersgemischten Gruppen. Ravensburg. (Praxisreihe Situationsansatz).

Heller, Elke 1998b: Etwas unternehmen. Kinder und Erzieherinnen entwickeln Eigeninitiative. Ravensburg. (Praxisreihe Situationsansatz).

Heller, Elke & Sabine Naumann 1998: Was zählt? Vom Umgang mit Geld und anderen Werten. Ravensburg. (Praxisreihe Situationsansatz).

Hemmer, Klaus-Peter 1973: Bemerkungen zu Problemen einer Situationstheorie. In: Zimmer 1973a, S. 61-75.

Hemmer, Klaus Peter & Matthias Obereisenbuchner 1979: Die Reform der vorschulischen Erziehung. Eine Zwischenbilanz. München. (Reihe Deutsches Jugendinstitut – aktuell).

Hendrick, Joanne 1997: First steps toward teaching the reggio way. Upper Saddle River, New Jersey; Columbus, Ohio.

Hermann, Gisela et al. 1991: Kleinkindererziehung in Reggio: Daten, Fakten und Erläuterungen zur Arbeitsweise der kommunalen Krippen und Kindergärten. In: Klein & Gross 44.1991, H. 8, S. 6-9.

Hermann, Gisela et al.: 1993: Das Auge schläft bis es der Geist mit einer Frage weckt: Krippen und Kindergärten in Reggio/Emilia, 5. Aufl.. Berlin.

Kästner, Erich 1979: Kurz und bündig: Epigramme (1950), Neuausgabe. [München].

Kant, Immanuel 1968: Schriften zur Anthropologie, Geschichtsphilosophie, Politik und Pädagogik. Zweiter Teil. Darmstadt. (Kantwerke, Bd. 10, Hrsg. von Wilhelm Weischedel)

Kappesz, Hilde 1994: Kreatives Leben mit Kindern. Der Situationsansatz im Kindergartenalltag. Freiburg u.a. (praxisbuch kindergarten).

Kappesz, Hilde 1998: Den Situationsansatz muß man erleben. In: WdK 76.1998, H. 3, S. 24-27.

Kater, Elke 1987: Hilf mir, dass ich lernen kann! (Serie pädagogischer Entwürfe: der situationsorientierte Ansatz). In: WdK 65.1987, S. 62-69,

Katz, Lilian G. & Bernard Cesarone 1994: Reflections on the Reggio Emilia Approach. Reprint. Bergamo/Italy. (Perspectives from ERIC/EECE).

Kazemi-Veisari, Erika 1994: Ein Kind hat hundert Sprachen. In: Kinderzeit 45.1994, H. 4, S. 33-37.

Kazemi-Veisari, Erika 1996a: Offene Planung im Kindergarten. Ideen und Hilfen. Freiburg u.a (Erzieherin heute).

Kazemi-Veisari, Erika 1996b: Reggio-Pädagogik (Pädagogische Handlungskonzepte, Folge 4). In: Kindergarten Heute 26.1996, H. 3, S. 3-11.

Kessels, Johannes 1978: Geschichtliche Quellen der Kindergartenarbeit. – In: Mörsberger 1978a, S. 190-226.

Knauf, Tassilo 1995: Freiräume schaffen – Spielräume entdecken. In Reggio werden Räume „die dritten Erzieher" genannt. In: Klein & Gross 48.1995, H. 11/12, S. 18-23.

Knauf, Tassilo 1998a: Wir erziehen Kinder nicht, wir assistieren ihnen. Die Rolle der Erzieherin in der Reggio-Pädagogik. In: WdK 76.1998, H. 4, S. 13-19.

Knauf, Tassilo 1998b: Ein Vergnügungspark für Vögelchen. Annäherung an Theorie und Praxis des Projektlernens in Reggio Emilia. In: WdK 76.1998, H. 6 , S. 6-11.

Knauf, Tassilo 2000: Reggio-Pädagogik. Ein italienischer Beitrag zur konsequenten Kindorientierung in der Elementarerziehung. In: Fthenakis 2000, S. 181-201.

Kramer, Rita 1977: Maria Montessori. Leben und Werk einer großen Frau. München.

Krappmann, Lothar 1973: Der Beitrag der Sozialisationsforschung zur Entwicklung von Curricula im Vorschulbereich. In: Zimmer 1973a, S. 76-91.

Krappmann, Lothar 1982: Förderung von Kindern im Kindergarten. Das Erprobungsprogramm im Elementarbereich – Vorgehensweise und Ergebnisse – & Organisationsstrukur des Erprobungsprogramms im Elementarbereich. In: Krappmann 1982, S. 11-28 & S. 52.

Krappmann, Lothar 1983: Förderung von Kindern im Kindergarten. Auswertungsbericht zum Erprobungsprogramm im Elementarbereich. In: Krappmann 1983, S. 11-230.

Krappmann, Lothar 1995a: Das Erprobungsprogramm und seine Folgen. In: Zimmer 1995b, S. 39-54.

Krappmann, Lothar 1995b: Reicht der Situationsansatz? Nachträgliche und vorbereitende Gedanken zu Förderkonzepten im Elementarbereich. In: Neue Sammlung 35.1995, H. 4, S. 109-124.

Krappmann, Lothar & Johanna Wagner 1982: Erprobungsprogramm im Elementarbereich. Bericht über eine Auswertung von Modellversuchen. Bühl/Baden.

Krappmann, Lothar & Johanna Wagner 1983: Erprobungsprogramm im Elementarbereich. Bericht über eine Auswertung von Modellversuchen. Bonn.

Krenz, Armin 1991: Der situationsorientierte Ansatz im Kindergarten. Grundlagen und Praxis. Freiburg u.a. (Konzeptbuch Kindergarten).

Krenz, Armin 1993: Der „Situationsorientierte Ansatz" in der Praxis: Alptraum oder Selbstverständlichkeit. In: Klein & Gross 48.1995, H. 3, S. 21-23.

Krieg, Elsbeth (Hrsg.) 1993: Hundert Welten entdecken: Die Pädagogik der Kindertagesstätten in Reggio Emilia. Essen.

Krieg, Elsbeth 1995a: Wir kaufen dir deinen Schuh ab! Aspekte der Reggio-Pädagogik. In: Päd. Extra 1995, H. 5, S. 40-43.

Krieg, Elsbeth 1995b: Ein Vergnügungspark für Vögelchen: Impulse aus Reggio/Emilia. In: Klein & Gross 48.1995, H. 11/12, S. 7-10.

Krieg, Elsbeth 1996: Sich ein Bild vom Kind machen: Aspekte der Integrationspädagogik in Norditalien. In: Arbeitskreis Integrative LehrerInnenausbildung (AKILAB): Aspekte integrativer Pädagogik und Didaktik: 2. Landesweite Ringveranstaltung Integrationspädagogik. Aachen, S. 9-24.

Krieg, Elsbeth 1997: Zum Transfer des reggianischen Ansatzes in deutsche Kindertagesstätten und Grundschulen (Reggio-Pädagogik). In: Göhlich 1997, S. 209-219.

Krieg, Elsbeth 1997a: Raumschiff zwischen zwei Intelligenzen. Computer im Kindergartenalltag. In: WdK 75.1997, H. 3, S. 12-15.

Krieg, Elsbeth 1999: Beine, Arme und Köpfe. Kinderfrage: Was ist eine Menge? Ein Projekt aus Reggio. In: WdK 77.1999, H. 4, S. 34-38.

Krieg, Elsbeth, Helmut Krieg & Elisabeth Krüber 2000: Kinder verstehen lernen. Beobachtung – Eine Technik für sich. In: WdK 78.2000, H.4, S. 20-25.

Krieg, Helmuth 1995: Unsicherheit in der Sicherheit: Projektarbeit in Reggio/Emilia. In: Klein & Gross 48.1995, H. 11/12, S. 32-34.

Kronberger Kreis für Qualitätsentwicklung in Kindertageseinrichtungen 1998: Qualität im Dialog entwikkeln: Wie Kindertageseinrichtungen besser werden. Seelze. (Reihe: TPS profil).

Krug, Marianne 1995: Entritualisierung im Kindergarten. In: Zimmer 1995b, S. 55-71.

Kunstreich, Timm 1998: Grundkurs Soziale Arbeit. Sieben Blicke auf Geschichte und Gegenwart Sozialer Arbeit, Bd. II: Blick auf die Jahre 1955, 1970 und 1995 sowei ein Rückblick auf die Soziale Arbeit in der DDR (von Eberhard Mannschatz). Hamburg. (Impulse – Werkstatt Fachhochschule).

Laewen, Hans-Joachim; Karl Neumann, Jürgen Zimmer (Hrsg.) 1997: Der Situationsansatz – Vergangenheit und Zukunft. Theoretische Grundlagen und praktische Relevanz. Seelze, Velber. (edition: Kindergarten).

Lenzen, Dieter (Hrsg.) 1993a: Pädagogische Grundbegriffe, Bd. 1: Aggression bis Interdisziplinarität. Reinbek. (rowohlts enzyklopädie, 487).

Lenzen, Dieter (Hrsg.) 1993b: Pädagogische Grundbegriffe, Bd.2: Jugend bis Zeugnis. Reinbek. (rowohlts enzyklopädie, 488).

Liegle, Ludwig 1987: Welten der Kindheit und Familie. Beiträge zu einer pädagogischen und kulturvergleichenden Sozialisationsforschung. Weinheim, München. (Edition Soziale Arbeit).

Liegle, Ludwig 1995: Die Reform des Elementarbereichs im internationalen Zusammenhang. In: Zimmer 1995b, S. 72-96.

Liegle, Ludwig 1998: Besprechungen zu: Jürgen Zimmer/Christa Preissing/Thomas Thiel/Anne Heck/Lothar Krappmann: Kindergärten auf dem Prüfstand ... und Hans-Joachim Laewen/Karl Neumann/ Jürgen Zimmer (Hrsg.) Der Situationsansatz – Vergangenheit und Zukunft ... In: ZfP 44.1998, S. 321-323.

Liegle, Wolfgang 1976: Was heißt eigentlich „Lernen"? In: WdK 54.1976, S. 382-389.

Liegle, Wolfgang 1978: Curriculumkonzepte für die Kindergartenarbeit. In: Mörsberger 1978c, S. 19-46.

Lingenauber, Sabine 2001: Einführung in die Reggio-Pädagogik. Kinder, Erzieherinnen und Eltern als konstitutives Sozialaggregat. Bochum.

Lipp-Peetz, Christine 1998a: Wie siehts denn hier aus? Ein Konzept verändert Räume. Ravensburg. (Praxisreihe Situationsansatz).

Lipp-Peetz, Christine 1998b: Erzieherin mit Gütesiegel. Die Fachkraft für den Situationsansatz. In: WdK 76.1998, H. 3, S. 28-31.

[MAGS] = Minister für Arbeit, Gesundheit und Soziales des Landes Nordrhein-Westfalen 1983: Arbeitshilfen zur Planung der Arbeit im Kindergarten. Stuttgart u.a.

Malaguzzi, Loris [1985]: Zum besseren Verständnis der Ausstellung. 16 Thesen zum pädagogischen Konzept. Kommentare zu den Ausstellungsthemen. Berlin.

Malaguzzi, Loris 1990: Der Schatten und das Rechenbrett der Kinder. In: Behörde Hamburg 1990, S. 24-28.

Malaguzzi, Loris 1992a: Eröffnungsbeitrag. In: Berlin 1992, S. 17-31.

Malaguzzi, Loris 1992b: Kooperation zwischen Erziehern, Eltern und Kindern und Abschlußplenum. In: Berlin 1992, S. 105-129.

Malaguzzi, Loris 1993: History, ideas, and basic philosophy. An interview with Lella Gandini. In: EDWARDS 1993, S. 41-89.

Malaguzzi, Loris 1997: Pädagogik als Projekt: Anmerkungen zur Philosophie der „esperienza reggiana" (Reggio-Pädagogik). In: Göhlich 1997, S. 197-201.

Malaguzzi, Loris 1998: Die Erklärung der drei Rechte. In: Reggio Children 1998, S. 63-66.

Merker, Helga & Erna Moskal 1976: Situationen unserer Kinder. In: WdK 54.1976, S. 397-405.

Mörsberger, Heribert; Erna Moskal & Elsegret Pflug 1978c: Der Kindergarten. Handbuch für die Praxis in drei Bänden. Bd. 3: Didaktik des Kindergartens. Freiburg, Basel, Wien.

Montessori, Maria 1978: Kinder sind anders = Il segreto dell` Infanzia. 10. Aufl. Stuttgart.

Mühlum, Sieglinde & Christine Lipp-Peetz (Hrsg.) 1994: Situationsansatz konkret. Am Beispiel des evangelischen Kindergartens in Lorsch. Bielefeld. (TPS extra, 18).

Mühlum, Sieglinde, Gabriele Virnkaes & Georg Reichle 1994: Projekt: Ich finde mich in meiner Gruppe nicht mehr zurück. In: Mühlum & Lipp-Petz 1994, S. 11-23 und Diaserie dazu.

Münder, Johannes u.a. 1991: Frankfurter Lehr- und Praxiskommentar zum Kinder- und Jugendhilfegesetz. 1. Aufl. Münster.

Naumann, Sabine 1998a: Was heißt hier schulfähig? Übergang in Schule und Hort. Ravensburg. (Praxisreihe Situationsansatz).

Naumann, Sabine 1998b: Hier spielt sich das Leben ab. Wie Kinder im Spiel die Welt begreifen. Ravensburg. (Praxisreihe Situationsansatz).

Naumann, Sabine 1998c: Natürlich von klein auf! Ökologische Lebensgestaltung in der Kita. Ravensburg. (Praxisreihe Situationsansatz).

Neumann, Karl 1987: Geschichte der öffentlichen Kleinkindererziehung von 1945 bis in die Gegenwart. In: Erning 1987a, S. 83-115.

New, Rebecca S. 1998: Theory and Praxis in Reggio Emilia: They know what they are doing and why. In: Edwards 1998, S. 261-284.

Newman, Fred & Lois Holzman 1993: Lev Vygotsky: Revolutionary scientist. New York. (Critical Psychology).

Oberhuemer, Pamela & Michaela Ulich 1997: Kinderbetreuung in Europa. Tageseinrichtungen und pädagogisches Personal. Eine Bestandsaufnahme in den Ländern der Europäischen Union. Weinheim u. Basel.

Oelkers, Jürgen 1992: Reformpädagogik. Eine kritische Dogmengeschichte. 2. Aufl., Weinheim u.a. (Grundlagentexte Pädagogik).

Oertel, Frithjof 1976: Elementare Sozialerziehung. In: WdK 54.1976, S. 406-413.

Oertel, Frithjof 1982a: Elementare Sozialerziehung. Praxishilfen für den Kindergarten. Bd. 1. München.

Oertel, Frithjof 1982b: Elementare Sozialerziehung. Praxishilfen für den Kindergarten. Bd. 2. München.

Oerter, Rolf 1995: Kultur, Ökologie und Entwicklung. In: Oerter & Montada 1995, S. 84-127.

Oerter, Rolf & Leo Montada (Hrsg.) 1995: Entwicklungspsychologie. Ein Lehrbuch. 3. vollst. überarb. Aufl. Weinheim.

Oswald, Paul & Günter Schulz-Benesch (Hrsg.): Grundgedanken der Montessori-Pädagogik: Aus Maria Montessoris Schrifttum und Wirkkreis. Freiburg u.a.

Performanetics 1992: The amusement park for birds. A behind-the scenes look at a longterm projekt at the Villetta school in which the children designed and built an outdoor amusement park für the birds that come to their playground. Englisch version, VHS format, 90 min. Amerst, Massachusetts, USA (Reggio children).

Piaget, Jean 1983: Sprechen und Denken des Kindes. Frankfurt/M. (Ullstein-Buch, Nr. 35159: Ullstein Materialien).

Preissing, Christa 1997: Zur Evaluation des Erprobungsprogramms im Elementarbereich. In: Zimmer 1997, S. 105-121.

Preissing, Christa 1998: Und wer bist du? Interkulturelles Leben in der Kita. Ravensburg. (Praxisreihe Situationsansatz).

Preissing, Christa 2000: Der Situationsansatz – zur Diskussion gestellt. In: Klein & Gross 53.2000, H. 10, S. 28-31.S

Projektgruppe Ganztageseinrichtungen 1984: Leben und lernen in Kindertagesstätten. Bericht über ein kooperatives Projekt des Deutschen Jugendinstituts und der Arbeiterwohlfahrt. München. (DJI Materialien).

Reggio Children S.r.l. (Hrsg.) 1995a: Kommunale Krippen und Kindergärten von Reggio Emilia: Springbrunnen, Le fontane. Aus einem Projekt zur Konstruktion eines Vergnügungsparks für Vögel. Neuwied u.a. (Die ungehörten Stimmen der Kinder).

Reggio Children S.r.l. (Hrsg.) 1995b: Kommunale Krippen und Kindergärten von Reggio Emilia: Zärtlichkeit, Tenerezza. Eine Geschichte von Laura und Daniele. Neuwied u.a. (Die ungehörten Stimmen der Kinder).

Reggio Children S.r.l. (Hrsg.) 1998: Kommunale Krippen und Kindergärten von Reggio Emilia: Ein Ausflug in die Rechte von Kindern. Aus der Sicht der Kinder; Mädchen und Jungen zwischen 5 und 6 Jahren aus dem Kindergarten Diana. Neuwied u.a. (Die ungehörten Stimmen der Kinder).

[Reggio HH] = Projektgruppe Reggio/Hamburg (Hrsg.) 1990: Wenn das Auge über die Mauer springt: Hamburger Dokumentation. Hamburg.

Retter, Hein 1978: Typen pädagogischer und didaktischer Ansätze im Elementarbereich. In: Dollase, Rainer (Hrsg.) 1978: Handbuch der Früh- und Vorschulpädagogik. Bd. 2. Düsseldorf, S. 135-150.

Rettig, Gisela 1990: Einführungsreferat: Zur Situation öffentlicher Kleinkindererziehung in Hamburg und zu unserem Interesse an Reggio. In: Reggio HH 1990, S. 61-70.

Rinaldi, Carla 1990: Krippe – eine Bildungseinrichung. In Reggio HH 1990, S. 99-111.

Rinaldi, Carla 1998: Projected curriculum constructed through documentation – Progettazione. In: Edwards 1998, S. 113-125.

Rodari, Gianni 1992: Grammatik der Phantasie: Die Kunst, Geschichten zu erfinden, 1. Aufl. Leipzig. (Reclam-Bibliothek, Bd. 1431).

Rousseau, Jean-Jacques 1993: Emile oder Über die Erziehung. Stuttgart. (Universal-Bibliothek, Nr. 901).

Schäfer, Gerd, E. 1994: Die Lust am Lernen, Wahrnehmen und Verstehen: Vorschulische Bildung als ästhetische Erfahrung. In: WdK 72.1994, H. 3, S. 23-29.

180

Schäfer, Gerd E.: 1995: Bemerkungen zur Bildungstheorie des Situationsansatzes. In: Neue Sammlung 35.1995, H. 4, S. 79-98.

Schäfer, Karl-Hermann 1993: Pragmatismus. In: Lenzen 1993b, S. 1264-1270.

Schenker, Karin, Gerlinde Simon und Stefani Sobek: Sich gemeinsam erinnern: Stellenwert der Dokumentation. In: Krieg, Elsbeth 1993, S. 88-99.

Scheuerl, Hans 1982: Pädagogische Anthropologie. Eine historische Einführung. Stuttgart u.a.

Schmidt, E. 1929: Württembergisches Jugendwohlfahrtsrecht: Handausgabe mit Erläuterungen. Stuttgart.

Schmidt-Denter, Ulrich 1995: Vorschulische Förderung. In: Oerter & Montada 1995, S. 976-982.

Schmutzler, Hans-Joachim 1994: Fröbel und Montessori. Zwei geniale Erzieher – Was sie unterscheidet, was sie verbindet. Freiburg. (Praxishilfen Kindergarten, Hort, Schule).

Schneider, Kornelia & Anne Zehnbauer 1997: Die Weiterentwicklung von Prinzipien des Situationsansatzes in handlungsorientierten Forschungsprojekten am Deutschen Jugendinstitut. In: Laewen 1997, S. 131-142.

Schneider, Peter 1987: Einführung in die Waldorfpädagogik. 3. Aufl. Stuttgart. (Konzepte der Humanwissenschaft).

[Schöneberg] = Bezirksamt Schöneberg von Berlin, Abteilung Jugend und Sport 1985: Dokumentation der Ausstellung und Fachtagung Reggio Kleinkinder-Erziehung in Reggio nell Emilia: Wie Kinder wahrnehmen, denken und gestalten lernen. Berlin.

Scholz, Gerold 1993: Entwicklung. In: Lenzen 1993a, S. 401-404.

Schwenk, Bernhard 1993: Bildung. In: Lenzen 1993a, S. 208-221.

Soltendieck, Monika 1997: Italien. In: Oberhuemer 1997, S. 163-181.

Sommer, Brigitte 1997: Das Unmögliche versuchen. Die Erfahrungen der kommunalen Kindertagesstätten und Krippen in Reggio Emilia/Italien standen im Mittelpunkt des Vortrages von Dr. Elena Ciacopini. In: Klein & Gross 50.1997, H. 5, S. 10.

Sommer, Brigitte 1999a: Kinder mit erhobenem Kopf. Kindergärten und Krippen in Reggio/Emilia/Italien. Neuwied.

Sommer, Brigitte 1999b: Ich frage mich immer wieder … Über den Besuch reggianischer Pädagoginnen beim Hegner Forum 1999. In: Klein & Gross 52.1999, H. 7/8, S. 46-47.

Sommer, Brigitte 2000: Ein weinender Springbrunnen. Aus Ideen lernen … In: WdK 78.2000, H.4, S. 12-15.

Spaggiari, Sergio 1990: Um mit den Kindern zu staunen. In: Behörde Hamburg 1990, S. 8-9.

Steenken, Anke 1998a: Die Kinder sind die Regisseure, wir die Assistentinnen und Assistenten. In: Kunstreich 1998, S. 335-341.

Steenken, Anke 1998b: Nach Hattingen: Nachdenken. (Impulse aus Reggio Emilia – Ansätze in Deutschland, Teil 1). In: Klein & Gross 51.1998, H. 11/12, S. 20-23.

Stoll, Siegfried 1995: Der Situationsansatz im Kindergarten. Möglichkeiten seiner Verwirklichung. Berlin.

Textor; Martin, R. 1995: Projektarbeit im Kindergarten. Planung, Durchführung, Nachbereitung. Freiburg u.a. (praxisbuch kindergarten).

Textor, Martin R. 1999: Lew Wygotski – für die Kindergartenpädagogik entdeckt. In: Klein & Gross 52.1999, H. 11/12, S. 36-40.

Textor, Martin, R. 2000: Lew Wygotski. In: Fthenakis 2000, S. 71-83.

Thiel, Thomas 1995: Dimensionen des Situationsansatzes: Dossier zum reformierten Kindergarten. In: Neue Sammlung 35.1995, H. 4, S. 39-56.

Thiersch, Renate, Dieter Höltershinken & Karl Neumann (Hrsg.) 1999: Die Ausbildung von Erzieherinnen. Enwicklungstendenzen und Reformansätze. Weinheim und München. (Juventa Materialien).

Thiersch, Renate & Hans Thiersch 2001: Dimensionen der Sozialraumorientierung in der Perspektive von Kindereinrichtungen. Unveröffentlichtes Manuskript.

Tietze, Wolfgang (Hrsg.) 1999: Wie gut sind unsere Kindergärten? Eins Untersuchung zur pädagogischen Qualität von Kindergärten. Neuwied u.a.

Trauthig, Michael 2000: Im Kindergarten braucht`s eine kopernikanische Wende … In: Stuttgarter Zeitung 56.2000, Nr. 229, S. 22 vom 4.Oktober.

Ullrich, Wolfgang & Franz J. Brockschnieder 2001: Reggio-Pädagogik im Kindergarten. Freiburg (Profile für Kitas und Kindergärten).

Wagner, Johanna 1982: Die curricularen Angebote des Erprobungsprogramms und Ergebnisse ihrer Erprobung. – Auszug aus dem Auswertungsbericht & Tabellarische Übersicht zur Beschreibung und Charakterisierung der Erprobungsmaterialien. In: Krappmann 1982, S. 29-44 & S. 46-51.

Wagner, Johanna 1983: Die curricularen Angebote des Erprobungsprogramms und Ergebnisse ihrer Erprobung. In: Krappmann 1983, S. 231-468.

Weidenmann, Bernd 1993: Lernen – Lerntheorie. In: Lenzen 1993b, S. 996-1010.

Weinert, Franz E. u.a. (Hrsg.) 1975: Pädagogische Psychologie. Bd. 2. 41. – 70. Tsd. Frankfurt. (Funk-Kolleg, 15). (Fischer-TB, 6116).

Weinert, Franz E. u.a. (Hrsg.) 1976: Pädagogische Psychologie. Bd. 1. 96. – 125. Tsd. Frankfurt. (Funk-Kolleg, 14). (Fischer-TB, 6115)

Weinert, Franz, E. & Manfred Hofer 1976: Psychologische Probleme der Vorschulerziehung (unter besoderer Berücksichtigung der methodischen Problematik psychologischer Felduntersuchungen). In: Weinert 1976, S. 387-418.

Wick, Andrea, Barbara 1999: Der symbol-interaktionistische Ansatz als Grundlage elementarpädagogischer Arbeit. Dargestellt an ausgewählten Bereichen der Kindertagesstätten von Reggio Emilia und des Kindergartens Dürrenzimmern. Unveröffentlichte Diplomarbeit, Evang. Fachhochschule für Sozialwesen, Reutlingen.

Zimiles, Herbert 2000: Kommentar zu ausgewählten Aspekten der Reggio-Pädagogik. In: Fthenakis 2000, S. 202-208.

Zimmer, Jürgen (Hrsg.) 1973a: Curriculumentwicklung im Vorschulbereich, Bd. 1. München. (Erziehung in Wissenschaft und Praxis, 21/1).

Zimmer, Jürgen (Hrsg.) 1973b: Curriculumentwicklung im Vorschulbereich, Bd. 2. München. (Erziehung in Wissenschaft und Praxis, 21/2).

Zimmer, Jürgen 1978a: Der Kindergarten als Elementarstufe des Bildungswesens. In: Mörsberger 1978a, S. 227-231.

Zimmer, Jürgen 1978b: Sozialpädagogische Kennzeichen von Kindergärten. In: Mörsberger 1978a, S. 232-241.

Zimmer, Jürgen 1979: Was können Modellversuche und Erprobungsprogramme zur Innovation im Elementarbereich beitragen? In: Esser & Kaufmann 1979, S. 11-42.

Zimmer, Jürgen 1982: Kindgemäßheit und Vorschulerziehung. Fünf Anmerkungen zu Günther Bittners Wahrnehmung des Situationsansatzes und der Reform vorschulischer Erziehung. In: ZfP 28.1982, S. 315-318.

Zimmer, Jürgen (Hrsg.) 1983: Pädagogik der Befreiung. Lernen in Nicaragua. München.

Zimmer, Jürgen 1986: Die vermauerte Kindheit. Bemerkungen zum Verhältnis von Verschulung und Entschulung. Weinheim und Basel. Besonders Kapitel: Lernen für Lebenssituationen. Über die Kindergartenreform, S. 57-71.

Zimmer, Jürgen 1991a: Schlüsselsituationen: Lernen gehört zum Leben. In: Kinderzeit 42.1991, H. 3, S. 8-11.

Zimmer, Jürgen 1991b: Schlüsselsituationen: Kinder in der 3. Welt. In: Kinderzeit 42.1991, H. 4, S. 8-13.

Zimmer, Jürgen 1991c: Aufbruch in die Zukunft. Eine Politik für Kinder der neunziger Jahre als konkrete Utopie (Teil 1). In: Klein & Gross 44.1991, H. 1, S. 2-6.

Zimmer, Jürgen 1991d: Aufbruch in die Zukunft. Eine Politik für Kinder der neunziger Jahre als konkrete Utopie (Teil 2). In: Klein & Gross 44.1991, H. 2, S. 2-4.

Zimmer, Jürgen 1991e: Geschichten aus dem Kindergarten. Beispiele und Kennzeichen einer erfolgreichen Reform, die auf halber Strecke zum Stillstand kam. In: Klein & Gross 44.1991, H. 6, S. 30-31.

Zimmer, Jürgen 1991f: Aufbruch und neuer Tiefschlaf. Wie die erfolgreiche Reform der westdeutschen Kindergärten Ende der siebziger Jahre in Gefahr geriet. In: Klein & Gross 44.1991, H. 7, S. 32-33.

Zimmer, Jürgen 1993a: Warten wie die Lämmer? Wo ist sie – die Pädagogik, die alle diese und die vielen anderen Fragen und Entwicklungen aufnimmt? In: Klein & Gross 53.1993, H. 1, S. 4-8.

Zimmer, Jürgen 1993b: Pädagogik des Ernstfalls. In: Klein & Gross 46.1993, H. 2, S. 4-8.

Zimmer, Jürgen 1994: Antwort auf Hilmar Hoffmann und Marianne Krug. (Zeitreise). In: Klein & Gross 47.1994, H. 9, S. 30-31.

Zimmer, Jürgen 1995a: Soziales und sachbezogenes Lernen verbinden. In: Eigen-Sinn. Eine Zeitung für Eltern und Erzieherinnen. Zeitung des FU-Projektes Kindersituationen. Berlin. 2.1995, H. 1, S. 2-3.

Zimmer Jürgen (Hrsg.) 1995b: Erziehung in früher Kindheit. Stuttgart, Dresden. (Enzyklopädie Erziehungswissenschaft, Bd. 6).

Zimmer, Jürgen 1995c: Vom Aufbruch und Abbruch. Über einige Desiderata der westdeutschen Kindergartenreform und des Situationsansatzes. In: Neue Sammlung 35.1995, H. 4, S. 3-38.

Zimmer, Jürgen 1996: Geschichte und Desiderata des Erprobungsprogramms. In: Tietze, Wolfgang (Hrsg.) 1996: Früherziehung: Trends, internationale Forschungsergebnisse, Praxisorientierungen. Neuwied, Kriftel, Berlin, S. 240-256.

Zimmer, Jürgen 1997a: Das Projekt Kindersituationen in den neuen Bundesländern. In: Laewen 1997, S. 147-153.

Zimmer, Jürgen 1997b: Auf die eigenen Füsse fallen. Jürgen Zimmer über Wege aus der neuen Bildungskatastrophe. In: Klein & Gross 50.1997, H. 2, S. 12.

Zimmer, Jürgen 1998: Das kleine Handbuch zum Situationsansatz. Ravensburg. (Praxisreihe Situationsansatz).

Zimmer, Jürgen 2000: Der Situationsansatz in der Diskussion und Weiterentwicklung. In: Fthenakis 2000, S. 94-114.

Zimmer, Jürgen 2001: Gegen die Atemlosigkeit von Modellversuchen. In: WdK 79.2001, H.5, S. 46-47.

Zimmer, Jürgen; Christa Preissing, Thomas Thiel, Anne Heck, Lothar Krappmann 1997: Kindergärten auf dem Prüfstand. Dem Situationsansatz auf der Spur. Seelze, Velber. (edition: Kindergarten).

ANGABEN ZU DEN HÄUFIG ZITIERTEN ZEITSCHRIFTEN:

Kindergarten Heute: Zeitschrift für Erziehung. Freiburg i. Br.

Kinderzeit: Sozialpädagogische Blätter. Paderborn.

Klein & Gross: Lebensorte für Kinder. Neuwied.

Neue Sammlung: Vierteljahres-Zeitschrift für Erziehung und Gesellschaft. Seelze-Velber.

Päd. Extra: Magazin für Erziehung, Wissenschaft, Politik und Schulalltag. Wiesbaden.

TPS: Theorie und Praxis der Sozialpädagogik – Evangelische Fachzeitschrift für die Arbeit mit Kindern. Bielefeld, (ab 1998:) Seelze-Velber.

WdK: Welt des Kindes – Zeitschrift für Kleinkindpädagogik und außerschulische Erziehung. München.

ZfP: Zeitschrift für Pädagogik. Zweimonatsschrift. Weinheim.

Die Autorin

Dorothea Rieber, Diplom-Pädagogin, Diplom-Sozialpädagogin und Erzieherin. Langjährige Erfahrung in der praktischen Umsetzung und Vermittlung von Konzeptionen der Elementarpädagogik. Theoretische Grundlagen sind dabei Voraussetzung und Ausgangspunkt für immer wieder neue Fragen und Überlegungen. Seit einigen Jahren an einer Fachschule für Sozialpädagogik als Dozentin tätig sowie in der Fort- und Weiterbildung von Erzieherinnen.